سبعة مفاتيح للحرية

سبعة مفاتيح للحرية

إعداد: سلوى برباوي

ترجمة: عاطف عثمان

دار جامعة حمد بن خليفة للنشر
HAMAD BIN KHALIFA UNIVERSITY PRESS

دار جامعة حمد بن خليفة للنشر
صندوق بريد 5825
الدوحة، دولة قطر

www.hbkupress.com

7keys to Freedom
The Ultimate Guide to Developing the Mind

Published by DNA International Publishing 2012.

الطبعة العربية الأولى عام 2022
دار جامعة حمد بن خليفة للنشر

الترقيم الدولي: 9789927155444

تمت الطباعة في الدوحة-قطر.

مكتبة قطر الوطنية بيانات الفهرسة – أثناء – النشر (فان)

[7 keys to freedom]. Arabic

سبعة مفاتيح للحرية / إعداد سلوى برباوي ؛ ترجمة عاطف عثمان. الطبعة العربية الأولى. – الدوحة : دار جامعة حمد بن خليفة للنشر، 2022.

صفحة ؛ سم

تدمك: 978-992-715-544-4

ترجمة لكتاب: 7 keys to freedom : the ultimate to developing the mind.

1. الحرية. 2. الحرية -- الجوانب الاجتماعية. 3. الحرية -- الفلسفة. أ. برباوي، سلوى، معد. ب. عثمان، عاطف، مترجم.

ج. العنوان.

JC585.S48125 2022

323.44 – dc23

202228305243

إهداء

شكر خاص لعائلاتنا وأصدقائنا لدعمهم الغزير وحبهم الملهِم. هذا الكتاب إهداء إلى نابليون هيل، أعظم مؤلِّف ومُعلِّم تحفيزي تكلَّم عن مبادئ النجاح؛ وبوب بروكتور، أحد أنبغ العقول الحية المتخصصة في تسخير إمكانات العقل.

سبعة:

عن مؤلفي الكتاب

«ما من عقلين يجتمعان إلا ويُولِّد اجتماعهما قوةً ثالثة غير مرئية وغير ملموسة يجوز تشبيهها بعقل ثالث».

- نابليون هيل

اجتمعنا نحن الستة معًا كمجموعة عقول تحوطها روح الانسجام، من أجل غرض واحد، هو الاستمتاع ونحن نلهم شركات العالم ومجتمعنا العالمي بما يعيد الاتصال مع الروح، والإحساس بالحب، وخلق وفرة في كل مجالات حياتهم، كما فعلنا نحن، وتوجيه دعوة مفتوحة للجميع للانضمام إلينا كقادة مؤثرين يعملون على شفاء عالمنا.

ومع أننا ستة فقط - جوين بودرو، وسلوى برباوي، وفيكتوريا لازاروفا، ونيتا ماثيوز مورغان، ودون ر. نوسيرا، وأليخاندرو توريس ماركو - إلا إننا نَعدُّ أنفسنا سبعة؛ فقد وضح جليًّا بالنسبة إلينا أن مجموعتنا بعد فترة وجيزة من تشكيلها وصياغة هدفها المشترك قد أفرزت عقلًا جامعًا مدبرًا حقيقيًّا.

هذا العقل السابع الشامل هو البطل الحقيقي لهذا الكتاب، فلا احتمال للتوصل إليه إلا بانضمام العقول الستة بعضها إلى

بعض بروح التعاون والتناغم. وهو العقل الذي كانت له الغلبة في أوقات الشك والقلق، وهو الذي قادنا في الطريق نحو الحرية المطلقة؛ الحرية من الخوف. ومن خلال الوصول إلى هذا العقل السابع وحده استطعنا الوثوق في أن كِتابنا، «سبعة مفاتيح للحرية»، سيصل إلى يديك بأمان.

المحتويات

تصدير

> «الإدراك الحدسي هبة مقدسة. أما الإدراك العقلاني فهو خادم مطيع. ولقد أنشأنا مجتمعًا نُكرِّم فيه الخادم ونتغافل عن الهبة».
>
> - ألبرت أينشتاين

المعلومات التي توشك على قراءتها في هذا الكتاب لا يستوعبها سوى قلة قليلة من الناس. إنها معلومات عنك أو عن جارك أو والدتك أو ابنك أو ابنتك. هي معلومات عنا كشعب، ومع الأسف لم يُكشف عنها حتى هذه اللحظة إلا لعدد قليل جدًّا من الأشخاص. فاقرأ هذا الكتاب بعناية. وفي الواقع، قد ينتهي بك الأمر إلى قراءة الكتاب خمسين مرَّة، وعندها ستدرك ما قصده المؤلف ل. رون هوبارد عندما قال:

> «إذا قرأتَ كتابًا جيدًا للمرَّة الثانية من أوله إلى آخره، فلن ترى شيئًا فيه لم تره من قبل، بل سترى شيئًا في نفسك لم يكن موجودًا من قبل».

والآن، لنقدح زناد الفكر. مساحة الذهن التي أشار إليها أينشتاين باسم «الإدراك الحدسي»، هي جزء الذهن الذي يميزنا عن سائر مملكة الحيوان - ذهننا الواعي. وجميع المخلوقات

الصغيرة الأخرى على ظهر الكوكب تعيش منسجمة تمامًا في بيئتها، مندمجة معها، تدفعها الغريزة، على مستوى دون الوعي. أما نحن البشر، فمرتبكون تمامًا في بيئتنا، لأننا أُنعِمَ علينا بمَلَكات فكرية تمكننا من خلق بيئتنا الخاصة. وُهِبنا هذه المَلَكات الرائعة - المخيلة، والذاكرة، والعقل، والإدراك، والحدس، والإرادة - وهي ما يؤهلنا لنكون أسمى صورة من صور خلق الله. هذه الهبات الخاصة تربطنا بـ«عالمنا الداخلي»، ذلك العالم الموجود في أذهاننا، بالطريقة نفسها التي تربطنا بها حواسُّنا بعالمنا المادي.

نحن مبرمجون على العيش من خلال حواسنا، من خلال ما نراه ونسمعه ونشمه ونتذوقه ونلمسه. ونحن متأقلمون شَرطيًّا بأن نجعل العالم الخارجي يملي علينا حالتنا الذهنية أو اتجاه حياتنا. هذا ما نتعلمه منذ لحظة وصولنا إلى كوكب الأرض، فقد غُرِس في أذهاننا اقتناعٌ بأن ما يمكننا رؤيته، وسماعه، وشمه، وتذوقه، ولمسه، هو كل ما هو كائن، على الرغم من أن جميع المعلِّمين العظماء من الأزمنة الماضية يحثوننا بوضوح على أن نغوص في أعماقنا، ونحيا من الداخل إلى الخارج.

تأمَّل هذا. فكِّر في عدد المرات التي سمعتَ فيها من يوبِّخ أحد زملائك في الفصل، أو ربما يوبخك أنت نفسك لعدم الانتباه والإصغاء في المدرسة. ربما تطور الأمر في حدث كهذا إلى حبسك في المدرسة أو عقابك بحجزك عند زاوية ويُطلب منك الوقوف لفترة من الوقت إلى أن يشعر المعلِّم بأنك مستعد لإطاعة

التعليمات والإصغاء إلى ما يجري تدريسه. يحدث هذا والمعلِّم لم يعرف أنك إنما كنتَ تمارس واحدة من أسمى مَلَكاتك الفكرية، ألا وهي إطلاق العنان لمخيلتك كي تنقل نفسك إلى بيئة أكثر تشويقًا من تلك التي وجدتَ نفسك محاصَرًا فيها.

مع الأسف، نحن نقضي سنوات تنشئتنا من دون أن نعرف أي شيء عن مَلَكاتنا الذهنية، أو كيفية تطويرها لاستخراج عبقريتنا من العمق إلى السطح، حتى نتيح لأنفسنا التعبير عن تفردنا ككائنات مبدعة. لكن، لحُسن الحظ، هذا الكتاب سيساعدك على كسر حلقة الجهل هذه، ويزودك بالمعلومات الصحيحة التي ستُعينك كثيرًا على الارتقاء بحياتك.

كَتَبَ «سبعة مفاتيح للحرية» مجموعة أفراد تشتعل في قلوبهم رغبةٌ صادقةٌ في جعلنا على دراية بكيفية البدء في استغلال مَلَكاتنا العليا، حتى نتمكن من أن نحيا كما أراد الله لنا. لقد أحسنوا صُنعًا، وأُهنئهم على كل ما بذلوه من وقت وجهد وعناية في إعداد هذا الكتاب.

عندما تنتقل من فصل إلى آخر، ستبدأ في فهم كيفية توظيف مَلَكاتك العليا لخلق الحياة التي تحلم بها داخل عقلك. سيظهر لك كيف يمكنك إظهار نسخة طبق الأصل من هذا الحلم في عالمك الخارجي.

إن الجهد الذي استُثمر في تأليف هذا الكتاب يترك في نفسي أثرًا عميقًا؛ فهو يتناول موضوعًا درَستُه لأكثر من خمسين عامًا، ودرَّستُه بنشاط في جميع أنحاء العالم. ومؤلفوه طلاب درسوا

على يديَّ، وقد التقوا منذ عدة سنوات في أثناء حضورهم برنامجًا خاصًّا تنظمه شركتي لتدريب الأفراد في مجال التنمية الذاتية.

في أثناء إبحارك بين دفتي الكتاب، سترى أنهم تعلَّموا دروسهم جيدًا. وغني عن القول، إنني فخور جدًّا بهم، وبالعمل العظيم الذي أنجزوه وينجزونه. وعندما تواصلوا معي لطلب كتابة «تصدير» لعملهم الجماعي، تأثَّرت لمطلبهم، وسرعان ما قبلت هذا الشرف الذي منحوني إياه.

إن الكتاب برمَّته مخصَّص لموضوع في غاية الأهمية، وعندما تفهمه على النحو الصحيح، يمكن له أن يغير حياتك إلى الأفضل وإلى الأبد؛ فهو يتناول تفرُّدك! يعرض المؤلفون هنا جهودهم الفردية والجماعية... ولن تقرأ فحسب، بل ستطَّلع أيضًا على الحكمة القديمة التي طَبعتْ أثرَها على حياتهم، وهم يشاركونها معك بكل وضوح.

افتح عقلك، واقرأ الكتاب من بدايته إلى نهايته، ثم اختر واحدة من المَلَكات العليا التي ربما تثير فضولك أكثر من غيرها، وركِّز عليها لمدة تسعين يومًا، ثم تابع الطريقة نفسها مع كل مَلَكة حتى تنتهي من الكتاب. ستندهش وتسعد بثمرة جهودك. الكمال كامن في أعماقك، وكل مَلَكة مذكورة في هذا الكتاب يمكن تعزيزها، وهي لا تتطلب سوى التدريب، فكلما درَّبت مَلَكاتك العليا، صارت أكثر فاعلية. لديك الآن مهمة تنهض بها كُتبت لك خصيصًا.

لديك إمكانات غير محدودة كامنة في أعماقك، في انتظارك كي تستغلها. ولا حد للنجاح الذي يمكنك الاستمتاع به. ابدأ

رحلتك المثيرة، وتوقَّع حدوث أشياء رائعة على نحو منتظم، وتذكَّر دائمًا أنه عندما يتعلق الأمر بالارتقاء الذاتي، فلا وجود لخط النهاية، فكل جانب من جوانب حياتك يمكن أن يتحسن، والتحسُّن كلمة محببة إلى النفس.

بوب بروكتور
المؤلف الأكثر مبيعًا لكتاب «ولدت غنيًّا»
والمعلِّم في برنامج «السِّر»

مقدمة

ما المَلَكة الفكرية؟

هل يمكنك أن تتذكر المرَّة الأولى التي فكرت فيها بنفسك حقًّا من دون اعتماد على أحد؟ لحظة حاسمة مثل هذه إما أن تدفعنا إلى الأمام نحو النمو والتطور، وإما أن تُبقي أقدامنا ثابتة على الأرض فنعجز عن المُضي قُدمًا والنمو، ونخفق في التفكير في أنفسنا من أجل أنفسنا. تخيَّل العالمَ لو قَبِل بيل غيتس واقع أنه لم يكن لديه بالفعل منتَجٌ يبيعه لشركة «IBM»، وبدلًا من ابتكار نظام «DOS» (أول نظام تشغيل كمبيوتر مثبت على نطاق واسع) بالموارد التي في متناول يديه، مضى في طريقه وهو مهزوم! فكَّر غيتس بصورة مختلفة في حياته. فكَّر فيما هو ممكن، وما هو قادر على تحقيقه. أشخاص مثل بيل غيتس والراحل ستيف جوبز، فكروا في الفرص لا القيود، وهذا هو سبب نظرتنا إليهم بوصفهم قادة في مجالهم. يختار القادة استخدام أذهانهم بطريقة تفتح أمامهم الأبواب. وهذا النوع الفريد من التفكير، في أبسط صوره، هو «التفكير بنفسك من أجل نفسك».

فكِّر في الأوقات التي حققتَ فيها النجاح. لقد استخدمت ذهنك بطريقة فرَّقت بينك وبين المنكرين ومن قالوا لك ليس بإمكانك الاضطلاع بالأمر. التفكير بنفسك مستقلًّا هو أكبر من

مجرد نشاط عرضي، إنه عادة مكتسبة للنجاح في الحياة، وهي عادة تتيح لك المرور عبر أبواب تُفتح لك على مصاريعها وأنت تسير بثقة إلى الأمام في رحلة حياتك. ومع ذلك، كم من الناس يفكرون ثم يطبقون أفكارهم يومًا بيوم؟

قال الدكتور ج. ب. راين من جامعة ديوك: «ذهنك هو أعظم قوة في الخَلْق كله». فأنت تفسر العالم من حولك وفقًا لرؤيتك له بخيالك.

تخيَّل أن عقلك مجهز بعضلات عقلية، تمامًا كما أن جسدك مجهز بعضلات فعلية. أنت تعرف بالفعل كيف تنمي عضلات جسمك عن طريق ممارسة التمارين، ولكي تنمي عقلك يلزمك تطوير «عضلاتك العقلية»، التي نسميها هنا «مَلَكاتك الفكرية». هذه المَلَكات الفكرية هي: المخيلة، والذاكرة، والعقل، والإدراك، والحدس، والإرادة. وكما يمكنك استخدام عضلات جسمك، تلقائيًا أو عن قصد، يمكنك أيضًا استخدام مَلَكاتك الفكرية من دون تفكير (تلقائيًا) أو عن قصد. إن تفكيرك بنفسك يحدث عندما تستخدم عقلك بالطريقة التي خُلق ليُستخدم بها: بطريقة إبداعية وبحماس، من أجل حياتك الحالية والحياة التي تخلقها الآن.

سيساعدك هذا الكتاب على فهم كيفية عمل ذهنك حتى تتمكن من البدء في استخدام مَلَكاتك الفكرية بفاعلية أكبر (عن قصد). وعند القيام بذلك، ستجد الحرية في جميع مجالات حياتك. ونحن إنما نتحدث عن الحرية في الحياة لأنها ليست مقيدة ولا يصوغها أي شخص. فالحرية هي ما تقرره أنت. إنها

حريتك أنت. لطالما كانت الحرية الجوهرية هي حرية التفكير بنفسك، مستقلًّا عن غيرك، بطريقة تفرز راحة البال وأنت تعيش الحياة التي تختارها. يقول بوب بروكتور:

> «إن كنت سأكون حرًّا، يجب أن أكون أنا، وليس الشخص الذي تعتقد أنتَ أنني يجب أن أكون، ولا الشخص الذي يعتقد أبنائي أنني يجب أن أكون. إن كنت سأكون حرًّا، يجب أن أكون الشخص الذي أريد أن أكون».

كل فرد مزود بمَلَكات فكرية، فنحن نولد بها. وما زالت نسبة صغيرة فحسب من الناس تستغل مَلَكاتها بفاعلية بطريقة تمكنهم من تحقيق حياة أفضل لأنفسهم ولمن يحبون. ولهذا السبب فتلك النسبة الصغيرة من الناس هي نفسها التي تربح القدر الأكبر من المال.

ذهنك في شغل دائم، لكن لا تخلط بين النشاط الذهني والتفكير، إذ ثمة مئات، بل آلاف الأفكار التي تدور في ذهنك كل يوم، ويجب عليك غربلتها وتوجيهها عن قصد، بطريقة تمكنك من أن تصبح في أفضل وضع ممكن، بغض النظر عن مواردك أو ظروفك الحالية.

إذا سمحنا لأفكارنا بأن تنطلق بجموح، بلا قيد أو سيطرة عليها، بالكف عن استخدام قدرتنا على «التفكير عن قصد»، كما نفعل في كثير من الأحيان، فإننا ببساطة نسمح لأفكار شخص آخر بالسيطرة على أذهاننا. يرجع جزء من ذلك إلى أننا غالبًا

ما نسيء فهم الفرق بين النشاط الذهني والتفكير. لعلك كنت ترتاد بعض أرقى الجامعات في العالم، أو حضرتَ حلقات عمل وندوات لتحسين حياتك أو مهاراتك المهنية، ولكنك لا تزال تعرف القليل عن قدرتك على التفكير.

منذ كنا أطفالًا صغارًا، جرت برمجتنا على تقييم معرفتنا بموضوع معرفي معين وفقًا لدرجة تُعطى لنا، لكننا لم نولِ أي اهتمام واعٍ لأهمية الطرق التي نفكر بها، ولا لمعالجتنا هذه المعرفة في أذهاننا. نحن نستمتع بأفكارنا ونعاني منها. نحن لا ندرك كيف نفكر أو كيف ندير تفكيرنا للاستمتاع بحالة ذهنية إيجابية ونتائج إيجابية في حياتنا. سيساعدك إدراكُك للطريقة التي تفكر بها حقًّا في خلق عمليةٍ لاستخدام ذهنك بطريقة منظمة، وفهم هذه العملية وإتقانها أمر بالغ الأهمية بالنسبة إلى حياتك، إنه السبب الحقيقي لكل نتيجة وظرف من حولك.

> «نحن نفكر في الخفاء وعلى هذا النحو تسير الأمور، والبيئةُ ليست سوى مرآتنا» - جيمس ألين، «كما يفكر الإنسان»

يتطلب التفكير النشط والإبداعي والمركَّز معرفة تطبيقية ووعيًا مضاعفًا، وفهمك لمَلَكاتك الفكرية هو خطوتك الأولى نحو تلك المعرفة التطبيقية والوعي المضاعَف. فور أن تدرك سبب فعلك ما تقوم به، ولماذا تُفسِّر الأشياء بالطريقة التي تفسرها بها، ستبدأ في تحمل مسؤولية حياتك، وتحرِّر نفسك من أَسْر توقعات الآخرين. لكل واحد منا رغبة في السعي إلى

الحرية، والفرد الذي لديه وعي يسعى إلى الحرية من خلال القدرة على التفكير مستقلًّا عن غيره، وهذه الرغبة في السعي إلى الحرية هي التي دفعتنا إلى تأليف هذا الكتاب.

بين يديك الآن كتاب عملي عن التفكير بنفسك تفكيرًا مستقلًّا، والأفكار الواردة في هذا الكتاب يمكن أن تساعدك على الاستمتاع بحياة رغدة وسعيدة. لا يدرك معظم الناس أن حريتهم في الحياة تنبع من قدرتهم على التفكير باستقلالية، هذه الفكرة لا يدركها سوى قلة من الناس، والذين يدركونها يحققون إنجازات فيصبحون بارزين يُشار إليهم بالبَنان.

يحدد تفكيرُنا الظروفَ في حياتنا. وفي بعض الأحيان لا يمكننا تغيير الواقع والظروف، ولكن يمكننا دائمًا اختيار الطريقة التي نستجيب بها، ويمكننا تحديد مقدار الهيمنة التي نسمح للظروف بممارستها على حياتنا.

في هذا الكتاب، سنتحدث كثيرًا عن التفكير، حتى تتمكن من فهم العملية التي تستخدمها عندما تفكر. ستفهم الأدوات والآليات التي تستخدمها من دون وعي في أثناء معالجتك المعلومات ذهنيًّا، وستساعدك هذه المعلومات في اختيار وخلق الأفكار التي تؤدي إلى النتائج المرجوة. نتمنى مخلصين أن تكتشف قدرتك على التفكير من خلال تطوير مَلَكاتك الفكرية والبدء في التفكير وفي ذهنك غرض محدد. عندما تنهض بهذه المهام سوف تملأ حياتك بأفكار وعادات وأفعال مدفوعة بالغاية، ومن ثَمَّ ستخلق نتائج جديدة تمنحك الحرية التي تريدها.

يتفق جميع القادة العظماء في العالم على شيء واحد: نحن نصبح ما نفكر حياله. ولهذا السبب، يلزمنا ترويض تفكيرنا. يمكننا تسخير قوة أفكارنا عندما نروض تفكيرنا باستخدام مَلَكاتنا الفكرية لخلق حياتنا من الداخل إلى الخارج، بدلًا من العيش بإحساس الضحية أمام ظروفنا وقبول كل شيء من الخارج إلى الداخل. فمَلَكاتنا الفكرية مثل أدوات في صندوق، نستخدمها لبناء حياتنا. وهي مجموعة مفاتيح تفتح الأبواب للحرية والتفكير المستقل. إذا أردنا أن نفعل المزيد، ونحصل على المزيد، ونستمتع بهذه الحياة أكثر، يلزمنا السماح لأنفسنا بتغيير التفكير والمنطق الذي أفضى بنا إلى النتائج الحالية في حياتنا. وكما قال ألبرت أينشتاين: «المنطق يمكن أن ينقلك من النقطة «أ» إلى النقطة «ب»، أما المخيلة فبوسعها أن تأخذك إلى أي مكان». نحن جميعًا نريد الحرية في التفكير المستقل حتى نتمكن من خلق ما نريد، وعندما تكون لدينا هذه الحرية، سنتوقف عن التنافس ونبدأ في الإبداع، سنتوقف عن اللوم واتخاذ رد الفعل على الظروف ونبدأ في الاستجابة لها، سنتوقف عن التشكي مما ليس في حيازتنا ونبدأ في خلق ما نرغب فيه، سنتوقف عن العراك مع أنفسنا ونبدأ في تقدير من نكون، سنتوقف عن الحكم على الناس ونبدأ في قبولهم، سنتوقف عن عدم معرفة ما نريد من الحياة ونبدأ في اتخاذ قرارات وخيارات تركز على رغباتنا.

عندما تستخدم عقلك للتفكير المستقل، سيزداد وعيك بإمكاناتك غير المحدودة. أنت تستحق أن تستمتع بالحياة وأن

تكون ناجحًا بتحولك إلى أفضل صورة ممكنة عن ذاتك، ويحق لك التمتع بالحرية الروحية والفكرية والعاطفية التي خُلقت من أجلها.

يسعى كِتابنا إلى زيادة وعيك بنفسك بوصفك كائنًا مبدعًا خُلِق مزودًا بإمكانات النجاح، بغض النظر عن خلفيتك أو تجاربك. فلديك الحق في أن تحيا الحياة التي تريدها. لقد خامَرنا جميعًا شعور في وقت أو آخر بأننا محاصرون في حياتنا وفقدنا الأمل في تغيير ظروفنا، ومع ذلك، فالاستمرار في الشعور بأننا محاصرون ليس سببه شيء سوى إيماننا بقيودنا وعدم معرفتنا كيف نتغير. فمهما تكن اعتقاداتك، فإننا نود أن نشير إلى أنه لا عيب في إيمانك بشيء أكبر منك. يمكنك قضاء وقت طويل في المجادلة ضد فكرة «الذكاء اللامتناهي» (Infinite Intelligence)، أو محاولة إثباتها، أو يمكنك الاسترخاء والاستمتاع بهذه الاحتمالية لفترة من الوقت.

ووفقًا للفيلسوف تشارلز هانيل، فإن الارتباط الروحي يمهد الطريق ويفتح أبوابًا عديدة:

> «يجب أن يُنظر إلى الروح، أيًّا ما تكون، على أنها جوهر الوعي، وجوهر الذهن، والواقع الكامن وراء الفكر. وبما أن جميع الأفكار مراحل من نشاط الوعي أو الذهن أو الفكر، فالواقع المطلق أو الشيء الحقيقي أو الفكرة سيُعثر عليها في الروح، وفيها وحدها».

وقد أقر جميع المفكرين العظماء بأن الإنسان هو مخلوق أكبر من وجوده المادي، وأنه أيضًا روحٌ مرتبطة بالوعي الإلهي، وعبَّر إمرسون عن هذا المعنى عندما قال:

«ما نسميه الإنسان، الإنسان الذي يأكل ويشرب ويزرع ويحسب، لا يمثِّل نفسه، بحسب ما نعرفه، بل يشوهها. ونحن لا نحترمه على هذه الشاكلة، إنما نحترم الروح، التي هو أداتها، فإنْ تركَها تظهر من خلال عمله، فإنه يجعلنا ننحني له احترامًا. فعندما تتنفس الروح في عقله فإنها تتبدى في صورة عبقرية، وعندما تتنفس في إرادته فهي الفضيلة، وعندما تتدفق من خلال عاطفته فهي الحب».

هذا الكتاب مؤلَّف من حكمة ستة كُتَّاب مختلفين، جميعهم مرتبطون برؤية للحرية عن طريق عقل جامع مدبر. وهو دليل عملي يمكنك اتباعه حتى تتمكن من تجربة إحساسك بالإمكانية والتحرر من الخوف والقلق. ونود منك أن تطالب بأحلامك، وتتعلم أن الفكر الذي يَتْبَعه عملٌ تقدمي متدرج سيخلق حتمًا شكلًا ماديًّا لذلك الفكر. نحن نواصل تعلُّم كيفية النهوض بذلك، ونرحب بك في رحلتك الخاصة لتوسيع آفاق ذاتك والمطالبة بحقك الطبيعي؛ الحرية والبهجة.

مع الحب والامتنان اللامحدود لك، نقدِّم إليك «سبعة مفاتيح للحرية».

الفصل الأول

الذهن

حرية تحمُّلك المسؤولية عن حياتك بنسبة 100٪

بقلم: سلوى برباوي

«ذهنك هو أعظم قوة في الخلق كله».

- دكتور ج. ب. راين

طُلب مني مؤخرًا التحدث في حفل غداء نسائي، وعندما دخلت إلى الغرفة، وجدت طاولات مزينة بطريقة جميلة، ودُمى في كل مكان. كان الموضوع عن «ذكريات الطفولة». وفي أثناء تلاوة الإعلانات والإعراب عن الشكر والامتنان، أخبرتنا إحدى السيدات (ولنتفق على تسميتها «دينا») بهذه القصة المذهلة الحقيقية عن لقاء بين دُمى دينا، وامرأة أخرى، والعديد من الموظفين والمتطوعين في المدينة والمقاطعة. وإليك ما حدث:

كانت دينا تُخطط للحفل السابق على وضع ابنتها وليدَها، وتركت لُعبتين على هيئة دُميتين جميلتين نابضتين بالحياة فوق بطانية في المقعد الخلفي لسيارتها، وكان أيضًا على المقعد الخلفي ألبوم حفل زفاف ابنتها. كانت دينا تخطط كذلك لحضور مؤتمر خاص يوم السبت، وبعد ذلك ستذهب إلى منزل ابنتها لقضاء بعض الوقت معها وتعد الترتيبات لحفل الوليد المنتظر.

لم يُتح لدِينا صف سيارتها في الشارع، لذا وضعت سيارتها في مرآب قريب، ثم توجَّهت إلى مكان انعقاد المؤتمر. وفي وقت ما في أثناء النهار، صَفَّت امرأة سيارتها بجوار سيارة دينا. وعندما خرجت المرأة من سيارتها، وقع نظرها على المقعد الخلفي

لسيارة دينا، فرأت «رضيعين» ملفوفين في بطانية. أصيبت المرأة بالذعر، وذهبت إلى العامل تطلب منه الاتصال برقم النجدة 911، وأخبرته بوجود «رضيعين» وحدهما في المقعد الخلفي لسيارة في المرآب!

اتصل العامل بخدمة النجدة، ثم تبع المرأة إلى السيارة حيث كان «الرضيعان» نائمين. وبينما كانا يحاولان اكتشاف طريقة للدخول إلى السيارة وإنقاذ «الرضيعين» المسكينين، أبصرا ألبوم الزفاف الموجود بجانب «الرضيعين»، فجمح خيالهما بعيدًا؛ إذ اعتقدا أن الأم لا بد أنها تركت رضيعيها يموتان في السيارة بينما فرت هي إلى مكان ما لتقتل نفسها. صارت المرأة الآن في حالة هستيرية، وحاول العامل تهدئتها وهو يفكر في طريقة للدخول إلى السيارة.

سرعان ما وصلت سيارة الإطفاء، وحاول رجالها فتح باب السيارة لكنهم لم يتمكنوا، فكسروا إحدى النوافذ لإنقاذ «الرضيعين». وعندما دخلوا، قاسوا نبض «الرضيعين». لا شيء... فات الأوان. اعتقد الجميع أنهما ماتا! والمرأة التي وجدتهما تسارعت أنفاسها بدرجة كبيرة من فرط خوفها. ووصل المسعفون، وكان عليهم الاعتناء بهذه المرأة، التي فقدت وعيها في تلك اللحظة، وكذلك فِعل ما يمكنهم لإنقاذ «الرضيعين». ولسوء الحظ، لم يكن هناك نبض أيضًا. وكملاذ أخير قرر أحدهم النظر في عيون «الرضيعين» بحثًا عن أي علامة على الحياة، وعندئذ اكتشف المسعف أن «الرضيعين» لم يكونا سوى دُميتين.

يا للهول! لم أصدِّق أن كل هذا حدث بالفعل. كان الجميع يضحكون عندما روت دينا القصة. ولكن، عندما تتريث لتفكر في الأمر، لن تجدها قصة مضحكة على الإطلاق، بل محزنة للغاية. فكم من مرَّة ننسج بخيالنا الجموح كابوسًا نرعب به أنفسنا بخيوط واهية لا تقوم إلا على ظاهر الأشياء؟ وكم من مرَّة نقفز إلى استنتاجات لا تستند إلى شيء أكبر من مجرد إلقاء نظرة خاطفة على الوقائع؟

لقد قفزت المرأة المسكينة في مرآب السيارات إلى أسوأ خاتمة متخيلة، فافترضتْ أن إحدى الأمهات كانت في حالة اضطراب عنيف فتخلتْ عن رضيعيها وانتحرت. أرأيت كيف استطاعت بسهولة وسرعة نسج خيوط الكابوس؟ والأمر الأشد منه رعبًا هو قدرة ذلك الكابوس على نشر عدواه، فيتسبب هلع شخص في هلعِ آخر، ومن ثَمَّ تبدأ سلسلة ردود الفعل، من سيِّئ إلى أسوأ، وتزداد سرعتها كلما مر الوقت.

على الرغم من أن الناس يعتقدون أن الإدراك هو الواقع، فإنه ليس كذلك. الإدراك يخلق واقعك، بناءً على ما تفترضه وتصدِّقه. وفي هذا الصدد يعجبني اقتباس دينيس ديتون إذ يقول: «إنما ترى العينُ ما يبحث عنه الذهنُ». إن أذهاننا قوية، ونحن في حاجة إلى أن نعرف كيف نستخدمها بفاعلية.

أنا لست متخصصة في العلاج النفسي، لكنني قرأت وسمعت عن المعادلة التي يتعلمونها: أ + ب = ج.

أ ما يحدث لك في الحياة.

+ ب تفسيرك لما يحدث لك في الحياة.

ج كيف تتصرف.

لذا، فتفسيرنا لما يحدث لنا في الحياة هو في الواقع الحقيقة التي تخصنا، لأن أفعالنا تستند إلى تفسيراتنا، أي إلى تصوراتنا عن الواقع.

يشير الدكتور دانيال آمين، أخصائي تصوير الدماغ، إلى الأفكار السلبية التلقائية. واستنادًا إلى قصة الدُّميتين أعلاه، هل ترى كيف يمكن أن تستحوذ الأفكار السلبية التلقائية على ذهنك وتدفعك إلى فعل أشياء لا تفعلها في العادة؟ يجب أن نحرص على عدم السماح لهذا النوع من غزو الأفكار بالحدوث ابتداءً، ولكن إذا حدث فيجب أن نكون على وعي بالموقف، وأن نكون مستعدين لفعل شيء حيال ذلك؛ مثل القضاء على تلك الأفكار قبل أن يخرج الاجتياح عن السيطرة.

لكن، لماذا عندما تسير الأمور على ما يُرام وتشعر بسعادة فائقة، فإنك تميل إلى منع نفسك من الاستمتاع بالوضع كثيرًا لأنك تخشى أن «تعتاد على ذلك»، فتهيئ نفسك لاستقبال خيبة الأمل؟ فأنت تفكر: «هذا حسن جدًّا إلى درجة أنني لا أصدِّق، وإني أتساءل إلى متى سيستمر هذا الوضع المناسب؟»، ثم تبدأ في تدمير ذاتك. فكِّر في الأمر، وإن كنت لا تفعل هذا، فلا بد أنك تعرف شخصًا يفعله، فكثير من الناس يضيِّعون فرصًا جميلة بتساؤلهم: «ماذا لو أخفقت؟»، حسنًا، وماذا لو نجحت؟

نحن بشر أذكياء، مفكرون مستقلون. المشكلة تكمن في أن معظم الناس قد اعتادوا التصرف بقوة العادة إلى درجة أنهم كفوا عن التفكير في الاعتماد على أنفسهم، فيعيشون بلاوعي. في مكان ما على طول مسار رحلاتنا في الحياة نَدَعُ عددًا قليلًا من الأشخاص «الأقوياء» يتولون مسؤولية اتخاذ قراراتنا المهمة بدلًا منا، ونمنحهم في النهاية حق التحكم في كثير من جوانب حياتنا، إلى أن نتوقف تمامًا عن التفكير المستقل. لقد تنازلنا عن قوتنا لأشخاص آخرين «يعرفون أفضل مما نعرف» عن أنفسنا. هل هذا من المنطق في شيء؟ لذلك، يجب أن نتحمل المسؤولية عن حياتنا مرَّة أخرى.

أدركُ أنه من المهم أن يكون لديك قادة أكفاء، لكن الخطر يكمن في تخلينا عن كل قوتنا. نعتقد أنهم يعرفون أفضل، وأنهم أرقى تعليمًا، وأكثر ثراءً، وأقوى، أو أكثر خبرة، لذلك نحن نعتمد عليهم ليهتموا ببعض أهم الأشياء في حياتنا، ونغرقُ في بحر من التشاغُل والانهماك الظاهري. نحن نظن عندما نركض متشاغلين لنعتني بكل شيء وكل شخص عدا أنفسنا، أننا بذلك نفعل ما هو صواب وما هو متوقع منا أو «واجبنا». حسنًا، «التشاغُل أو الانهماك الظاهري» ليس له علاقة بالاعتناء والانشغال الحقيقي.

ما الذي يحدث، في معظم الحالات، عندما نزيح مسؤولية اتخاذ كل قراراتنا إلى شخص آخر؟ نرى أنفسنا عندئذ ضحايا، ونشعر بالعجز، ثم نبدأ في إلقاء اللوم على الآخرين بسبب مشكلاتنا. نتخلى عن مسؤولياتنا، لأنه يَسهُل على شخص آخر

إنجاز المهمة، ثم نلوم ذلك الشخص على الورطة التي نحن فيها عندما تسير الأمور على خلاف ما نرغب. مَن أفضل مني للاعتناء بمصالحي؟ يمكنني طلب المساعدة، لكن يجب أن أكون أنا الشخص الذي يحدد نوع المساعدة التي أريدها.

لذلك، يجب علينا أن نستيقظ من حالة التنويم هذه، ونتحمل المسؤولية عن حياتنا وأفعالنا ورفاهيتنا. قد يبدو الأمر صعبًا في البداية، لكن من المؤكد أن هذا المنحى أفضل من وجود شخص آخر يتولى مسؤولية حياتي! وكما قال المعلم البارز في مجال التنمية الذاتية جيم رون: لا بد أن نختار بين الشعور بألم الانضباط أو ألم الندم. أيُّ ألمٍ منهما ستختار؟

أود أن أقدِّم إليك بعض المعلومات الرائعة حول الذهن، يمكن أن تساعدك على تولي مسؤولية حياتك. لقد غيرت هذه المعلومات حياتي. لذا، رجاء استقبلها بعقل متفتح، وخذ الوقت الكافي لتطبيقها.

عندما نفكر، فإننا غالبًا ما نفعل ذلك باستدعاء صور للكلمات. إذا قلت كلمة «منزل»، تظهر صورة منزل في ذهنك، وإذا قلت «سيارة»، ترى صورة سيارة، وما إلى ذلك. والآن، إذا قلت «ذهن» (mind) فما الصورة الذهنية التي تراها؟ عادة ما يكون هناك ارتباك حول هذه الكلمة. لعلك رأيت في ذهنك صورة للمخ؟ كثير من الناس يرونها أيضًا، وأنا شخصيًّا كنت أراها كذلك، حتى شرح لي أحدهم الفارق بين المخ والذهن. يرتبك الناس لأنهم لا يعرفون كيف يبدو الذهن. الذهن هو

الجزء غير المرئي من شخصيتك، فلا عجب أنك لا تعرف كيف يبدو. ونظرًا إلى أننا نعيش في كون منظم، ولأننا كائنات ذكية للغاية تحيا بطريقة منظمة وذكية، فنحن لا نحب أن نكون في حالة ارتباك. لذلك، تلزمنا صورة للذهن حتى نخلق ترتيبًا ونظامًا.

في أوائل القرن العشرين، لاحظ الدكتور ثورمان فليت هذه المعضلة، وقرر أن يفعل شيئًا حيالها. لقد أدرك أن الذهن هو الجزء غير المرئي من شخصيتنا، ولأنه يؤمن بعلاج الشخص بكامل كينونته عن طريق الوصول إلى جذر المشكلة، بدلًا من مجرد علاج الأعراض، خرج بهذا الرسم، أو ما نسميه «الرجل الخطي» (The Stickperson).

الرجل الخطي

للوهلة الأولى، قد تبدو الصورة مقلوبة، لكنها رُسمت على هذا النحو عن قصد. فكما ترى، إننا حتى الآن وجَّهنا كل وعينا وانتباهنا إلى أجسامنا وحواسنا الجسدية الخمس، بينما كل شيء

في حياتنا ليس إلا تعبيرًا عن أذهاننا، حيث يبدأ تفكيرنا وتكمن مَلَكاتنا العقلية، فالذهن يبادر ويخلق أفعالنا.

والآن، بعد أن صارت لديك صورة للذهن، يمكنك فهم الطريقة التي يعمل بها على نحو أفضل. ينقسم الذهن إلى جزأين: الذهن الواعي (المفكر)، والذهن اللاواعي (الوجداني).

الرجل الخطي

عندما نمزج أفكارنا ووجداننا، فإنها تنتج الفعل (من خلال أجسادنا)، وبالتالي نرى ثمرة أفعالنا. وهذا مشابه جدًّا لصيغة المعالج النفسي المذكورة سابقًا: أ + ب = ج.

عندما تفكر في أفكار إيجابية ومبهجة ستشعر بشعور طيب، وستكون أفعالُك مرآة تعكس تلك الأفكار الإيجابية. بينما إذا كنت تفكر في أفكار سلبية، فستشعر بشعور سيئ، وستكون أفعالُك مرآة تعكس تلك الأفكار السلبية. أعلمُ أن الصياغة على هذا النحو تجعل الأمر يبدو بسيطًا - وهو بسيط لكنه يُساء فهمه. هذا هو قانون الجذب على أرض الواقع، وهو أساس كل ما نقوم

به في الحياة، لذلك يجب أن ننتبه إلى هذه «الأشياء البسيطة»، وأن نفهم كيف تسير، ثم نخطو خطوة ونطبقها في حياتنا.

يمتلك الذهن الواعي القدرة على قبول أو رفض أي فكرة تُقدَّم له. المشكلة هي أن غالبيتنا لا يستغلون هذه القدرة. فنحن نسمح لجميع أنواع الأفكار التافهة والمغلوطة بالمرور إلى أذهاننا دون إيقافها. أما الذهن اللاواعي فلا يستطيع رفض أي شيء، إذ لا بد له أن يقبل كل ما تُدخِله إليه. فكِّر في ذهنك كأنه إذاعة أو تلفزيون. فأيًّا ما كانت القناة التي تضبط نفسك على موجتها، فإنها ستبث إليك ما تتلقاه.

هل تتذكر ما قلته لك عن التنازل عن قوتك في محطة ما أثناء رحلتك؟ حسنًا، إليك الطريقة التي يمكنك بها أن تطالب باستعادة قوتك مرَّة أخرى: الذهن اللاواعي هو المكان الذي تكمن فيه كل «نماذجك الإدراكية» (paradigms)، مثل اعتقاداتك الحالية، وذكرياتك، وصورتك عن ذاتك. لذلك، إذا لم نكن حذرين بشأن الأفكار التي نسمح بدخولها إلى أذهاننا الواعية، فإن الذهن اللاواعي سيقبل أي أفكار نغذيه بها، فهو ليس له سيطرة على ما يؤمن به وما لا يؤمن به؛ إنما هو يسحب كل شيء إلى الداخل، ثم تختلط أفكارنا بمشاعرنا، وتنتج معًا أفعالَنا التي بدورها تثمر النتائج التي نحققها.

إحدى الوسائل النافعة لفحص ذهنك أن تلقي نظرة مطولة وأمينة على النتائج التي حققتها، لأن النتائج لا تكذب. فأنت تراها من حولك في بيئتك المحيطة، وهي مرآة ذهنك. وإذا لم

تعجبك نتائجك، فارجع إلى أصل المشكلة وألقِ نظرة على ما يدور في ذهنك. فور إصلاح ما يدور هناك، ستتغير النتائج التي تحققها. هذه هي الطريقة التي تسير بها الأمور. لا أكثر ولا أقل. وقد أحسن جيمس ألين صوغ هذه الفكرة: «نحن نفكر في الخفاء وعلى هذا النحو تسير الأمور، والبيئةُ ليست سوى مرآتنا». إذن، ما الذي يؤثر في أفكارك؟ وكيف يمكنك التحكم فيما تفكر فيه؟

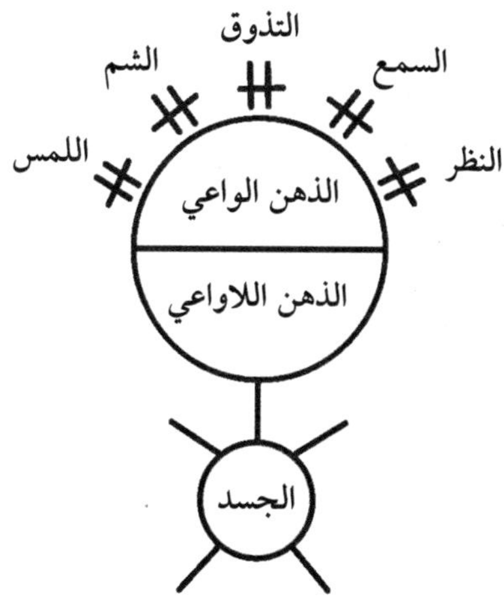

لديك خمس حواس: ترى، وتسمع، وتتذوق، وتشم، وتلمس. ونحن خاضعون لتأقلمنا الشَّرطي الذي يقضي بالتعلم من خلال هذه الحواس منذ نعومة أظفارنا. يبدو كأن حواسنا مرتبطة بذهننا الواعي مثل قرون استشعار صغيرة، فهكذا نجمع معظم معلوماتنا من العالم من حولنا. يجب أن ندرك أن هذه الحواس تعمل على الدوام، فعندما تستيقظ في الصباح وتفتح عينيك، ترى على الفور، وليس عليك التفكير

أولًا في توجيه عينيك بأن تبدأ في الرؤية. والشيء نفسه ينطبق على الحواس الأخرى.

هذه الحواس تعمل على الدوام، لذا يمطرها التلفزيون والإذاعة والكمبيوتر والبشر من حولنا دومًا بالمعلومات والبيانات. وعلى هذا النحو تأقلمنا لنعيش من خلال هذه الحواس إلى درجة أننا نحيا حياتنا اليومية في حالة لاوعي - نفعل الأشياء بطريقة معينة، من باب العادة. ونحن أيضًا قلقون بشأن ما يعتقده الناس عنا، وبشأن «الظهور بمظهر حسن» أمامهم. هذا التأقلم الشديد وضبط استجاباتنا لعالمنا الخارجي يبقيان مشاعرنا داخل «قطار ملاهٍ متعرج» معظم حياتنا. عندما يطرينا أحدهم بمجاملة نشعر برضا، وبعد بضع دقائق ينتقدنا شخص ما فنشعر بشعور سيئ على الفور. نحلِّق عاليًا في دقيقة، وفي اللحظة التالية نهوي سريعًا إلى الحضيض.

لذلك، إذا كنت تريد تغيير هذا التقلب الجنوني، وتحسين النتائج التي تحققها، فلا بد أن تكون على وعي بما تستمع إليه وإلى مَن تنصت. يجب عليك حماية أفكارك (الذهن الواعي) كما لو كانت حياتك تعتمد عليها - لأنها تعتمد عليها بالفعل. وفور أن تعي الطريقة التي يعمل بها الذهن وتفهم العملية، يمكنك حينئذ أن تعمل على تغيير ما في الداخل حتى تغير بيئتك الخارجية (النتائج الفعلية التي تحققها).

والآن اسمح لي أن أنبهك إلى أننا بوصفنا بشرًا أذكياء خُلقنا لغرض معين، فإننا نعرف أكثر بكثير مما ندرك. لكن هل تعلم أن أكبر فجوة في الحياة هي تلك القائمة بين ما نعرف وما نفعل؟

أتذكر ما قاله المعالج النفسي ناثانيال براندن: «نحن الجنس الوحيد الذي يمكنه صوغ رؤية للقيم التي تستحق السعي وراءها، ثم يسعى في الاتجاه المعاكس». لماذا؟ لماذا لا نتعقب تلك الرؤى والقيم التي تستحق السعي وراءها؟ لأن الخيار الأسهل هو أن نبقى عالقين في شِباك طُرقنا القديمة للتفكير والاستمرار في فعل ما اعتدنا فعله. نحن نواجه مقاومة قوية في صورة حواجز ضخمة ذاتية الإنشاء عندما نحاول تغيير عاداتنا، وقد يَحُول هذا الشعور بيننا وبين اتخاذنا الخطوات اللازمة لتحقيق النتائج التي نريدها. يساورنا خوف أو قلق، ونسأل أنفسنا أسئلة من قبيل: «ماذا سيقول الناس إذا لم أفعل هذا؟ أو إذا فعلت ذلك؟»، وبدلًا من السعي وراء ما نقدِّر، ينتهي بنا الأمر إلى أن نكتفي بما هو مألوف، فنبقى في حدود ما نسميه «نطاق الراحة».

ضع هذا في اعتبارك وأنت تواجه تحدياتك: التطور يتطلب نبذ الراحة. «الجيد» ليس دائمًا جيدًا بما يكفي، بل في الواقع، «الجيد» هو عدو «الأفضل». فمن واجب كل فرد أن يترقى ويعيش أفضل حياة ممكنة، كما يحددها لنفسه. ولا أعذار!

من الضروري أن تفهم أن النتائج الحالية التي حققتَها ليست مرآة تعكس إمكاناتك، بل هي نتيجة ثانوية مباشرة لتفكيرك السابق - بالطريقة التي فكرتَ بها حتى هذه اللحظة. ربما قيَّدك تفكيرك السابق في الماضي، لكنه لا يطوِّقك تمامًا بأي حال من الأحوال. فلديك إمكانات لانهائية، محدودة بأفكارك فحسب. لذلك، إذا أردتَ تغيير ما تُحقق من نتائج، يجب عليك أولًا تغيير

أفكارك. لديك خيارات - حتى في الأمور الخارجة عن إرادتك لديك خيارات. والأمر كله متوقف على الطريقة التي تنظر بها إلى الأمور، أي تفسيرك الخاص لما يحدث لك في الحياة.

عادة ما نتطلع إلى الآخرين (العائلة والأصدقاء والأقران) للحصول على المشورة عندما نسعى وراء ما نريد في الحياة. إذا اتبعت هذه الاستراتيجية، فإن السؤال الذي يجب أن تطرحه على نفسك هو: هل الشخص الذي تتطلع إليه ليسديك المشورة مؤهل لذلك؟ إذا أردت تعلُّم السباحة، يجب أن تبحث عن شخص يعرف السباحة جيدًا ومستعد لتعليمك وقادر على ذلك، ولن تسعى إلى شخص لا يعرف شيئًا عن السباحة ولم ينزل إلى الماء مطلقًا، أليس كذلك؟

والآن، لنفكر في طرق أفضل للتأثير على أفكارنا المستقلة عن بيئتنا. سترغب في تعلُّم كيف تستخدم ذهنك بكثافة أعلى من خلال إشراكه وتمكينه واستخدامه للتفكير. إذا فعلت ذلك فلن تحتاج إلى الاعتماد على الآخرين ليتخذوا لك قراراتك. فكما ترى، نعرف جميعًا حواسَّنا الخمس، لكن قلة من الناس يعرفون ماهية المَلَكات الفكرية. لديك ست مَلَكات فكرية، ويسمح لك الاستخدام المباشر لهذه المَلَكات بالتحكم في طريقة تفكيرك. وبما أن هذه المَلَكات تشبه عضلات ذهنية، يمكنك تطويرها وتقويتها من خلال التمرين الذهني. وعندما تطوِّر هذه المَلَكات وتستخدمها على النحو الصحيح، يمكنك تعزيز أفكارك وتحقيق النتائج التي تريدها في حياتك.

مَلَكاتنا الفكرية هي: المخيلة، والذاكرة، والعقل، والإدراك، والحدس، والإرادة. ولنلقِ الآن نظرة سريعة على كل مَلَكة.

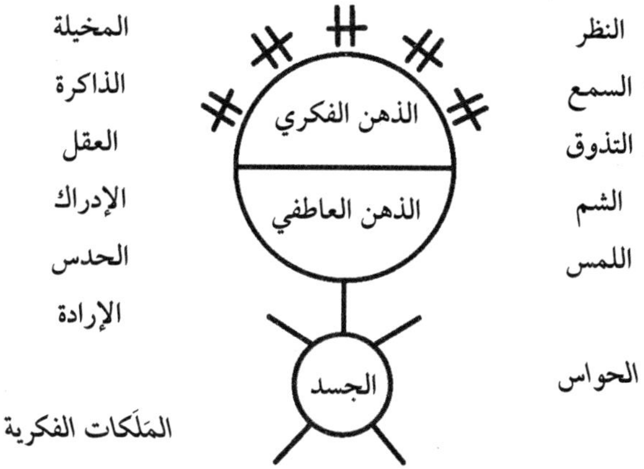

المخيلة

هي قدرتك على بناء صور كبيرة وجميلة في ذهنك. إنها ورشة عمل الذهن، ويمكننا استخدامها لنسج كوابيس أو تشييد أحلام بديعة. لم يستخدم معظمنا المخيلة على نحو صحيح منذ طفولتنا. أتذكُر عندما كنتَ تأخذ صندوقًا، لا سيما أحد صناديق الأجهزة الكهربائية الكبيرة، وتحوِّله إلى حصن أو مسرح؟ ماذا لو استخدمتَ بطانية وكرسيَّين؟ ها أنت قد صنعت خيمة رائعة! ولكن بعد ذلك «كبرنا»، واضطررنا إلى الذهاب إلى المدرسة، حيث لم يكن أمامنا متسع من الوقت كي نحلم كما كنا نحلم من قبل. ببطء ولكن بثبات، كَفَفنا عن شحذ مخيلاتنا بصورة صحيحة، وتعلَّمنا اتباع التعليمات والقيام بما يُطلب منا القيام به.

بعد أن يتشرَّب وعيك بهذه الأفكار، يمكنك استخدام مخيلتك لبناء صور كبيرة وبديعة لكل الأشياء التي تريد تحقيقها في حياتك، بدلًا من الاستمرار في التركيز على الأشياء التي لا تريدها ونسج الكوابيس التي تصحبها.

الذاكرة

نحن لسنا معنيِّين بحالة ذاكرتك، قوية أو ضعيفة، إنما يعنينا محتوى ذاكرتك. لقد وُلدتَ ولديك وعي بنجاحك، لكنك قد تتذكر وتركز على إخفاقاتك بدلًا من نجاحاتك. هل ذهنك مليء بذكريات تزودك بالقوة وتؤكد نعمة الحياة، فتثيرك وتدفعك إلى الأمام؟ إذا لم يكن الأمر كذلك، فسوف يوضح لك هذا الكتاب كيف تستخدم ذاكرتك أداةً للتحرر من المنطق الخاطئ والتأقلم الشَّرطي السابق، حتى تعيش تجربة الحرية لخلق أي شيء تريده في حياتك.

العقل

يمنحك عقلك القدرة على التفكير والاختيار واتخاذ القرار. إنه أعلى دور تستطيع أن تضطلع به بوصفك كائنًا ذكيًا. يمكنك استخدام عقلك لتنجح في الحياة، بدلًا من الجدال بشأن القيود التي تعوقك.

بدلًا من جمع المعلومات من حواسك - وهي الجانب الأدنى من الطبيعة - سترغب في تطوير واستخدام جانبها الأسمى، أي عقلك. هذا هو حقًّا ما يمتاز به البشر عن الحيوانات. عندما

نستخدم الجانب الفكري/الأعلى لدينا، نبدأ في تغيير الطريقة التي ننظر بها إلى الأشياء، ونتحكم في حياتنا. مثل قائد مركب شراعي، ليس بيدك وجهة هبوب الرياح، لكن يمكنك بالتأكيد ضبط شراعك في اتجاهها. بهذه الطريقة ستغير النتائج التي يمكنك تحقيقها في نهاية المطاف.

الإدراك

هكذا ترى عالَمك. إنها وجهة نظرك أنت. إدراكك هو كيف تقبَل العالَم، وهو في الوقت نفسه فكرتك التي تسقطها على العالَم. عينك ترى ما يوجهها ذهنُك إليه لتراه، ومن ثَمَّ فهذا ما تستقبله. هل كوبُك نصف ممتلئ أم نصف فارغ؟ ينص قانون التقاطُب، وهو أحد القوانين الطبيعية للكون، على أن لكل شيء نقيضًا قطبيًّا: كل صعود يقابله انخفاض، ومع كل دخولٍ خروج، ولكل جبهةٍ خَلْف. لذا، يجب أن نختار أن نرى الخير في كل شيء. وقد صاغ الدكتور واين داير هذا المعنى في أفضل صورة، فقال: «عندما نغير الطريقة التي ننظر بها إلى الأشياء، تتغير الأشياء التي ننظر إليها». أتذكر اليوم الذي اخترتُ فيه أن أغيِّر الطريقة التي نظرت بها إلى الأشياء كما لو كان يوم أمس. لم أسمع بالدكتور داير حتى ذلك الحين، لكنني عندما سمعت هذا الاقتباس، عرفتُ بالضبط ما يعنيه. هذا ليس أقلَّ من تحوُّل كلي!

قرِّر اليوم قبولَ ما هو كائن. ليس لك سيطرة على الآخرين ولا البيئة برمتها، إنما يمكنك فحسب أن تسيطر على نفسك وتتحكم في الخيارات التي تتخذها. فلا تضيِّع طاقتك في

محاولة تغيير ما لا يخضع لسيطرتك، بل استغله لتجعل من نفسك شخصًا أفضل. كُن حكيمًا في اختيارك. هل تتذكر دعاء السكينة؟

«اللهم امنحني السكينةَ للرضا بما أعجز عن تغييره، والشجاعةَ لتغيير ما يمكنني تغييره، والحكمةَ لأميِّز بين هذا وذاك!».

الحدس

هو قدرتك على استشعار الطاقة من حولك. يسميه البعض الحاسة السادسة، أو المصادفة، أو الإحساس، أو الاستجابة الداخلية. هل سبق لك أن كنت في غرفة بها جَمع من الناس، وعندما دخل شخص ما شعرت بأن وجوده يبث «طاقة» سلبية في المكان؟ إذا ضبطتَ نفسك على موجة حدسك، فستعرف أن هناك شيئًا غير صحيح تمامًا، ستشعر بالطاقة السلبية المنبعثة من هذا الشخص. لقد صُمِّم حدسك ليُظهر لك الفرص في حياتك كي يدفعك إلى المُضي قُدمًا ويوجهك نحو هدفك.

تعجبني الطريقة التي يصف بها واين داير الحدس: «الصلاةُ حديثُنا إلى الله، والحدسُ حديثُه إلينا».

الإرادة

هي القدرة على التركيز والاستمرار في التركيز على فكرة ما، لاستبعاد جميع الأفكار الأخرى، واتخاذ خطوة طوعًا تتماشى مع تلك الفكرة. قال إمرسون: «الشيء الوحيد الذي

يمكن أن يتطور هو الشيء الذي نبذل فيه طاقة». يجب أن يكون لديك يقين ثابت بأنك ستحقق أهدافك. فإذا سمحتَ للظروف بتشتيت انتباهك بسهولة، فلن تنجح.

إذا كنت تريد نتائج مرغوبة محددة، يجب عليك أن تشحذ إرادتك لتساعدك على تثبيت صورك الجميلة على شاشة ذهنك، وأن تكون مستعدًّا لاتخاذ خطوة تتناسب مع النتائج المرجوة.

هل ترى كيف تتضافر هذه المَلَكات المذهلة وتعمل معًا بصورة طبيعية؟

أنت كائن روحي، تعيش في جسد مادي، وقد وُهبتَ ذكاءً رائعًا. لذا، بدلًا من العيش وفق النماذج الإدراكية القديمة (التأقلم الشَّرطي) والتفكير دائمًا من الخارج إلى الداخل، اضبط قناتك الداخلية، وابدأ العيش من الداخل إلى الخارج.

استخدم مَلَكاتك الفكرية، وكُن متحمسًا لها، ودَعها ترشدك في رحلتك من حيث تقف الآن إلى المكان الذي تريد أن تصل إليه. ذهنك هو أحد أقوى محركات النجاح، فطوِّره، واستخدمه على النحو الصحيح، وتحمَّل المسؤولية عن بناء حياتك!

نحن نعيش الآن عصر المعلومات، وما من مبرر يدعو أي شخص إلى أن يحيا حياة أقل من حياة رغدة ومتحققة. إذا كنت لا تصدقني، فاكتشف بنفسك، أجرِ بعض الأبحاث، وادرس حياة الناجحين، واستكشف الفرص. ففي نهاية الأمر، يجب عليك اتخاذ خطوة. وعندما تفعل ذلك، سوف تجتذب وفرة هائلة وتعيش الحياة التي تحلم بها!

من الضروري في أثناء مراجعة أهدافك أو تحديدها أن تتأكد من أن هذه الأهداف هي أهدافك أنت. سوف تشعر بالإحباط إذا عشتَ توقعات شخص آخر - وهذا نادرًا ما يؤدي إلى نجاح حقيقي، إن حدث في الأساس.

إليك الخلاصة: إذا كنت تريد حقًّا نتائج مختلفة، يجب أن تفعل الأشياء بطريقة مختلفة، ويجب أن تفكر بطريقة مختلفة. يبدأ التغيير الإيجابي على جميع المستويات، بما في ذلك النجاح المادي، من الداخل. لذا، خصِّص بعض الوقت في كل يوم للتفكير وفحص عملية التفكير الخاصة بك، لفهم السبب وراء أفعالك، وللمُضي قُدمًا، وتغيير نتائجك أو تحسينها.

«إن نقيض الشجاعة في مجتمعنا ليس الجبن، إنما المسايرة والامتثال» - دكتور رولو ماي

سلوى برباوي، الولايات المتحدة الأمريكية

الفصل الثاني

مخيلتك

مفتاح الأحلام الكبرى والجميلة

بقلم: جوين بودرو

«ليس مدار الحياة أن تبحث عن ذاتك، بل أن تخلقها».

- جورج برنارد شو

عندما وقعت عيناي للمرَّة الأولى على هذه المقولة لبرنارد شو، أُضيء مصباح داخل رأسي. لقد أهدرتُ وقتًا طويلًا من حياتي أحاول أن أتبين من أكون، وكلي أمل أن يتضح لي ذلك من خلال قواي الأعلى وأصدقائي وعائلتي وزملائي ومعلميَّ أو من خلال أسفاري ورحلاتي. لكنني أدركتُ أخيرًا أن الأمر طوال الوقت كان بيدي حقًّا: مَن أريد أن أكون! كانت لحظة غيرت حياتي، وكان مفهومًا رائعًا استوعبه عقلي. لطالما تخيلت نفسي في صورة زوجة وأم مُحبة، امرأة تُحسن التواصل مع الآخرين، فرد مبدع، وأكثر من ذلك بكثير، لكنني كنت أنتظر شخصًا آخر ليخبرني أنني كنت كل هذه الأشياء جميعًا، بدلًا من أن أصدِّق أنني هكذا كنت.

في الحقيقة، عندما أخبرني أحدهم أنني كنت بالفعل أيًّا من هذه الأشياء، لم أصدِّق على أي حال، بسبب نظرتي المتدنية لذاتي. كنت غالبًا أحسد الآخرين على ما أوتوا من مواهب، وأتمنى أن أكون مثلهم، أو أن يكون لي ما لهم من مواهب. فبدلًا من إدراك نقاط قوتي والتركيز عليها، ركزت على نقاط القوة لدى الآخرين، واعتقدتُ أنني لم أكن في مثل ما كانوا عليه

من مستوى. كانت لديَّ ذهنية مفادها أن الأشخاص الآخرين، ربما الأشخاص الأكثر استحقاقًا، امتلكوا هذه السمات وأنني لن أحصل على مثلها أبدًا. وكنت أظن أن الآخرين يمكنهم تحقيق الأهداف التي حلمتُ بها طوال حياتي، لكنني شعرتُ أنني لا أستطيع تحقيقها. في عام 2006، في العام الذي صدر فيه كتاب «السر» (The Secret)، أدركتُ أن خلق حياتي يقع على عاتقي، فبدأتُ أخيرًا أتحمل المسؤولية كاملة عن أفكاري والنتائج التي أحققها في حياتي.

الجزء الأكثر إثارة للاهتمام في كل هذا هو أنني طوال حياتي - منذ طفولتي - شعرتُ في أعماقي أنني موهوبة ومميزة. كنت دائمًا متميزة، سواء كان ذلك بسبب ابتسامتي العذبة وسلوكياتي كفتاة صغيرة، أو حماسي المعدي وحماسي للحياة، أو تعاطفي مع الآخرين ورغبتي في مد يد العون لهم. لطالما شعرتُ بهذه العظمة في أعماقي، ومع ذلك كنت أميل باستمرار إلى تدمير ذاتي، وأعترض طريق مواهبي بالتركيز على نقاط ضعفي. هل تعلم أن العظمة كامنة في داخلك؟ هل شعرت بها من قبل؟ أتمنى ذلك من أجلك ومن أجل عالمنا الجميل، لأن مواهبك فريدة ومميزة مثل شخصك، وهي ستُسدي خدمة هائلة لعالمنا إذا استخدمتَها.

وهكذا كنت، في سن السادسة والثلاثين، أتخيل صورة سيئة لذاتي من ناحية، وأشعر بإحساس بالعظمة بداخلي من ناحية أخرى. أتحدث هنا عن تناقض! أردتُ طوال حياتي أن

أترك بصمتي وإسهامي في العالم. كنت أتخيل نفسي دائمًا طرفًا في مقابلة إعلامية وقد فزتُ بجائزة مرموقة، أو أُلقي خطابًا جماهيريًا، أو أُجري مقابلة مع شخصية عامة أعجبتُ بها وأتخيل محادثتنا الرائعة. لماذا كانت هذه السيناريوهات تدور في ذهني دائمًا؟

إحدى المواهب التي أُنعم عليَّ بها هي مخيلتي البديعة. منذ طفولتي، تمتعتُ دائمًا بمخيلة بديعة، وكنت دائمًا في حالة اندهاش. بلغت 13 عامًا وكنت لا أزال أؤمن ببابا نويل! لن أنسى أبدًا الليلة التي أخبرني فيها والدي وأختي أنه لا وجود لبابا نويل. كان ذلك في عشية عيد الميلاد، وكانت والدتي في المستشفى تقاوم الموت على سرير المرض. انسحق فؤادي؛ فلم يكن محتمَلًا أن أفقد والدتي في أي يوم، والآن لم يعد لبابا نويل وجود أيضًا. عندما أُلقي نظرة على الموقف، أُدرك أنه في مرحلة ما كان عليَّ أن أتعلم أن بابا نويل لم يكن سوى شخصية خيالية. كانت أختي الصغرى تعلم بالفعل أنه لا وجود لبابا نويل، لكنني لم أصدِّقها. كنت أطلب منه أن يشفي والدتي حتى يمكنها العودة إلى المنزل، وفجأة لم يعد لبابا نويل وجود لأطلب منه شيئًا بعد الآن. مَن كان سيمنحني أمنيتي لعيد الميلاد الآن؟ مَن له الحق في انتزاع أمل شخص آخر من قلبه؟

لطالما سمعت عبارات من قبيل: «اخلع تلك النظارات الوردية» و«هذا ليس واقعيًّا». لسنوات عديدة، عطَّلتُ بداخلي ذلك الجزء الذي يحب أن يحلم. حلمتُ بالأحلام الواقعية:

زواج وبناء أسرة. لا تُسئ فهمي. كانت هذه أحلامي الكبيرة أيضًا، لكن كانت لديَّ أحلام أخرى إلى جوارها. لذلك لم أرَ دائمًا مخيلتي بوصفها منحةً. بدت كأنها عائق في بعض الأحيان، وكان الجميع يعتقدون أنني شخصية حالمة، كما لو كانت هذه سمة سلبية. أعلم الآن أنها هبة رائعة.

منذ نحو ست سنوات، الأحلام نفسها التي كنت أحلم بها وأنا طفلة ظلت تُطل من رأسي. فكيف يحدث ذلك؟ لقد تخلَّيت عن تلك الأحلام منذ سنوات. كان حلمي ورؤيتي العملَ في السينما والتلفزيون. في أوائل العشرينيات من عمري، عملتُ لفترة وجيزة في فانكوفر، في كولومبيا البريطانية، في التلفزيون والأفلام كمساعدة إنتاج، ورؤيتي أن أصير يومًا ما ممثلة وكاتبة ومنتجة ومخرجة. لكن في سن الرابعة والعشرين، أوصدتُ الباب على ذلك الحلم، لكن استمر هذا الصوت بداخلي يتسلل إلى قلبي. لم أفهم لماذا كان يحدث هذا لي. بعد أن أعربتُ عن هذا عدة مرات، وناضلت من أجل تحسس طريقي، كان ما سمعته من أولئك الذين «أحبوني» هو تعليقات من قبيل: «تحمَّلوها، فهذه مجرد مرحلة وستمر»، و«ماذا عن أطفالك؟»، و«ما مصدر كل هذا الكلام يا جوين؟». أستطيع أن أقول الآن إنه كان حدسي في أوج نشاطه. هذا الصوت الناعم الذي هو جوهر كينونتي كان يبث رسائله لي، لأنني لم أكن أتبع رغبة قلبي.

بعد أكثر من عام من التقلبات صعودًا وهبوطًا، شدًّا وجذبًا، في محاولة لطمس هذه الأفكار ودفع هذه الرغبات بعيدًا، وجدتُ

نفسي أُلقي نظرة كاملة طويلة على موقعي، وأبذل قصارى جهدي، مع الوعي بأنه كان عليَّ أن أصوغ معنى من كل هذا. كنت في سن السابعة والثلاثين، ولم أكن أتابع المسيرة المهنية التي أحلم بها، ولا أكسب الدخل الذي أرغب فيه، وإن كان زوجي قد هيأ لي حياة هي بالنسبة إلى معظم الناس حلم. كنت في علاقة زواج تجاوزتها ولم أرغب في مواصلتها لأن روحي كانت تحتضر. لكن كان لديَّ ثلاثة أطفال دون سن الثالثة وكنت في هذه العلاقة لتسع سنوات. ظللت أتساءل مرارًا وتكرارًا: «هل أفرِّق شمل عائلتي كي أنجو، أم أبقى مدركةً أنني سأتخلى عن جزء كبير من كينونتي حتى يتمكن أطفالي من العيش في كنف أسرتهم مع أمهم وأبيهم؟».

كنت أعرف ما يجب عليَّ فعله. لقد تألمت في أعماقي وأنا أبدد شمل عائلتي، وهي حلم من أحلام حياتي! كان عليَّ أن أدافع عن ذاتي الحقيقية، الذات التي كانت في ذلك الوقت، والمرأة التي أعرف أنني يمكن أن أكونها. أردت أن أصبح نموذجًا يحتذي به أولادي، وأن أُظهر لهم أن الحياة من دون السعي وراء الشغف واغتنام الفرص مجرد هباء. أردت أن أصبح نموذجًا تحتذي به النساء الأخريات اللائي يعشن في مواقف مماثلة لي. أردت أن أستعيد قوتي الشخصية، وأثبت لنفسي أنني أستطيع أن أفعل ذلك، وأن أعيش الحياة التي طالما حلمت بها.

إنني أسعى من خلال هذا الفصل إلى أن أرشدك بشأن مَلَكة المخيلة التي تتمتع بها. وأود أن أقدِّم إليك فهمًا لماهية المخيلة،

لكي أساعدك على إعادة الاتصال بمخيلتك وتطويرها، لتخلق الوفرة والبهجة والراحة والتوازن في جميع جوانب حياتك. والأهم على الإطلاق هو مساعدتك على فهم أن كل ما يحدث في الخارج كان له منشأُه أولًا من الداخل. يمكنك أن تفك شفرة الحامض النووي لنجاحك باستخدام هذه «المفاتيح السبعة للحرية»، من خلال فهم كيف ينشأ التغيير في ذهنك، وتكوين صورة واضحة للذهن وكيفية عمله، ومعرفة المزيد عن كل مَلَكة من المَلَكات الفكرية الست وتطويرها.

المخيلة ونماذجك الإدراكية

من خلال قراءة الفصل السابق عن «الذهن»، عرفتَ كيف يعمل ذهنك الرائع. تذكر أن الذهن هو الجزء غير المرئي من شخصيتك، ولكي تفهمه يجب أن تكون لديك أولًا صورة تبدأ منها. ارجع للحظة إلى الفصل السابق، وراجع رسم «الرجل الخطي» (The Stickperson). ينقسم الذهن إلى قسمين: الذهن الواعي، والذهن اللاواعي. ويرتبط الذهن الواعي بحواسنا الخمس، من خلال النظر والسمع والتذوق والشم واللمس. وحواسنا مثل قرون الاستشعار الصغيرة التي تلتقط كل المعلومات من العالم الخارجي. تسمعها وتشمها. إنها تأتي إليك عبر التذوق واللمس، وترى الصور عبر التلفزيون والمطبوعات. هذه المعلومات تقصف ذهنك الواعي بالرسائل والصور الإيجابية والسلبية معًا. الذهن الواعي هو أيضًا الذهن الفكري، وهو يحمل في داخله مَلَكاتك الفكرية، وهي: المخيلة، والذاكرة، والعقل، والإدراك، والحدس، والإرادة. وهذه

هي المَلَكات التي تُحدِث تغييرًا في نماذجك الإدراكية. ونماذجك الإدراكية هي عاداتك ومواقفك التي تجعلك تفكر وتشعر وتتصرف تجاه نفسك وتجاه الآخرين على النحو الذي تفعل. وقد بُنيت هذه النماذج الإدراكية من دون إذن منك، بل قبل أن تكون لديك القدرة على التفكير بنفسك مستقلًّا عن الآخرين. عندما وُلدتَ، لم تكن قد أسستَ ذهنك المفكر بعد. فامتلأ ذهنك، على مر السنين، بأفكار وعادات أولئك الذين أحبوك والذين كانوا مسؤولين عنك، مثل والديك وأجدادك ومقدمي الرعاية والمعلِّمين وغيرهم من الأشخاص الممثلين للسلطة. مُلئ ذهنك بصورهم وأفكارهم التي تدور حول نظرتهم إليك وتصوُّرِهم عما يجب أن تؤول إليه. لذا، فقد رسموا بالأساس صورتك عن ذاتك. ونظرًا إلى أننا جرت برمجتنا منذ الطفولة على الاعتماد على حواسنا وتأثيرات العالم من حولنا لتفسير العالم الذي نعيش فيه، فقد صار السؤال: كيف تبدأ في رسم صورتك الذاتية الجديدة؟ سنعود إلى هذه المسألة لاحقًا في هذا الفصل.

هل تذكُر كيف كانت مخيلتك حية ونشطة في طفولتك؟ كنت تتمكن من اللعب بعلبةٍ لساعات على الرغم من امتلاكك اللعب حولك. وإنه لأمر مدهش بالنسبة إليَّ أن أرى أطفالي وما يصنعون بصندوق ورق مقوى بأي حجم، يلونونه ويغطونه بالملصقات، يجلسون فيه أو يصنعون منه بيتًا أو مركبًا أو سريرًا لشخصيات متخيلة أو للدُّمى، يستمدون قدرًا كبيرًا من البهجة والضحك من شحذ مخيلاتهم.

في طفولتنا كنا على اتصال بمخيلاتنا، لكن مع مرور الوقت شجَّعَنا مَن حولنا على أن نكف عن الحلم ونمتثل لجموع الناس ونصبح «واقعيين». وعلى هذا النحو بالضبط كان مسلك غالبيتنا! كَفَفنا عن استخدام مخيلتنا، ولم نحلم إلا بالأحلام المقبولة اجتماعيًّا، كالزواج والإنجاب والبحث عن وظيفة آمنة، بينما انتكست ببطء أحلامنا بأن نصبح مهندسين معماريين عظماء أو موسيقيين أفذاذًا. هل حدث هذا لك؟ لقد حدث هذا لي، وفي اليوم الذي قرأتُ عبارة برنارد شو: «ليس مدار الحياة أن تبحث عن ذاتك، بل أن تخلقها»، شعرت كما لو أنني مُنحتُ الحياة مرَّة أخرى، وقد أحكمتُ قبضتي عليها على الفور! منحتني هذه المقولة حرفيًّا مسوغًا كي أحلم من جديد، وأن أحلم هذه المرَّة حلمًا أكبر من أي وقت! وهذا هو ما أرجوه لك أكثر من أي شيء آخر. أريد أن أُلهب شغفك الذي أعرف أنه كامن في أعماقك، وأريد منك أن تخلق حياة تحبها بكل معنى الكلمة.

نستخدم الخيال لخلق كل شيء في حياتنا، سواء كان جيدًا أو سيئًا. لقد أثبتُّ طلاقي على أرض الواقع، وقسمتُ كل شيء بيني وبين زوجي، من المنازل إلى أدوات المائدة، ووضعت خطة رعاية للأطفال، خطة لن تسعدنا أبدًا ولكن يمكننا التأقلم معها. كانت أمامي تحديات وعقبات كي أتخطاها. قضيت ليالي عديدة بلا نوم أحاول أن أخلق مكاني الجديد في هذا العالم. ومرت أيام عديدة أردتُ أن أستسلم فيها، وأزحف إلى حفرة وأموت فيها. ومع ذلك، في معظم الأيام، كنت أنهض بما

كان عليَّ النهوض به، لأنني كنت أعرف في صميم قلبي أنني أخلق حياة أفضل لي ولأولادي في النهاية. لقد أعدتُ خلق حياتي كلها على مدى السنوات الخمس التالية، واستعدتُ روحي وشعوري بالاندهاش أمام عالمنا الجميل. تعلمتُ أن أحيط نفسي بأشخاص يريدون أن يروني أتطور وأنجح في كل جانب من جوانب الحياة. كما أبعدتُ بعض الأشخاص أيضًا عن حياتي لأنهم امتصوا مني الطاقة بأفكارهم وآرائهم السلبية. أدركتُ أنه كلما تطورتُ على المستوى الشخصي، تطوَّر كل شيء في حياتي بالتناسب.

دشَّنتُ شركة «Punch Bowl Productions» في عام 2008 من دون أي فكرة عما كنت أفعل، لكنني كنت أعرف أنني إذا أردت متابعة شغفي وإنشاء محطة تلفزيون ذات قيمة، فيلزمني اتخاذ خطوة ملهَمة - وكانت هذه هي الخطوة الأولى. خضتُ غمار تلك الحياة الجديدة قدر ما أستطيع، حتى ألتقي الناس في ذلك المجال، وأنسج شبكات اجتماعية معهم، وأبني علاقات وأنميها. يمكنني الآن أن أسير بثقة، وأشارك في أي فعالية، وأتحدث مع أي شخص بشأن مَن أكون وما رؤيتي لشركتي ولنفسي. واليوم، أي سعادة أكبر من تلك كي أحوزها! تقصيتُ الرغبة الكامنة في قلبي وشغفي، وهي أن أكون أمًّا محبة ومتفانية، وكاتبة. أعمل على إنشاء وتطوير برامج مع زملائي، وأساعد الآخرين على تحديد أحلامهم وتحقيق أهدافهم. وكلما كان الهدف «غير معقول»، زاد إعجابي به!

يمكنك أن تخلق الحياة التي تحلم بها! هل سمعت من قبل عن أي شيء مدهش بهذا القدر؟ يمكنك أن تكون، وأن تفعل، وأن تحوز أي شيء. قال نابليون هيل:

> «لن يكون لديك هدف محدد في الحياة، ولن تكون لديك ثقة بالنفس أبدًا، ولن تتحلى بالمبادرة والقيادة أبدًا، إلا إذا خلقتَ هذه الصفات أولًا في مخيلتك، ورأيتَ نفسك تمتلكها».

كان هيل مؤلفًا أمريكيًّا، وأحد أعظم الكُتَّاب، وأول منتجي الكتب في مجال التطوير الذاتي، وقد ألَّف الكتاب الأكثر مبيعًا «فكِّر تصبح غنيًّا» (1937)، ودرس وحلَّل حياة أكثر من خمسمائة شخص من شديدي الثراء على مدار خمسة وعشرين عامًا، ثم وضع مؤلَّفه الذي يحدد الخطوات المؤكدة للثراء من خلال الأفكار والخواطر والخطط المنظمة. كل شيء يبدأ بتغيير أذهاننا من وعي الفشل إلى وعي النجاح. وبعبارة أخرى، بمجرد أن تنتقل من ذهنية الفقر إلى ذهنية الرخاء، فإن أفكارك المهيمنة عن الرخاء ستجذب القوى والأشخاص والظروف التي تنسجم مع تلك الأفكار المسيطرة في ذهنك. هذا هو قانون الجذب على أرض الواقع. والمفتاح هو أن كل شيء يبدأ في المخيلة. يجب أن تخلق السمات التي تسعى إليها داخل مخيلتك، وأن تدرك أنك تمتلكها بالفعل.

ما المخيلة؟

المخيلة هي القوة الفكرية التي تنشأ منها الرؤى. وهي ورشة العمل الإبداعية للذهن. الشيء الوحيد الذي علَّمنا إياه كل القادة العظماء في العالم هو أننا نصير إلى ما نفكر فيه. كل إنسان كان في البداية حالمًا بالفطرة: تخيَّلَ كولومبوس عالمًا جديدًا واكتشفه، وتخيَّلَ كوبرنيكوس وجود عوالم متعددة وكشف عنها، وتصوَّر ألبرت أينشتاين توسع ميكانيكا نيوتن وبالتالي طوَّر نظرية النسبية، وتخيَّلَ الأخوان رايت أن البشر قادرون على الطيران، وتخيَّلَ الدكتور ألكسندر غراهام بيل طريقة لنقل الكلام، وتخيَّلَ توماس إديسون توليد الطاقة الكهربائية وتوزيعها على المنازل والشركات والمصانع، وتخيَّلَ هنري فورد سيارة ميسورة التكلفة لجميع أفراد الطبقة المتوسطة في أمريكا، وتخيَّلَ الدكتور ويرنر فون براون صاروخًا معززًا للمساعدة في إنزال أول رجل على القمر.

قال هيل:

> «كبار قادة الأعمال والصناعة والمال، وكبار الفنانين والموسيقيين والشعراء والكُتَّاب، صاروا عظماء، لأنهم طوروا مَلَكة الخيال الإبداعي».

هذا هو جزء ذواتنا العليا حيث يُستقبل الإلهام والأفكار. ويمضي هيل فيقول:

> «المخيلة هي حرفيًا ورشة العمل، حيث تُصاغ جميع الخطط التي يبتكرها الإنسان. فالدافع، أي الرغبة،

يتخذ شكلًا وخطوة بمساعدة مَلَكة التخييل. لقد قيل إن بمقدور الإنسان أن يخلق أي شيء يمكنه تخيله».

عالمنا كله يدور حول الصور. إذا طلبتُ منك التفكير في سيارة، فما أول شيء ستراه؟ هل هي كلمة «سيارة» تومض أمام عينيك؟ ربما لا. أتوقع أن تكون صورة سيارة، بل ربما صورة لسيارتك أو السيارة التي تحلم بها. إذا طلبت منك التفكير في قوس قزح، فهل تتخيل قوس قزح؟ هل ترى قوس قزح جميلًا كاملًا بألوانه السبعة - الأحمر والبرتقالي والأصفر والأخضر والأزرق والنيلي والبنفسجي؟ إذا طلبت منك أن تتذكر ما ارتديته في يوم زفافك، أو ما إجازتك المفضلة، فستصف لي ما تتخيل حدوثه على شاشة ذهنك. المخيلة هي عمل العقل الذي يساعد على خلق وبناء صور كبيرة وجميلة. ما من أحد لديه مخيلة أكبر من أي شخص آخر، بل الطريقة التي تستخدم بها مخيلتك هي التي تحدث فارقًا. تستخدم مخيلتك كل يوم عندما تختار ملابس لارتدائها، أو تخطط لقضاء إجازة أو حفلة، وحتى عندما تقدم وصفًا بالاتجاهات المرورية أو تصف حدثًا. إذا كانت هذه هي المرَّة الوحيدة التي تستخدم فيها مخيلتك، فقد تكون مَلَكتك التخيُّلية ضعيفة بسبب قلة تنشيطها. ومع ذلك، فالمخيلة المتطورة للغاية تعزز قدراتك الإبداعية. إنها أداة رائعة لإعادة إنشاء حياتك وتغييرها. تصبح المخيلة المتطورة للغاية أقوى وأكثر يقظة بكثرة استخدامها.

صورتك عن ذاتك ومخيلتك

يمتلك كل فرد صورة عن ذاته. وصورتك عن ذاتك هي أفكارك عمن تكون. تذكَّر، لقد ذكرت في وقت سابق أن الذين كانوا مسؤولين عنك في سنوات طفولتك ساعدوا في رسم صورتك عن ذاتك. وخبراتك ونجاحاتك وإخفاقاتك تسهم أيضًا في تشكيل صورتك عن ذاتك. وتفرض صورتُك عن ذاتك قيودًا على اعتقاداتك بشأن قيمتك الذاتية وقدراتك. إن صورتك عن ذاتك التي تحملها تشبه آلية سيبرانية: تُضبَط على مستوى معين من قبول قدراتك، وفي اللحظة التي تنحرف أنت فيها عن المسار، تنشط تلك الآلية حتى تعيدك إلى المسار الصحيح. يمكننا مقارنتها بالطيار الآلي للطائرة: في اللحظة التي تنحرف فيها الطائرة عن مسارها، تعيد الآلية الإلكترونية أو عناصر التحكم في الاتصال داخل الطائرة تعديل الاتجاه وتعيد الطائرة إلى مسارها. إذا كنتَ ترى أنك فرد ناجح، فإن أي إخفاق ستنظر إليه آليَّتُك الإلكترونية باعتباره «خروجًا عن المسار»، وسرعان ما ستعود إلى المسار الصحيح لذاتك «الناجحة». أما إذا كنت تحمل صورة سلبية عن ذاتك، فسوف يُقبَل أي نجاح أو فتح جديد تحققه بوصفه «خروجًا عن المسار»، وستعيدك آليَّتُك الإلكترونية سريعًا إلى مسار العيش كما تدربت من قبل، باعتقادات محدودة ومخاوف تقيِّدك.

> «نجاحك في أي مهمة لن يكون أبدًا أعظم من الصورة التي رسمتَها لذاتك» - بوب بروكتور

لكي تعلو قيمتك، يجب عليك أن تكون جديرًا بالمزيد. ويمكن لأي شخص أن يغير صورته عن ذاته، ومن خلال القيام بذلك، يتحمل الفرد المسؤولية الكاملة عن حياته والتحكم في أوضاعه وظروفه.

العمل على خلق صورة عن ذاتك هو عملية وعي واختيارات وتركيز وتفانٍ. وأهدافك ورغباتك هي البذور كي تكشف غايتك الحقيقية وتساعدك على التطور في وعيك بمَن تكون، وما تريد أن تؤول إليه. تذكَّر ما قاله برنارد شو: «ليس مدار الحياة أن تبحث عن ذاتك، بل أن تخلقها».

أحد أعظم الاكتشافات في علم النفس الحديث ظهر في الستينيات على يد جراح التجميل الدكتور ماكسويل مالتز في كتابه المهم «علم التحكم الآلي النفسي». يرى الدكتور مالتز أن صورة الشخص عن ذاته هي حجر الزاوية في نجاحه. لقد شعر أنه يجب أن تكون لدى الناس نظرة إيجابية عن أنفسهم وإلا ستنتهي كل جهودهم بالإخفاق، وسيظلون أسرى نماذجهم الإدراكية أو اعتقاداتهم التي تحد من قدراتهم. وكان يعطي لمرضاه صورة جيدة لأجسامهم، لكنه لاحظ أن المرضى في بعض الأحيان لم يشعروا بسعادة أكبر حتى عندما تنجح الجراحة، وكان هذا بسبب صورهم السلبية عن ذواتهم. ومن ثَمَّ، فلن يساعدهم أي قدر من الجراحة لتغيير مظهرهم الخارجي في العثور على السعادة إذا لم يرسموا صورًا إيجابية عن ذواتهم في الداخل.

صورتك عن ذاتك هي ذاتك التي تدركها على مستوى عميق في اللاوعي. ومعظم الناس غير واعين بصورهم عن

ذواتهم، لأن الطبيعة أخفتها في لاوعيهم. تحدد صورتُك عن ذاتك مَن تكون وماذا تستطيع أن تفعل. لست كبيرًا جدًّا أو صغيرًا جدًّا على تعزيز صورتك عن ذاتك. لقد اشتريتُ مؤخرًا لوحة من قماش الكتان عليها كلمة «ثِق» (Believe)، وعندما رأتها ابنتي ذات السنوات الست للمرَّة الأولى، سألتني ما المكتوب فأخبرتها، فكان ردها: «ثقي بنفسك» (Believe in yourself)، فعجزت عن الكلام عندما قالت ذلك. نأمل نحن الآباء أن يفهم أطفالنا بالتدريج ما نعلمهم إياه، وقد غمرتني سعادة عندما قالت ذلك! إن الفخر بها وبنفسي الذي شعرت به في تلك اللحظة بالذات تعجز عن وصفه الكلمات. تكمن الفكرة في رسم صورة ذاتية إيجابية عن نفسك، وغرسها في ذهنك اللاواعي. عندما يتذكر ذهنك كمالَكَ الطبيعي، ستصبح سيد مصيرك، وستكون كل إنجازاتك ورغباتك منسجمة مع صورتك عن ذاتك.

تحدد صورتك عن ذاتك مَن تكون وما يمكنك القيام به. وتتوافق جميع أفعالك ومشاعرك وسلوكياتك دائمًا مع صورتك عن ذاتك. في مَلَكة المخيلة، تدور صورتك عن ذاتك حول خلق ذاتك الإيجابية الجديدة. استخدم مخيلتك لنسج صورة عن ذاتك. استخدم إدراكك لترى نفسك جديرًا بها. استخدم عقلك المنطقي لترى ما إذا كان ذلك مفيدًا لك. استخدم إرادتك لتساعدك في الحفاظ على تركيزك. استخدم ذاكرتك لتطبعها في ذهنك. سوف يرشدك حدسك في هذا الجهد في أثناء رسم صورتك عن ذاتك. دع الرغبة في قلبك تكون دليلك، فمحور

الأمر هو أنت وقدرتك على السماح لنفسك بأن تكون الشخص الذي طالما رغبت أن تكونه.

العملية الإبداعية

> «المخيلة هي بداية الخلق. أنت تتخيل ما ترغب فيه، وتريد ما تتخيله، وفي النهاية تصنع ما تريد» - جورج برنارد شو

لنفكر للحظة في فكرة «خلق حياتك الخاصة». ما الذي يعنيه ذلك بالضبط؟ كيف تصنع الحياة التي تحلم بها؟ ستساعدك سلسلة الخطوات التي تشكِّل العملية الإبداعية في تحويل رغباتك إلى واقع. تذكَّر أن كل شيء حولك كان مجرد فكرة، فكرة تصوَّرَها شخصٌ بمخيلته.

الخيال هو المرحلة الأولى من الخلق في الحياة. ينشأ الخيال في ذهنك الواعي من خلال مخيلتك. وظيفة المخيلة هي خلق رؤية، ووظيفة الرؤية تكمن في التفاصيل. عندما تبدأ هذه العملية، تخيل أنك تشاهد فيلمًا وأنت النجم فيه! أريدك أن ترسم صورة واضحة جدًّا بشأن ما تريده. اكتب ما تريده بالتفاصيل المحددة. ماذا ترى؟ ماذا ترتدي؟ ماذا تفعل؟ مع مَن تكون؟ أين أنت؟ ما شعورك؟ أريدك أن تكون مرتبطًا برؤيتك، بمعنى أنني أريدك أن ترى هذه الرؤية من خلال عينيك بدلًا من مجرد مشاهدة نفسك في الفيلم. كلما كنت أكثر تحديدًا في التفاصيل، كان من الأسهل استحضار المشاعر بداخلك.

وعندما تُدمَج أفكارنا مع مشاعرنا، فإنها تنتج أفعالًا (من خلال أجسامنا)، وتنتج أفعالُنا النتائج التي نحققها. الهدف في النهاية هو أن تفكر في خيالك، وتحس فورًا بهذا الشعور الذي ربطته بالخيال يتردد في جميع أنحاء جسمك، مما يسمح لك بالاهتزاز على مستوى أو تردد جديد.

معظم الناس غير مدركين أن لديهم ترددًا اهتزازيًّا. إن قانون الاهتزاز والجاذبية، الذي يدير الكون وكل ما هو موجود، هو قانون يستجيب للترددات الاهتزازية. كل شيء يهتز، وما من شيء يبقى ساكنًا. الإدراك الواعي بالاهتزاز يُسمى «الشعور».

تتحكم أفكارك في اهتزازك (شعورك)، الذي يملي ما تجتذبه إليك. وعندما يكون هذا الاهتزاز نشطًا في داخلك حقًّا، ستبدأ في اجتذاب الأشخاص والظروف والأشياء التي تحتاج إليها لتحويل خيالك إلى واقع.

الخطوة الثانية في العملية الإبداعية هي النظرية. وكلمة «نظرية» (theory) أصلها من الكلمة اليونانية «theoria» التي تعني «تأمُّل». إذا أردتَ تغيير نتائجك الحالية، يجب أن تبدأ في التفكير على نحو مختلف. لذا، فإن تحويل الخيال إلى نظرية يتطلب تحولًا في التوجُّه. قال ويليام جيمس: «أعظم اكتشاف في جيلي هو أن الإنسان يمكنه أن يغيِّر حياته بتغيير توجُّهاته الذهنية». والتوجُّه هو الاهتزاز الذي أنت عليه الآن، الذي تحدده الأفكار التي اخترت الاندماج معها وجدانيًّا. وتعبر أفعالك عن توجُّهك. سينقلك التوجُّه السلبي إلى اهتزاز سيئ، بينما التوجُّه الإيجابي سينقلك

على الفور إلى اهتزاز إيجابي. وسوف ترى هذا التحول في التوجُّه في أثناء ممارسة تمارين مَلَكاتك الفكرية. في اللحظة التي تندمج فيها وجدانيًّا مع الصورة، فإنك تصوغ الخيال في شكل.

أثق أن هذه المادة تَبسُط أفكارك إلى بعض الطرق المختلفة للنظر إلى الأشياء، وتوسع أفقك. وفي العادة، يكون رد فعلنا الأول عندما نواجه تحديًا، أو نتأمل شيئًا ما، هو أن نعود مباشرة إلى ما تدربنا على القيام به وألِفناه، وهو العودة إلى نماذجنا الإدراكية وعاداتنا القديمة ومواصلة التفاعل مع العالم الخارجي، لأن رد الفعل هذا يبدو الخيار الأسهل. أود أن أحيِّيك على ما بذلتَ من جهد إزاء كل هذه الأفكار الجديدة لتوسيع أفقك بهدف الارتقاء بنفسك وتحسين حياتك. أريدك أن تعرف أن لديك قوة كامنة في داخلك تفوق بكثير أي حالة أو موقف حولك حاليًّا. إن التمسك بهذه الأفكار والرغبات بإرادتك، وهي المَلَكة التي يقرر الشخص من خلالها ويبدأ العمل، هو الطريقة الوحيدة لاختراق نماذجك الإدراكية القديمة وتحويل خيالك إلى نظرية.

الخطوة الثالثة والأخيرة في العملية الإبداعية هي الواقع. يجب أن تكون على استعداد لفعل كل ما هو مطلوب لتحويل النظرية إلى مجموعة جديدة كاملة من الوقائع الإيجابية. في اللحظة التي تبث فيها رغبة ما إلى هذا العالم، فإنها تكون قد اكتملت بالفعل وتظل موجودة من أجلك. كل ما عليك فعله هو أن تكون على استعداد للقيام بالعمل المطلوب لتحقيق رغباتك. التأهب هو إرادتك التي جرى تنشيطها. إذا كنتَ تريد أن تكون

في وضع صحي أفضل، فثمة جهد كبير يتعين عليك بذله، ليس فقط من حيث اختيار تناول طعام صحي أفضل، ونظام غذائي أكثر توازنًا، وممارسة التمارين، بل أيضًا بالتحرر من النماذج الإدراكية القديمة، وخلق صورة إيجابية عن ذاتك. وإذا أردت أن تكون في وضع أكثر رخاءً، فأمامك جهد أكبر تبذله من خلال التخلص من الاستجابات الشَّرطية القديمة وإدراك نفسك بوصفك جديرًا بالصورة الجديدة والثقة بنفسك.

يجب أن تستجمع تركيزك، وتكون مستعدًّا للمثابرة فترة كافية، وأن تفعل كل ما هو ضروري للحصول على المكافأة التي تريدها. يجب أن يكون إيمانك قويًّا إلى درجة أن تتوقع المكافأة كنتيجة طبيعية. في اللحظة التي تكون مستعدًّا فيها للالتزام واتخاذ خطوة ملهَمة، تتحول النظرية أو الهدف إلى واقع ويبدأ في التشكل ماديًّا.

لباتريشيا شامبروك اقتباس رائع، تقول: «لا تقدِّم لي وقائع، بل الحقيقة. فالوقائع في حالة تغيُّر دائم». تمنحك المخيلة الحريةَ لخلق نفسك بالطريقة التي تريدها. لقد جرت برمجتنا كي ننظر إلى الوقائع: «ليس لديَّ ما يكفي من المال»، «أنا بدين»، «أنا غبي». لكن الحقيقة تكمن في الصورة التي نحتفظ بها في أذهاننا. إنها النقيض التام لما تدربنا على فعله كبشر. لقد فقدنا مخيلتنا. فقدنا تلك الصورة عن أنفسنا كأرواح نقية قبل أن نتدرب على الابتعاد عن جوهرنا. وهذا الكتاب دليل إرشادي لاستعادة ما نحن عليه حقًّا. الحقيقة هي أننا مخلوقات كاملة.

«تأتي الفكرة العامة أولًا، ثم تنظيم الفكرة إلى أفكار ثانوية وخُطط، ثم تحويل تلك الخطط إلى واقع. البداية، كما ستلاحظ، هناك في مخيلتك» - نابليون هيل

فهم المخيلة

تبدأ العملية الإبداعية بمخيلتك، وتنتهي بالمتطلبات والالتزام من جانبك لاتخاذ خطوة ملهَمة والقيام بكل ما هو ضروري لتحقيق أهدافك والحصول على المكافأة التي تسعى إليها. ولكي تفهم مَلَكة التخيُّل بصورة أفضل، ثمة أفكار مهمة تفحصها لكي تساعدك في تحقيق الحياة الرائعة التي تسعى إليها. وهذه الأفكار مجردة، ليس لها وجود مادي أو ملموس، وهي تشمل المسؤولية والرغبة والإيمان والمثابرة. لنلقِ نظرة على هذه الأفكار المجردة لمعرفة الدور الذي تضطلع به في مساعدتنا على فهم المخيلة.

المسؤولية

عندما تبدأ عملية التحول لخلق حياة مليئة بالوفرة والبهجة والراحة والتوازن، يجب عليك أولًا إلقاء نظرة على نتائجك، وتذكَّر أن الفهم يسبق التغيير. إذا ألقينا نظرة على رسم «الرجل الخطي» (Stickperson) في الفصل السابق، فستتذكر أن نتائجك الحالية هي صورة طبق الأصل لأفكارك ومشاعرك بعد اندماجهما. وتأتي نتائجك الحالية من السلوك الذي ينتج عن نماذجك الإدراكية. وعندما تغير نماذجك الإدراكية، أي عاداتك،

ستصبح أكثر وعيًا. يتطلب الوعي الذي تبحث عنه استبدال نمط التأقلم الشَّرطي القديم، الذي يتسم بأنه وراثي وبيئي. ذهنك الواعي (أفكارك)، عندما يقترن بذهنك اللاواعي (المشاعر)، ينتج اهتزازًا في جميع أنحاء جسمك (أفعال/ خطوات)، مما يؤدي إلى نتائج.

النجاح في أي شيء يبدأ بالمسؤولية الشخصية. وهذا ما كتب «فال فان دي وول» عن تحمل المسؤولية:

> «عندما يتحمل الفرد المسؤولية عن حياته والنتائج التي يحققها، فإنه يكف عن إلقاء اللوم على الآخرين باعتبارهم سبب هذه النتائج. وبما أنك ليس بوسعك تغيير الأشخاص الآخرين، فإن إلقاء اللوم عليهم غير مناسب. يتسبب إلقاء اللوم على الآخرين في بقاء الشخص مقيَّدًا في سجن من صُنع يديه. عندما تتحمل المسؤولية، يُستبعد اللوم وتكون حرًّا كي تطور نفسك».

قدرتك على قبول المسؤولية، بغض النظر عن الظروف، هي مفتاح خلق الحياة التي تريدها. وعلى سبيل التمرين، استثمر بعض الوقت الآن لتدوين النتائج التي تحصل عليها في المجالات الآتية لحياتك: علاقاتك الشخصية، وشؤونك المالية، ومهنتك، وصحتك، وأي شيء آخر يتبادر إلى ذهنك. إذا كانت النتائج التي تحصل عليها مطابقة لما تريده، فاستمر في فعل ذلك. وإذا كانت نتائجك لا تتطابق مع ما تريده، فثمة

جهد يتعين عليك بذله. تحمَّل المسؤولية عن أفكارك، وتحمَّل المسؤولية عن نتائجك. ففور نهوضك بهذه المسؤولية تكون حرًّا في تحديد مصيرك.

الرغبة

هي نقطة البداية لكل إنجاز. يقول نابليون هيل:

> «في الحقيقة، الأفكار هي أشياء، وأشياء قوية في ذلك الوقت، عندما تمتزج مع تحديد الغاية والمثابرة والرغبة المتقدة في ترجمتها إلى ثروات أو أشياء مادية أخرى».

ما نسعى وراءه آتٍ من المكان الذي نريده حقًّا، ما نرغب فيه حقًّا، ويصبح تطابقًا اهتزازيًّا لتلك الرغبة. أنت تريد أن تنخرط وجدانيًّا في رغبتك إلى درجة أنك ستراهن بحياتك عليها. هذا بالضبط ما فعله إدوين سي بارنز عندما كانت لديه رغبة متقدة في أن يصبح شريكًا تجاريًّا لتوماس إديسون. لكن كان أمام بارنز بعض التحديات: أولًا، لم يكن يعرف توماس إديسون شخصيًّا. وثانيًا، لم يكن لديه ما يكفي من المال لركوب القطار إلى نيوجيرسي. هذان التحديان من شأنهما إعاقة معظم الناس وتثبيط همَّتهم على الفور، لكنهما لم يثنيا بارنز عن هدفه. كان مستعدًّا لإقامة شراكة تجارية مع توماس إديسون، وكان على استعداد لفعل كل ما يلزم لتحقيق ذلك. بدأ بارنز في الشركة في منصب صغير، وكانت رغبته عارمة، وشيئًا فشيئًا تحرَّك نحو

هدفه، وتحرَّك هدفُه نحوه. اخترع إديسون آلة إملاء لم يرغب أيٌّ من مندوبي المبيعات في بيعها، فأدرك بارنز أن هذه فرصته، وأقنع إديسون بأنه يمكنه بيع الآلة لحسابه. لقد باعها بنجاح إلى درجة أن إديسون منحه حقوقًا حصرية وطنية لتوزيع الماكينة وتسويقها، وظهر شعار: «صُنع بواسطة إديسون وركَّبها بارنز». ويستنتج هيل:

> «رأى بارنز نفسه في شراكة مع إديسون العظيم. رأى نفسه يجني ثروة. لم يكن لديه شيء يبدأ به، سوى قدرته على معرفة ما يرغب فيه، والعزم على التمسك بهذه الرغبة حتى حققها».

غالبًا ما تنشأ رغباتك الأشد وضوحًا من وعيك بما لا تريده. المشكلة هنا هي أن «ما لا تريده» لا يزال موجودًا في المعادلة. رغبتك يُسكتها القلق والشك، وهذه الأفكار المتناقضة تخلق اهتزازًا مشوشًا في داخلك. عندما تفكر وتتحدث وتتصرف وتركِّز في الغالب على الأشياء التي لا تريدها، فأنت إنما تنفخ الروح في القلق والشك. استمع إلى أفكارك. فكِّر في الأشياء التي تريدها وركِّز عليها باهتمام. من خلال الاحتفاظ بالصورة على شاشة ذهنك، سيتحرك نحوك الأشخاص والأشياء والظروف التي تحتاج إليها، وستتحرك أنت نحوها، لأن هذا هو قانون الجذب.

العواطف هي المفتاح لانتظامك أو مقاومتك الاهتزاز الذي أنت فيه.

الإيمان

بعد تحمُّل المسؤولية عن أفكارك والنتائج الحالية، وبعد تخيُّل الرغبة الكامنة في قلبك، فالفكرة التالية التي تحتاج إلى فهمها بوضوح هي الإيمان. الإيمان هو حالة توقُّع. يجب أن تتوقع أنك ستتلقى ما تطلبه. عندما تطلب بيتزا، فأنت تتوقع الحصول عليها. وأنت لا تشك فيما إذا كنت قد طلبتها، بل تعلم يقينًا أنك فعلت ذلك. وعندما تشتري منزلًا جديدًا، فأنت لا تقلق من أن شخصًا آخر سوف يشتريه. وعلى الرغم من أنك لا تعيش هناك، فأنت تعلم أنه في تاريخ الإغلاق ستتسلم المفاتيح للانتقال إليه. التوقع يحدث في تلك المواقف. وأنت تعرف تلقائيًّا أن هذه الأشياء ستحدث. لذلك، فعندما ترسم تلك الصور الكبيرة والجميلة في ذهنك عن رغبتك العميقة وتطلقها إلى العالم، يجب ألا تصدِّق أنها ستظهر لك فحسب، بل يجب أن تعرف وتتوقع أنها ستتبدى في شكلها المادي واقعًا أيضًا.

قالت إليانور روزفلت: «المستقبل مِلك لأولئك الذين يؤمنون بجمال أحلامهم». صدِّق أنك لديك بالفعل ما تريده. صدِّق أن الصورة التي رسمتها على شاشة ذهنك هي بالفعل مِلك لك. إذا كنت تواجه صعوبة في إيصال نفسك إلى نقطة الإيمان، فعليك أن تصدِّق كما يفعل الطفل. تصرف كما لو كان لديك الإيمان بالفعل. لا يستطيع ذهنك اللاواعي أن يميز بين ما هو حقيقي وما هو متخيل. فالعب لعبة ذهنية مع نفسك، وتخيَّل

أنك تمتلك بالفعل وظيفة أحلامك، أو حققتَ وزنك المثالي أو ثراءً ماديًّا، أو أي شيء تريده. ومرَّة أخرى، الهدف هنا هو الانخراط وجدانيًّا بحيث تصبح الصورة متطابقة مع رؤيتك، وستكون قادرًا في النهاية على جعل الفكرة تتجلى بنفسها في حياتك. إن ما تؤمن به وما تتوقعه يتجلى من حولك كدليل على ما تؤمن به وما تتوقعه.

> «ثِق بأنك تستطيع، يُطوَ لك نصف الطريق»
> - ثيودور روزفلت

المثابرة

عندما تكون رؤيتك واضحة وتعمل على تحقيقها، ستبرز أمامك حتمًا تحديات على طول الطريق. الاستسلام سهل، ونحن كثيرًا ما نستسلم. ماذا كان سيحدث إذا استسلم كولومبوس أو غراهام بيل؟ قال توماس إديسون:

> «تقريبًا كل إنسان يطوِّر فكرة يظل يعمل عليها حتى يصل إلى النقطة التي تبدو فيها مستحيلة، ثم يقنط. هذه ليست النقطة الصحيحة للشعور بالقنوط».

هل تعلم أن توماس إديسون فشل آلاف المرات في أثناء محاولته اختراع المصباح الكهربائي؟ المثابرة هي الاستمرار في مسار العمل على الرغم من الصعوبة أو المعارضة. المثابرة حالة ذهنية، المثابرة عادة.

كتب نابليون هيل في فصل عن المثابرة:

> «يأبى كثير من الناس وضع أهداف سامية لأنفسهم، أو حتى يهملون اختيار مهنة، لأنهم يخشون انتقاد الأقارب والأصدقاء الذين قد يقولون لهم: لا تسرفوا فيما ترنون إليه فالناس سيظنون أنكم مجانين».

هؤلاء هم الأشخاص الذين يلقون باللوم على الظروف والأشخاص الآخرين بسبب نتائجهم الحالية. هؤلاء هم الأشخاص الذين يتعاملون مع العالم بمنطق رد الفعل، لا منطق الاستجابة الفاعلة. هؤلاء هم الأشخاص الذين يعيشون من خلال حواسهم، لا من خلال مَلَكاتهم الفكرية. هؤلاء هم الأشخاص الذين يعيشون من الخارج إلى الداخل، لا من الداخل إلى الخارج. ليس النجاح ثمرة حظ سعيد أو فرص مواتية، بل هو النتيجة المباشرة لاتخاذ خطوات، حتى عندما تصل إلى عقبة في الطريق. النجاح هو نهوضك بعد سقوطك. النجاح هو امتلاك العزيمة والشجاعة لمواصلة طريقك.

> «المثابرة بالنسبة إلى شخصية الإنسان مثل الكربون بالنسبة إلى الصلب» - نابليون هيل

شاركتْ إحدى عميلاتي قصة معي عن قوة مخيلتها. أود مشاركتها معك لأنها تدمج هذه الأفكار معًا، وتوضح أن توظيف هذه الأفكار مجتمعة يثمر نجاحًا. ها هي قصة سارة:

«مررت بأوقات تمكنت فيها من تخيُّل ما أريده، ومن خلال إنشاء صورة واضحة يمكنني الانتقال إلى تلك الصورة وتحقيقها. أتذكر ذلك الشتاء في أوائل العشرينيات من عمري عندما أردت أن أتعلم كيف أستخدم زورق الإسكيمو الكاياك الجديد.

اشتريتُ الكاياك لأنني أردت مقابلة الناس. كنت أحسب أنني في حاجة إلى تعلُّم كيفية تحريك هذا الشيء حتى لا أبدو مثل الحمقاء وأنا أشق طريقي وسط صخور نهر سريع من الدرجة الثالثة. لذلك كنت أقود سيارتي لمدة 45 دقيقة مرة واحدة في الأسبوع لأصل إلى حمَّام سباحة داخلي في إحدى الجمعيات لأتعلم كيف أحرك زورق الكاياك الخاص بي. هذا ما تفعلينه عندما تتقلبين في منحدرات المياه البيضاء. التنورة التي ترتدينها حول خصرك وقمة الكاياك تبقيان الماء بعيدًا في أثناء محاولتك لتعديل وضعكِ وأنتِ تنحدرين إلى أسفل النهر، وهذا هو سبب الخوذة البلاستيكية الثقيلة.

كنت أتمتع بالقوة في الجزء العلوي من جسدي، ومع ذلك لم أتمكن من التحرك بنجاح على الرغم من محاولة ذلك لعدة أسابيع. كنت مقتنعة بأن زيادة الوزن تمنعني من أن أنجح. لم أتمتع بقوة إرادة لتساعدني على القيام بذلك بسبب الصورة التي كانت

في ذهني عن أنني ثقيلة الوزن للغاية. ومع ذلك، واصلتُ المثابرة بالذهاب إلى المسبح. ما دفعني إلى المواصلة الصورةُ التي في ذهني وأنا في النهر على ظهر زورق أشعر بقدر أكبر من الأمان.

إلى أن طمأنني مدربي الشاب بأنني يمكنني القيام بذلك إذا بدأت تخيُّل الخطوات في ذهني. منحني توجيهه بصيص أمل. عدت إلى المنزل وبدأت أتخيل نفسي معلَّقة رأسًا على عقب في زورق الكاياك مع محاولة الاحتفاظ بهدوئي بينما أحضر مجدافي إلى جانبي الأيمن بجوار الزورق، ثم أعمل على استجماع قواي في أثناء الضغط على المجداف. بعد أسبوع من ممارسة التخيُّل، نجحت للمرَّة الأولى في تدريبي في الماء فعلًا! اندهشت من مدى سهولة الأمر. هل كانت هذه هي الحيلة؟ كل ما كان عليَّ فعله هو تخيُّل قدرتي على فعل شيء ما، وعندها يعمل جسدي وعقلي معًا لتحقيق ذلك؟».

هل ترى كيف اجتمع الأمر على هذا النحو بالنسبة إلى سارة؟ لقد تحملت المسؤولية عن النتائج التي تحققها. وكانت لديها رغبة شديدة في تعلُّم كيفية الإبحار بزورق الكاياك. وعندما كانت تتخيل، فإنها وضعت نفسها في صورة وصدَّقت أنها أنجزت المهمة بالفعل. وكانت مثابِرة. هذه هي العادات الجديدة التي يلزمك أن تتولاها بالرعاية في ذهنك اللاواعي، وكلها تنبع

من رغبتك. قال هيل: «الرغبات الواهنة تدر نتائج هزيلة... يمكن أن تعالج هذا الوهن عن طريق إضرام نار أقوى تحت رغباتك». النجاح يعتمد على شدة رغبتك.

التخيل الذهني

تُظهر الأبحاث أنه عندما يتخيل شخص ما نفسه يقوم بحركة جسدية، مثل رمي الكرة أو التحرك بزورق كاياك، كما في حالة سارة، فإنه يخلق أنماطًا عصبية في الدماغ كما لو كان النشاط البدني ينفَّذ بالفعل. تُسمى هذه العملية «التخيل الذهني» أو «الممارسة الذهنية». إنها بروفة تفكير لنشاط بدني.

لعلك سمعت عن استخدام التخيل الذهني لتحسين الأداء الرياضي، كما في رياضة الجولف أو العدو. يمارس الرياضيون التخيل الذهني لأنهم يريدون تكييف أذهانهم بطريقة تجعل الجسم يتصرف تلقائيًا بالطريقة التي يريدونها من دون جهد. يُستخدم التخيل الذهني أيضًا في أنواع أخرى من الأداء. في عام 2007، نُشر مقال في مجلة «تايم» بعنوان «الدماغ: كيف يعيد الدماغ هيكلة ذاته»، عن عالم الأعصاب في جامعة هارفارد «ألفارو باسكوال ليون» وتجاربه باستخدام التحفيز المغناطيسي عبر الجمجمة لرسم خرائط لمناطق القشرة الحركية في الدماغ التي تتغير مع النشاط. في تجربته، كان لدى باسكوال ليون مجموعتان من المتطوعين تتعلمان وتمارسان تمرين بيانو باستخدام الأصابع الخمس. طلب من المجموعة الأولى العزف بسلاسة قدر إمكانهم لساعتين في اليوم لمدة خمسة أيام. بينما

لم يطلب من المجموعة الثانية من المتطوعين سوى التفكير في ممارسة تمرين البيانو وعزف قطعة من الموسيقى في أذهانهم، مع إبقاء أيديهم ثابتة وهم يتخيلون كيف يحركون أصابعهم. بعد كل يوم من أيام التمرين، يجلس المتطوعون تحت آلة التحفيز المغناطيسي عبر الجمجمة لفحصهم. وبعد فحص كلتا المجموعتين، أظهرت النتائج أن منطقة القشرة الحركية التي تتحكم في أصابع العزف على البيانو قد توسعت في أدمغة المتطوعين في كلتا المجموعتين! ترسخ هذه النتائج التخيُّل الذهني بوصفه أداة يمكن أن تؤدي إلى إتقان حركة أو نشاط بجهد بدني أقل.

ينطبق الشيء نفسه على الأشخاص الناجحين للغاية. فإذا تخيلوا النجاح الذي يريدونه، فإن أجسادهم في النهاية ستفعل تلقائيًّا كل ما يلزم لجعل الصورة تتحقق فعليًّا. ومع ذلك، فلن تحدث النتيجة بعد التدرب على ذلك مرَّة واحدة لبضع دقائق، بل تحدث من خلال الممارسة المتكررة. إن تخيُّلك الذهني المتكرر نتيجةً تريدها سيبني خلايا إدراك في بنك ذاكرتك. تذكَّر أن الذهن اللاواعي لا يستطيع التمييز بين ما هو حقيقي وما هو متخيل، ومن ثَمَّ فالممارسة الذهنية يمكن أن تكون فعالة مثل الممارسة الفعلية.

المخيلة والمَلَكات الأخرى

تؤدي جميع المَلَكات الفكرية وظائفها على نحو وثيق الصلة بعضها مع بعض. وفي أثناء تطويرك إياها واستخدامها

معًا ستزداد إبداعًا وقوة، وستحصل على نتائج أفضل، وفي النهاية ستخلق حياةً قوامها الحرية، بالتحرر من إصدار الأحكام والتحرر من الشك والتحرر من الخوف.

الإدراك والمخيلة كلاهما مَلَكتان للرؤية. قد تتخيل نفسك غنيًّا وجميلًا، لكن يجب أن تكون لديك صورة ذاتية قوية وإيجابية عن نفسك حتى تتمكن من رؤية نفسك على هذا النحو. نحن نستخدم مخيلتنا لتغيير الطريقة التي ندرك بها شيئًا ما. لذلك، اخلق في مخيلتك السمات التي تسعى إليها، وانظر إلى نفسك باعتبارك تمتلكها بالفعل.

العقل من دون مخيلة يؤدي إلى رؤية واهنة. يمنحك العقل القدرة على التفكير بالطريقة التي تريد أن تفكر بها حيال أي فكرة. وتساعدك المخيلة على رسم صور كبيرة وجميلة على شاشة ذهنك. إن خلق رؤية باستخدام كلٍّ من عقلك ومخيلتك سيمنحك أساسًا متينًا تبني عليه الحياة التي تريدها.

تعمل المخيلة مع الحدس على نحو وثيق للغاية. والحدس هو المَلَكة التي نستقبل من خلالها الأحاسيس الداخلية والإلهام. هل تتذكر كيف كانت لديَّ هذه الأفكار الملحَّة عندما كنت طفلة صغيرة، كما ذكرت في بداية هذا الفصل؟ سمعت صوتًا خافتًا يخبرني أن أتبع طريقًا معينًا، فقضيت وقتًا أطول وأنا أنكره بدلًا من الاعتراف به. وفي المرات القليلة الأولى التي اعترفت فيها بوجود ذلك الصوت، تراجعتُ عند أول إشارة معارضة. أدركُ الآن أن ذاك الصوت الخافت كان حدسي. وفقًا للمؤلف

والاس د. واتلز: «الرغبة هي جهد الإمكانية غير المعلن عنها في أعماقك، فهي تحاول الإعراب عن نفسها من خلالك في صورة مادية». كنت أدرك رغباتي بالحدس منذ سن مبكرة جدًّا. ولم أحرك ساكنًا بشأن هذا الوكز المتواصل من الكون إلا عندما كنت في سن السادسة والثلاثين. وأخيرًا كان لديَّ هذا الفهم بشأن ما يجب أن أفعله في حياتي، من دون حاجة إلى التفكير الواعي. أدركتُ أخيرًا ما أردت أن أكونه حينما أكبر، وهو ما عرفته دومًا في أعماق قلبي، لكنني لم أمتلك الشجاعة أو الرغبة المتقدة لأغامر بحياتي من أجل ذلك.

صار صوت حدسي أقوى بكثير اليوم. أستخدم مخيلتي الإبداعية، وهي جزء من ذواتنا العليا حيث نستقبل الإلهام والأفكار. ما من شيء يلهمني أكثر من ولادة فكرة جديدة. أنظر إلى هذه الأفكار والإلهام بينما الكون يمهد طريقي إلى النجاح. لقد عُهد إليَّ ببث الروح في فكرة جديدة. فإذا قُدِّر للفكرة أن تقودني في اتجاه حلمي، فسأخطو على الفور خطوة ملهَمة، وأنخرط فيها وجدانيًّا، وأتوقع أن تتجلى الصورة التي نسجتها في مخيلتي فتتحول من المستوى الفكري إلى المستوى المادي المتحقق. بالنسبة إليَّ، تزداد سهولة الأمر أكثر فأكثر مع الممارسة - وسوف يكون كذلك بالنسبة إليك أيضًا.

الإرادة تمنحك القدرة على التركيز على نتيجة واحدة. يجب أن تركز على النتيجة النهائية من دون أن يساورك قلق بشأن كيفية الوصول إلى هناك. يقول جاك كانفيلد، المؤسس المشارك لسلسلة

كتب «حساء الدجاج من أجل الروح»: «مهمتنا ليست معرفة الطريقة، فالطريقة ستظهر من خلال الالتزام والإيمان بالاحتياج». إن التركيز الشديد على الهدف والالتزام الراسخ تجاهه سيقودانك في اتجاه كيفية تحقيق هدفك في نهاية المطاف. وقصة سارة مثال رائع لقوة المخيلة والإرادة جنبًا إلى جنب.

ذكرياتك هي أساس أفكارك. المشكلة هنا أن غالبية ذكرياتنا سلبية. تساعدنا المخيلة على خلق صور كبيرة وجميلة على شاشة أذهاننا. عندما تتخيل هدفك وتركز عليه، أي على النتيجة النهائية، وتنخرط وجدانيًّا في رؤيتك، فإنك تبني خلايا إدراكٍ في بنك ذاكرتك، وبالتالي تخلق ذكريات جديدة.

الارتقاء بالمخيلة

توجد أدوات عديدة متاحة تساعد على تطوير مخيلتك وتعزيزها. الآن بعد أن فهمت مَلَكة المخيلة ودورك في العملية الإبداعية، ستساعدك التمارين الموضحة أدناه على الاستمرار في تحقيق أشياء إيجابية في حياتك. يوجد نوعان من التمارين أحب استخدامهما مع عملائي لمساعدتهم على بناء مخيلة أقوى وخلق صور كبيرة وجميلة.

التخيل: هو عملية تصور صور ذهنية. قالت جينيفيف بيرند: «نحن جميعًا نمتلك قوة وإمكانات أكبر مما ندرك، والتخيل هو أحد أعظم هذه القوى». كانت بيرند التلميذة الشخصية الوحيدة للقاضي العظيم توماس تروارد، أحد المعلمين الأوائل للميتافيزيقا الروحية ومؤلِّف كتاب «العلوم الذهنية»، واختارها

توماس تروارد لتكون تلميذته الوحيدة، وواصلت تدريس «العلوم الذهنية» وإلقاء محاضرات عنها وممارستها في أمريكا الشمالية لمدة خمسة وثلاثين عامًا، بالإضافة إلى تأليف كتابيها المشهورين: «قوتك الخفية»، و«نَيل رغبات قلبك».

قالت بيرند في مقدمة كتاب «قوتك الخفية»:

> «حاول أن تتذكر أن الصورة التي تفكر بها، وتشعر بها، وتراها، تنعكس على «الذهن العالمي»، وأنها بموجب «قانون الفعل التبادلي» الطبيعي يجب أن تعود إليك إما في هيئة روحية وإما مادية. إن معرفة «قانون الفعل التبادلي» بين الفرد و«الذهن العالمي» تفتح لك باب حرية الوصول إلى كل ما قد ترغب في امتلاكه أو تحقيقه».

يظل كتاب «قوتك الخفية» أكثر أعمال بيرند شهرة؛ فهو يعلِّمك كيف تستخدم قوة التخيل والعمليات الأخرى التي درَّسها توماس تروارد لتغيير حياتك. إنه دليل قوي، ولكنه بسيط وسهل. وفيما يلي مقتطف من الفصل الأول:

الفصل الأول: ترتيب التخيل

«إن ممارسة مَلَكة التخيل تحافظ على ذهنك منظمًا، وتجذب إليك الأشياء التي تحتاج إليها لجعل الحياة أكثر إمتاعًا بطريقة منظمة.

إذا درَّبت نفسك على تخيُّل رغبتك عن قصد، وفحص صورتك بعناية، فسرعان ما ستجد أن أفكارك ورغباتك تتقدم في موكب أكثر تنظيمًا مقارنةً بأي وقت مضى.

بعد أن تصل إلى حالة ذهنية منظمة، فلن تعود لك حاجة في الاستعجال الذهني الدائم. الاستعجال خوف، وبالتالي فهو مدمر.

وبعبارة أخرى، عندما يستوعب فهمُك القدرة على تخيل رغبتك والاحتفاظ بها مع إرادتك، فستنجذب إليك كل الأشياء اللازمة لتحقيق تلك الصورة من خلال الاهتزازات المتناغمة لقانون الجذب.

أنت تدرك أن النظام هو أول قانون في السماء، وأن التخيل يضع الأشياء في نظامها الطبيعي، فلا بد أن يكون التخيل نشاطًا سماويًّا.

الجميع يمارسون التخيل، سواء علموا ذلك أم لا. والتخيل هو سر النجاح الكبير.

إن الاستخدام الواعي لهذه القوة العظيمة يجذب إليك موارد مضاعفة، ويعزز حكمتك، ويمكِّنك من الاستفادة من المزايا التي أخفقت في التعرف عليها سابقًا» - جينيفيف بيرند

من خلال عملية التخيل هذه، يمكنك رسم صورة. وعليك أن ترى نفسك في الصورة وتحفرها في ذهنك. تذكَّر أن تخيل رغبتك فيما ليس لديك هو عملية عكسية. يلزمك أن تجعل أفكارك منظمة ومفصلة. كلما زادت التفاصيل التي يمكنك إدخالها على الصورة، كانت النتائج أوضح، وزادت سهولة انخراطك وجدانيًّا فيها. ركِّز على ما تحويه من أصوات ومشاعر وتفاصيل. بمجرد أن تنخرط وجدانيًّا في الصورة، ستكون في حالة اهتزاز متناغم معها، وستجذب كل ما تحتاج إليه لتتجلى الصورة في حياتك فعليًّا.

> «لن تتضح رؤيتك إلا عندما تتمكن من النظر في قلبك... من ينظر إلى الخارج يحلم، أما من ينظر إلى الداخل فيستيقظ» - كارل يونج

لوحات الرؤية: تعد لوحات الرؤية واحدة من أكثر الطرق شيوعًا التي تتيح لك تخيل أهدافك والحفاظ على تركيزك. لوحة الرؤية هي أكبر من مجرد صور واقتباسات ومواد لامعة، إنها أداة تساعدك على توضيح رؤيتك الحقيقية لكينونتك واحتياجاتك ورغباتك. يقول بوب بروكتور:

> «تحتوي لوحة الرؤية على المفتاح لمساعدتك في إنشاء رؤيتك الخاصة لكل مجال من مجالات حياتك، مما يتيح لك الاستفادة من القوة المطلقة للتخيل. استخدام قوة صورتك الذهنية يجمِّد إطار رؤيتك عن قصد وينشِّطها بقرار».

كثير من الناس لديهم لوحات رؤية يتخيلون عليها منازل أو سيارات أو أماكن العطلات المرغوبة. الغرض من لوحة الرؤية هو بناء خلايا إدراك في دماغك لهذا الشيء الجديد أو للرغبة. يساعدك هذا على الانخراط وجدانيًا مع الفكرة. كلما ركزتَ على الرؤية، زاد وضوح الصورة في ذهنك الواعي والفكري. تمتزج لوحة الرؤية بالانخراط الوجداني، فتطبع الرؤية على الذهن اللاواعي والعاطفي وتقود جسدك إلى الفعل. الذهن اللاواعي استدلالي تمامًا - فهو لا يمكنه التمييز بين ما هو حقيقي وما هو متخيل - بمجرد أن يقبل الشيء باعتباره حقيقيًّا فإنه يحرك جسدك في اتجاه «واقعك» للتصرف والتحرك ممثًّلًا في صورة رغبتك.

يمكن العثور على دليل على هذه النظرية في العلم. على سبيل المثال، أثر الدواء الوهمي. غالبًا ما يشعر المرضى الذين يتناولون حبوبًا وهمية (حبوب السكر) بالتأثير نفسه الذي يشعر به المرضى الذين يتناولون الأدوية الحقيقية. يمكن أن تؤدي لوحة الرؤية وظيفة تشبه وظيفة الدواء الوهمي. فعندما ترى نفسك داخل رؤية ما وتؤمن بهذه الرؤية، فإنك تخطو إلى قلب العملية الإبداعية. تصبح عمليةُ الرؤية الآليةَ التلقائية لإظهار طاقة أفكارك. عندما تُحكِم قبضتك على إدراك فكري لهذا المفهوم وتستخدمه استخدامًا هادفًا لبناء رؤيتك المرغوبة (لا رؤية مخاوفك)، تصبح عملية إبداع وفكر هادف مستدام.

يمكن أن تكون لوحة الرؤية الخاصة بك بسيطة أو معقدة كما يحلو لك. لوحة الرؤية الخاصة بي مؤطرة، وتتكئ

على الحائط المواجه لمكتبي. وهي «كولاج» (collage) من صور وكلمات تحفيز واقتباسات وأقوال مأثورة تروق لي. عندما أنظر إلى لوحة رؤيتي كل يوم، فإنها تحفر هذا المزيج من الأشياء والأحداث في ذهني اللاواعي، مما يجعلني أركز على هدفي، وتوجهني نحو جعل رؤيتي حقيقة واقعة. تساعد لوحات الرؤية على إطلاق العنان لمخيلتك - وهي إحدى أقوى القوى على هذا الكوكب.

خاتمة

يكمن الجانب الإبداعي منا في مَلَكاتنا الفكرية الست: المخيلة، والذاكرة، والعقل، والإدراك، والحدس، والإرادة. باستخدامك لمَلَكاتك الفكرية وتطويرها، يمكنك ضبط نفسك على مستوى تفكير أرقى لنسج الأفكار معًا، وغرس تلك الأفكار في ذهنك اللاواعي. إذا غيرتَ نماذجك الإدراكية (اعتقاداتك، ذكرياتك، صورتك عن ذاتك) فستغير اهتزازك، وستبدأ في جذب كل ما هو منسجم معك. قال بوب بروكتور: «لدينا حق في مركز الوعي والكمال، وهدفنا في الحياة هو العمل من أجل السماح للكمال بالتعبير عن نفسه». إننا نخدش سطح ما نحن قادرون عليه. ولدينا قدرة ونزاهة وقوة وحب في أعماقنا أكثر مما نعرف. ومهمتنا هي إدراك كل ذلك والتعبير عنه.

آمل أن أكون قد أعطيتك نظرة متعمقة على مَلَكة المخيلة الفكرية، وكيف أن استخدامها وتطويرها هو أحد مفاتيحك لخلق الحرية في حياتك. معظم الناس يتعاملون مع ما يحدث

لهم بمنطق رد الفعل. أما أنت فلديك الآن أداة في يدك، هذا الكتاب، ليرشدك إلى مكان لا تُوجِّهك فيه من الخارج أفكارُ الارتباك والخوف. تحكَّم في أفكارك كي تتحكم في حياتك. واعلم أن القيود إنما تفرضها الذات على نفسها. عندما تطبق هذه المفاتيح على حياتك، ستبدأ في تشكيل نماذج إدراكية جديدة تخدمك بدلًا من أن تعرقلك. سوف تخلق تلك النماذج الراحةَ في حياتك بدلًا من التعب، وسوف تملأك بالبهجة بدلًا من أن تثقل كاهلك بالخوف والشك. وتذكَّر ما قال برنارد شو: «ليس مدار الحياة أن تبحث عن ذاتك، بل أن تخلقها». لنبدأ في إنشاء وبناء تلك الصور الجميلة الكبيرة، هلَّا بادرنا؟ تخيل ما يمكنك فعله من اليوم فصاعدًا، مستغلًّا ما تعرفه الآن.

«لقد تخيلت الصورة. لذا فهي موجودة... أي شيء يمر في مخيلتك له الحق في أن يتحقق» - ستيلا أدلر

جوين بودرو، كندا

الفصل الثالث

ذاكرتك

مفتاح التحرر من الماضي

بقلم: نيتا ماثيوز مورغان

«واحدة من أكبر الأكاذيب التي صرنا نؤمن بها بشأن أنفسنا وطبيعتنا الحقيقية هي أننا لسنا أكثر من كائنات مادية محدَّدة بواقع مادي، وخالية من الأبعاد والطاقة الحيوية، ومنفصلة عن الله - وهي جوانب أثق أنك تعرف الآن أنها كامنة في أعماقنا وحاضرة من حولنا».

- دكتور جو ديسبنزا

نشأت في الأرجنتين. في كل صيف كانت عائلتي تقضي أسبوعين أو ثلاثة أسابيع في جبال كوردوبا. مكثنا في مخيم مع عائلات أخرى، وكنت أسبح كل يوم مع الأطفال الآخرين في بركة تغذيها ينابيع جبلية. لم يكن هذا حوض سباحة عاديًّا بأرضية من البلاط أو الخرسانة. على عكس حمَّامات السباحة المبنية، في قعر هذه البركة كنت أرى نباتات مائية تنمو، وكان الصفصاف فوقها متهدلًا وتتدلى أطرافه المورقة في الماء. كنا نلعب لعبة المطاردة في الماء، فأختبئ بالسباحة إلى قاع البركة، وأمسك بالسعف لأجذب نفسي إلى أعلى وأجلس. كنت أبقى في القاع إلى أن أشعر بأن رئتيَّ قد تنفجران فأضطر إلى الصعود لأستنشق الهواء. عندئذ يمسك بي الأطفال الآخرون بالطبع. كنت ألعب لساعات وكان لا بد من سحبي إلى خارج الماء. لم أرغب قَطُّ في مغادرة هذا المخيم، وبخاصة بركة السباحة. شكلت هذه الذكرى الطفولية حبي للسباحة، وشعوري

بأنني سبَّاحة بارعة، وما زلت أحب السباحة في البرك العميقة التي يغذيها مطر الربيع.

ذاكرتك هي مفتاح تحررك من الماضي. ذكرياتك قوية، فهي تشكِّل أساس أفكارك في واقعك الحالي. تذكَّر أنك تفكر مئات الآلاف من المرات بشأن الأفكار كل يوم، ومع ذلك فغالبية هذه الأفكار مشابهة أو مماثلة للأفكار التي كانت تدور في رأسك بالأمس. نحن نرجع مرارًا وتكرارًا إلى ذكرياتنا القديمة، مثل أغنية على أسطوانة مدمجة، إذ نحاول أن نخرج بحلول لمشكلاتنا الحالية بمعالجة المعلومات التي اختزنت من الماضي. المشكلة في هذا الأسلوب هي أن ذكرياتنا في الغالب سلبية، وعادة ما نقلق حيال الأشياء التي قلقنا عليها في الماضي.

التركيز على الذكريات والأفكار السلبية يسبب أثرين سلبيين: أولهما، أنك تركِّز معظم طاقتك الذهنية على أفكار متكررة وسلبية بصورة أساسية، وهو ما يترك وقتًا محدودًا للطاقة والتفكير الإبداعي. وثانيهما، أنك تجعل الشبكات العصبية أقوى كلما ركزتَ على شيء ما وتذكَّرته. لذلك إذا كنتَ تجتر تلك الذكرى حينما صرخ والدك في وجهك بسبب ارتكابك خطأ ما، فإنك تعزز تلك الذاكرة وترسخها، وهذا يجعل الذاكرة تنشط مرَّة أخرى، ومن المرجح أنك ستتصرف بطريقة ما وستبحث عن الخبرات التي تؤكد هذه الذكرى. نحن نفسر أحداث الحياة لتتناسب مع اعتقاداتنا، وهذه القوة التفسيرية تجعل الأفكار واقعًا. بتركيزك على الذكريات والتجارب السيئة، من المرجح

أن تخلق المزيد من الذكريات نفسها في واقعك الحالي. بالطبع، الشيء نفسه ينطبق على الأفكار الإيجابية، فالأفكار الإيجابية تولِّد نتائج إيجابية.

قد تظن أن فصلًا عن موضوع الذاكرة سيناقش استراتيجيات الذاكرة المختلفة، لكن الكثير من الكتب الأخرى ستعلمك تقنيات الذاكرة. أما هذا الفصل فسيركز على «محتوى» ذاكرتك. إن امتلاك ذاكرة ضعيفة ليس مهمًّا حقًّا لسعادتك بقدر جودة الذكريات نفسها التي تحتفظ بها. ذاكرتي للحقائق والأرقام ليست قوية جدًّا، وعادة ما تسقط منها أسماء الأشخاص عندما ألتقيهم، لكن هذا لم يمنعني من النجاح. ومع ذلك، من المحتمل أن تبقينا الذكرياتُ السلبية عن أنفسنا عالقين في أماكننا لأننا نتذكر إخفاقاتنا ونركن إليها بدلًا من نجاحاتنا، وهذه الذكريات غير الصحية يمكن أن تشل حركتنا في مساراتنا. هل ترغب في ذكريات تمنحك التمكين وتؤكِّد قوة الحياة فيك وتحفزك وتدفعك إلى الأمام بدلًا من ذكرياتك السلبية؟ إذا كان الأمر كذلك، فهذا الفصل كُتب من أجلك، لأنني سأوضح لك كيف تحسِّن ذاكرتك حتى تتمكن من استخدامها كمفتاح للتخلص من المنطق المعيب والتأقلم الشَّرطي الذي اعتدتَ عليه في السابق.

إعادة بناء الذاكرة

ذاكرتك هي قصص أُعيدَ نسجها. لقد نسجتَ ذاكرتَك بتصوراتك وتفسيراتك للأحداث، وكذلك بتصورات الآخرين

وتفسيراتهم. لديك قصة عن أشياء عديدة حدثت لك في طفولتك. بعض القصص التي تفكر فيها وتعيد سردها قد تنفعك جدًّا، وبعضها يَلزمك التخلص منه الآن. لِمَ تتمسك بها إذا كانت تشل حياتك؟

أود أن أدعوك إلى الانفتاح على إمكانية إعادة صياغة بعض ذكرياتك أو حتى استبدالها. فكِّر في تصفية ذهنك كما تفرِّغ المرآب أو العُليَّة في بيتك، ثم فكِّر في الذهاب للتسوق بحثًا عن أفكار أو ذكريات جديدة تملأ بها ذهنك، تمامًا كما تذهب إلى أرقى متاجر الأثاث لشراء أفضل وأغلى أثاث وكماليات. تريد أفضل الأشياء لمنزلك، ولا تريد سوى الأفضل لذهنك أيضًا.

والآن، يمكنني سماعك تقول: «لكن ما حدث كان حقيقيًّا، فهل تريدينني أن أختلق الأشياء؟». اسمح لي أن أجيب عن هذا السؤال بعد أن أوضحت اعتقادًا مهمًّا لديَّ.

ذكرى لك باعتبارك مخلوقًا كاملًا

نحن كائنات روحانية، نعيش في أجسام، وننعم ببهبة العقل. لقد وُلدتَ ومعك صورة نجاحك، الذي يأتي من اتصالك بـ«الذكاء اللامتناهي» (Infinite Intelligence) - القوة الإبداعية للكون. في طفولتنا نعي هذا الاتصال بدرجة أكبر مما نعيه ونحن بالغون. قد لا تتذكر السحر الذي يكتنف وجودك طفلًا، لكنك وأنت طفل كنتَ مفعمًا بالدهشة والإجلال وأنت تنظر إلى نفسك وإلى العالم، كنتَ متحمسًا للتعلم، تعتقد أنك يمكنك فعل أي شيء، تعتقد أنك كامل على نحو ما كنتَ.

كيف يبدو العيش وأنت تعلم أنك وُلدتَ ناجحًا، وأنت تشعر بأنك مكتمل، تشعر بأنه ما من شيء يمكن تغييره أو فعله لتكسب الحب؟ هذا يعني أنك في هذه اللحظة بالتحديد تشعر أنك كافٍ ووافٍ! عندما تدرك أنك وُلدتَ ناجحًا، يمكنك تقبُّل فكرة ما أنت عليه في هذه اللحظة الحالية، والسماح لأروع رؤية لديك بالتجلي، والتخلص من الخوف من الأحلام الكبرى، ووضع قدميك في الساحة التي يتيسر لك فيها وصول فوري إلى الذكاء اللامتناهي. جرِّب ذلك المكان الآن وهنا عن طريق تذكُّر ذاتك «الحقيقية»، تلك الذات الأصلية السابقة على تعلُّمك كيف تحيا حياة محدودة ومتواضعة. عندما تتذكر أنك إنسان مكتمل ولديك قدرة طبيعية على النجاح، فإنك تتخلى عن حرق طاقتك وتتجلى كأقصى تعبير عن نفسك. يمكنك الاتصال بكمالك التام عندما تتخلى عن الذكريات التي لا تُبرز ما أنت عليه حقًّا. املأ نفسك بذكرى كونك وُلدتَ لتنجح، واستعرض صور النجاح بدلًا من كل الأفكار الضيقة والمقيِّدة لذاتك. فماذا لديك لتخسره؟

الآخرون يشكِّلون ذكرياتنا

لقد مررنا جميعًا بتجارب حياتية شوَّهت ثقتنا بأنفسنا. ربما مررتَ بتجارب مماثلة لهذه التجربة التي خاضتها طفلة تبلغ عامين رأيتها في مطعم، كانت تُظهر ساقيها الرائعتين بالوقوف على كرسيها، فصرخ والداها: «اجلسي واصمتي»، ثم قالت والدتها بصوت غاضب: «لماذا أنتِ صعبة وعنيدة هكذا؟».

كنت أود لو أنني سرت إلى تلك الطفلة لأخبرها: «لمَ أنتِ متألقة جدًّا ومنسجمة تمامًا هكذا مع ما يفعله طفل صغير، ومتيقنة جدًّا من مكانكِ في الحياة؟». أولئك الذين يحبوننا أشد الحب ويحاولون حمايتنا، يفقدون في بعض الأحيان ارتباطهم بصورتهم عن النجاح، ويتصرفون بدافع الغضب والخوف.

ليس والداك فحسب مَن يُسهمان في شعورك بعدم الاكتمال. علَّمتك المدرسة أيضًا عدم الإنصات إلى صوتك الداخلي في أثناء تفاعلك مع المعلِّمين ومع الأطفال الآخرين الذين فقدوا بالفعل رؤيتهم الداخلية للنجاح. أعلمُ أن لديك ذكريات لأوقات شعرتَ فيها بالخزي، وبغض النظر عما فعلتَ فأنت لم تشعر بأنك إنسان كافٍ ومكتمل. لقد مررنا جميعًا بتلك اللحظات.

نعم، لقد ولدنا كاملين. يقضي البعض منا بقية حياتهم في البحث عن الأشياء التي تربطهم بهذا الشعور أو ذاكرة الكمال. ومع ذلك، لا يجد كثير منا هذا الاتصال السحري مرَّة أخرى. غالبًا ما نموت من دون أن نشعر بإثارة الحياة بعيدًا عن الذكريات السلبية المتأقلمة مع الواقع. نحن لم نتحرر كي نخلق أي شيء نريده.

أمامك الفرصة للاستفادة من إمكاناتك غير المحدودة. وعندما تفعل ذلك، ستتخلى عن هذا المنطق المعيب وذاك التأقلم الشَّرطي السابق، بحيث تتمكن من عيش الحرية بخلق ما تريده في حياتك. هذا هو الطريق السهل والأقل جهدًا. هذا هو الطريق الذي نواجه فيه مقاومة أقل.

بعض الحقائق عن الذاكرة

لقد قرأتَ عن الذهن الواعي والذهن اللاواعي في فصل «الذهن». تخزِّن الذكرى في هذين الجزأين من ذهنك كذاكرة طويلة المدى وقصيرة المدى. فأنت تخزن المعلومات في الذهن الواعي، بعضها فيما يسميه الخبراء «الذاكرة طويلة المدى»، والبعض الآخر في «الذاكرة قصيرة المدى». الذاكرة طويلة المدى هي مستودع المعرفة التي جمعْتَها، مثل تعريف الاسم أو الظرف، والصيغ الرياضية، وجدول الضرب، إضافةً إلى رائحة عطر والدتك عندما جلست بجانبها في أثناء الصلاة. تشكِّل اعتقاداتُك عن نفسك وعن العالم طرقَ تفكيرك المعتادة التي تكمن في الذاكرة طويلة المدى. إذا كنت ترى ذهنك كجهاز كمبيوتر، فإن ذاكرتك طويلة المدى هي البرنامج. وأحيانًا تحتوي اعتقاداتك على أكواد فيروسات تصيب ذهنك، تمامًا مثل الفيروس الذي يصيب الكمبيوتر. لقد تعلمتَ هذه الاعتقادات من الآخرين. وأعلمُ أنك سمعتَ أشخاصًا يقولون هذه العبارات أو ربما قلتها أنت: «لا يمكنني فعل ما أريد فعله حقًّا في حياتي، لأنني لن تكون لي أي أموال أبدًا»، أو «لا يمكنك الوثوق بأي شخص». وإليك عبارة كثيرًا ما أسمعها: «أنت تعمل بجد واجتهاد، ثم تموت».

الذاكرة قصيرة المدى هي ما تستخدمه عندما تريد طلب بيتزا. تبحث عن الرقم وتطلبه وتكرره حتى يأتيك رد من الطرف الآخر على الهاتف، وبعد أن تطلب البيتزا، قد تنسى الرقم

على الفور ما لم تتصل بمطعم البيتزا ذاته مرات عديدة. وبعبارة أخرى، نحن نكرر المعلومات حتى تنتقل إلى الذاكرة طويلة المدى. وبالمثل، الطريقة الوحيدة لخلق أفكار وذكريات جديدة للنجاح هي التكرار. فتكرار فكرة ما يعني أنك تقوي الروابط العصبية الموجودة بالفعل وتخلق شبكات عصبية جديدة.

هل سبق لك أن غيرتَ إحدى عاداتك ووجدت نفسك بعد ذلك تتراجع بسهولة إلى عادتك القديمة بسبب الضغوط؟ وفقًا لروس هاريس، عندما تكوِّن عادات جديدة، إما عن طريق التفكير أو السلوك، فإن عقلك يضع مسارات عصبية جديدة فوق المسارات القديمة، بدلًا من استبدالها. كلما زاد استخدامك لأفكارك وذكرياتك الجديدة، صارت هذه الأفكار اعتيادية. ومع ذلك، فإن أنماط التفكير القديمة، أي الشبكات العصبية القديمة، لن تختفي. الأمر يشبه تمامًا عندما تتعلم إتقان لغة أجنبية؛ فأنت لا تفقد القدرة على التحدث باللغة الإنجليزية أو لغتك الأم. لذلك، عندما تحاول التعامل مع التوتر من خلال الاسترخاء أو ممارسة الرياضة بدلًا من الإفراط في تناول الطعام، تجد نفسك لا تزال ترغب في تناول الكحوليات ورقائق البطاطس في الليل عندما تكون متعبًا، تذكر أن شبكاتك العصبية القديمة لا تزال تنتظر إعادة تنشيطها.

تخزِّن ذاكرتك الأحداث التي وقعت لك باعتبارها قصصًا. ارجع بذاكرتك إلى الوقت الذي كنت تحفظ فيه جدول الضرب. لعلك تتذكر اليوم الذي كنت تحفظ فيه جدول ضرب «2» عندما تعلمت أخيرًا كيف تحسب بمضاعفة الرقم، بل لعلك تتذكر

جلوسك إلى طاولة تُذاكر الدرس مع والدتك، تتذكر إحساسك بالكرسي الذي تجلس عليه، والرائحة المنبعثة من الشمعة التي كانت والدتك تحرقها لتبديد رائحة الدجاج المقلي. أنت تخزِّن الانطباعات التي كانت حواسك تلتقطها في أثناء الأحداث وكذلك مشاعرك، كما لو كان لديك جهاز عرض أفلام يعمل طوال الوقت ويسجل المدخلات من جميع حواسك. كُن على علم، على الرغم من ذلك، أن أفلامك تختلف عن أفلام هوليوود الطويلة، التي تُستخدم فيها زوايا مختلفة للكاميرا لخلق صورة واقعية بأكبر درجة ممكنة. يكمن الاختلاف في أن أفلامك الداخلية لا تستخدم سوى منظور واحد، بعدسات عينيك وإدراكك أنت فحسب.

خبراتك المبكرة تشكِّل ذاكرتك

خبراتك المبكرة، حتى وقت ما قبل الولادة، تشكِّل ذاكرتك. لقد بدأتَ تكوين ذكرياتك قبل خروجك إلى هذا العالم.

عندما كنت تطفو في عالمك المائي المثالي في رحم أمك، بدأتَ في تكوين نظرتك إلى نفسك وإلى العالم. سمعتَ صوت والدتك وصوت والدك. شكَّلت اللغة التي سمعتَها أساسَ فهمك للغة. إذا سمعت لغة مركبة وغنية، فقد ولدتَ بقدرة أكبر على فهم هذا النوع من اللغة وتفسير عالمك بتفصيل أكبر ومجازات أوسع نطاقًا. سمعتَ نبرة صوت والديك وسمعتَ موسيقاهم. في أثناء تذوقك للطعام الذي تذوقته والدتك من خلال السائل السَّلَوي، بدأتَ في تكوين ذاكرتك وقصتك عن العالم.

كانت خبرة ولادتك مهمة في تشكيل نظرتك إلى العالم وتكوين ذاكرتك بالتبعية. إذا كانت تجربة الولادة مؤلمة، فقد اختزنتَ تلك الذاكرة في خلاياك - ويمكن أن تكون هذه الذاكرة قد شكلت كيفية إدراكك للأحداث الآن. ليست لديك ذاكرة واعية لهذه التجربة المؤلمة، لكنها يمكن أن تصبح مغناطيسًا قويًّا يجذب إليك الخبرات التي تؤكد رؤيتك للعالم.

وفقًا لكارل بريبريوم، مؤلف كتاب «لغة الدماغ»، يمكن وصف الذكريات بأنها صور ثلاثية الأبعاد. هل تتذكر الصور ثلاثية الأبعاد المألوفة في أفلام «حرب النجوم»؟ نحن ننشئها في أذهاننا. فعندما يصدر صوت أو كلمة أو رائحة أو يحدث موقف يستثير ذاكرة ما، فإننا نعرض ذكرى ثلاثية الأبعاد في أذهاننا بتفاصيل كاملة وغنية، تمامًا مثل فيلم. أظهرت أبحاث عالم الأحياء الجزيئية كانديس بيرت أن الجسم كله صورة كيميائية ثلاثية الأبعاد. تحتوي كل خلية على جزيئات معلومات يمكنها إطلاق معلومات داخل الجسم كذكريات تحدد مشاعرنا وأفعالنا في تجارب حياتنا الحالية. وعلى هذا النحو تشكِّل ذكرياتُك حياتَك ونتائجك الحالية.

توقيت تطور الدماغ يؤثر على الذاكرة

كان دماغك في طفولتك سريع التأثر (يستخدم علماء الأعصاب مصطلح «لدن/بلاستيكي» (plastic)) في حياتك المبكرة بدرجة أكبر مما هو عليه الآن. هذه اللدونة تعني أنك كنت أكثر انفتاحًا على التعلم عندما كنت طفلًا، ولكنها تعني

أيضًا أنك كنتَ أكثر عرضة لقبول تفسير الحياة الذي يعطيه لك الأشخاص من حولك، كنتَ لا تزال تطور قدرتك على الحكم على الأفكار أو تحليلها، لأن الفصوص الأمامية لدماغك كانت لا تزال تتطور. وإضافةً إلى ذلك، كنتَ لا تزال تتعلم استخدام اللغة لتساعدك في معالجة خبراتك وتخزينها كذكريات. وأنت تتذكر الأشياء بصورة أفضل، إذا تحدثت عنها ووضعتها في تسلسل داخل ذهنك.

يعمل الدماغ البشري عند مستويات مختلفة من النشاط الكهرومغناطيسي المعروفة باسم «الموجات الدماغية». وتتراوح هذه الموجات الدماغية من أدنى مستويات الذهن اللاواعي (التي تُسمى «موجات دلتا») إلى «موجات بيتا» (التي تمثل التفكير الواعي التحليلي). حتى السنة الثانية من عمرك، كان دماغك يعمل بشكل أساسي بموجات دلتا الدماغية، أي موجات النوم العميق. كنتَ تتصرف بصورة أساسية مدفوعًا بذهنك اللاواعي، وكان ذهنك الواعي يعمل عند مستوى منخفض جدًّا. كان ذهنك منفتحًا للغاية على كل ما سمعتَه، لذلك لعلك قبلتَ (أو قبلتِ) من دون تساؤل عبارات من قبيل: «الأولاد لا يبكون. الفتيات جميلات غير ذكيات. أنتِ لست ذكية مثل أخيكِ».

بدأت موجات دماغك في إظهار ترددات أعلى مع تقدُّمك في السن. بين سن الثانية والخامسة، كان دماغك يعمل بشكل أساسي بموجات «ثيتا» (theta)، مما يعني أنك كنت في حالة «شبه واعية» (trance-like)، ومرتبطًا جدًّا بمخيلتك. ما زلت

حتى ذلك الوقت لا تفكر تفكيرًا تحليليًّا ومنطقيًّا، وبالتالي لم تكن قادرًا على مساءلة الرسائل التي استقبلتَها من الآخرين، والكثير مما رأيت وسمعت دخل إلى ذهنك واستقر فيه.

عندما بدأ ذهنك الواعي التحليلي بالتشكُّل بين سن الخامسة والثامنة، تغيرت موجات دماغك إلى تردد «ألفا» (alpha). في هذه السن كنت تحب التظاهر، وكان عالمك الخيالي الداخلي حقيقيًّا كالعالم «الواقعي» (realistic) للبالغين من حولك، وكانت إحدى قدميك في ذهنك الواعي والأخرى في ذهنك اللاواعي.

زاد نشاط دماغك إلى الترددات الأعلى لموجات بيتا بين سن الثامنة والثانية عشرة. في أثناء هذه السنوات، بدأتَ في التفكير تفكيرًا تحليليًّا، مع تطور ذهنك الواعي. كان المدخل بين ذهنك اللاواعي وعالمك المتخيل وذهنك العقلاني الواعي لا يزال مفتوحًا، وكنت قادرًا على التنقل ذهابًا وإيابًا بسهولة من هنا إلى هناك حتى بلغت سن الثانية عشرة. بعد ذلك، ازداد نشاط دماغك بموجات بيتا، بينما انغلق باب ذهنك اللاواعي.

والآن، ربما يمكنك أن ترى كيف دخلتْ أفكارُ الأشخاص من حولك وصورُهم ومشاعرُهم إلى ذهنك المنفتح عندما كنت طفلًا صغيرًا. تذكَّر الحقيقة المهمة: ذهنك اللاواعي لا يمكنه قبول فكرة أو رفضها. ربما سمعت والدتك تقول: «لا أعرف كيف سندفع الفواتير هذا الشهر»، وربما قال والدك: «المال لا ينمو على غصون الشجر، كما تعلم». ولعلك سمعت عبارة من قبيل: «لا يمكنك دائمًا الحصول على ما تريده»، أو «عليك

دائمًا التفكير في الآخرين أولًا»، أو «لا تكن أنانيًا». صارت كل هذه الأفكار ذكرياتك وأساس طريقتك الاعتيادية والتلقائية في تفكيرك بشأن نفسك والعالم. نعم، لقد سمعتَ بعض العبارات الجيدة أيضًا، ولكن كما ستعرف، فالأفكار السلبية تنغرز في الذهن بقوة أكبر من الأفكار الإيجابية.

دخلت تفسيرات الحياة التي سمعتها من والديك وأقاربك ومعلميك وأقرانك إلى عقلك قبل أن تتمكن من اختيار هذه الأفكار. صارت الكلماتُ التي سمعتَها والانطباعاتُ التي لاحظتها والتقطتها مع حدسك الدقيق بعضَ الأفكار التي لديك الآن. ربما لم يقل لك والداك قَطُّ: «عليك أن تكون مثاليًّا حتى نحبك»، لكنك رأيتهما يغضبان من أنفسهما أشد الغضب عندما يرتكبان خطأ ما، أو لعلك تشرَّبتَ كلماتهم الغاضبة عندما ارتكبتَ خطأً. تُشكِّل ذكرياتٌ مثل هذه سُبلَ تفسيرك واقعك الحالي والطريقة التي ترى بها مستقبلك.

هل ذكرياتك دقيقة؟

هل تتذكر يوم أسقطتَ مخروط الآيس كريم على الرصيف الساخن في يوم صيفي؟ ربما بكيت كثيرًا، حسب ما تقول والدتك. هل حدث ذلك حقًّا على هذا النحو؟ هل حدث لك أنت أم لأخيك أو أختك؟ هل تتذكر حقًّا هذا الحدث أم أنها قصة رواها لك شخص آخر، ربما والداك؟ فكِّر في قصص مثل هذه التي يواصل أفراد عائلتك سردها عنك أنت. لقد أُعيدَ سردها مرات عديدة إلى درجة أن الخط الفاصل بين الخيال

والحقيقة ربما يكون مبهمًا. فهل تساءلتَ يومًا: هل هذه القصة حدثت بالفعل بالطريقة التي سمعتها بها؟ أو هل وقعت هذه الأحداث أصلًا؟ الحقيقة هي أنك تعيد بناء الذكريات استنادًا إلى تصوراتك للأحداث وقصص الآخرين.

إذا كنتَ مثل معظم الناس، فأنت تُقسِم أن كل شيء مررت به حدث بالفعل بالطريقة التي تتذكرها. ومع ذلك، فذكرياتك كلها مشاهد أُعيدَ بناؤها استنادًا إلى إدراكك وتفسيرك للأحداث. فأنت تعيد بناء الأحداث حتى يساعدك ذلك على تفسير عالمك وفهمه. وذكرياتك الإيجابية تساعدك على تحقيق النجاح اليوم بينما تشل ذكرياتُك عن الأخطاء والإخفاقات حركتَك. فأنت مستمر في إعادة إنشاء الذكريات بينما تنسجها في الأحداث التي تقع الآن وفي توقعاتك لمستقبلك. ستقرأ في الفصل الخامس (إدراكك) أنك ترى عالمك من خلال حواسك الخمس، وأنك تعتمد اعتمادًا كبيرًا على حاسة الرؤية لديك. لقد توصلت دراستان منفصلتان: الأولى لكلٍّ من «ويربلين» (Werblin) و«روسكا» (Rosca)، والأخرى لتيموثي جولد سميث، إلى أن نسبة 4٪ فقط من الرؤية هي ما تراه بالفعل، وأن نسبة 96٪ من الرؤية تتكون من حواسك الأخرى ومشاعرك وتأقلمك الشَّرطي السابق.

القصص التي ابتكرتَها لتفسر خبراتك تعني أنك عادةً ما ترى وتحس بما تتوقع أن تراه، بدلًا من الواقع الذي يتكشَّف أمامك. هذا الإدراك هو سبب عدم دقة تقارير شهود العيان.

فقد أُجريت تجارب تتضمن اقتحام شخص غرفةً وهو ممسك بشيء في يديه ثم يندفع إلى الخارج مرَّة أخرى. وجاءت تقارير الأشخاص الموجودين في الغرفة عند دخوله متنوعة بقدر تنوع الأشخاص أنفسهم؛ إذ رأى بعضهم أن الشخص كان أمريكيًا من أصل أفريقي، بينما ذكر آخرون أنه قوقازي، ورأى البعض مسدسًا في يده، بينما رأى آخرون أنه كان يمسك بجسم آخر. لقد صَبغ التأقلمُ الشَّرطي والتجارب السابقة للشخص إدراكَ الحاضرين لما حدث بالفعل في تلك الغرفة. لذا، فالذاكرة غير دقيقة. إذا تصادف وجود عشرة أشخاص في مكان حادثة ما فلربما سرد كل واحد قصة مختلفة عن الباقين.

أظهرت خبيرة الذاكرة إليزابيث لوفتوس أنه بالإمكان أيضًا السيطرة على الذاكرة. طُرحت أسئلة على الأشخاص في مكان وقوع حادث سيارة. إن طرح سؤال رئيسي على شخص، مثل «ما مدى عجلة انطلاق السيارة؟»، أفضى إلى إجابة تتحدث عن سرعة السيارة المتزايدة، بينما لم يفضِ سؤال: «ما السرعة التي كانت تسير بها السيارة؟» إلى الحديث عن العجلة. بل وتسبب ذكر عبارة «عجلة الانطلاق»، أو استخدام الفعل «تهشَّم» بدلًا من «ارتطم»، في تذكُّر الشهود وجود زجاج مكسور في مكان الحادث، بينما لم يكن على الرصيف زجاج!

فكِّر الآن في كيف يشكل الآخرون ذاكرتَك للأحداث. وماذا عن كل تلك القصص التي تدور حولك على لسان والدتك أو والدك أو جدتك باستمرار؟ أنت تعرف القصص التي

تمتلئ في بعض الأحيان بتفاصيل محرجة (والآن لعلك تعرف أنها غير دقيقة جدًّا). في كل مرة تُسرد قصة، يضاف شيء ما إلى التفاصيل من وجهة نظر الراوي، فلا يعكس التفسيرُ النهائي لما حدث بالفعل الحقيقةَ. ذكرياتُك أيضًا ليست دقيقة. في الحقيقة، أنت تنسى أو تشوِّه أجزاء من القصة لا تتناسب مع تفسيرك. على سبيل المثال، إذا كان تصورك عن والدك هو أنه كان شريرًا لئيمًا، فسوف تتذكر الأشياء السيئة التي قام بها وقد تنسى الأشياء الإيجابية عنه.

وكما شرحت في موضع سابق، ذاكرتُك هي قصص أُعيدَ بناؤها. فلنعد الآن إلى القصة التي كنت أحكيها عن تعلم جدول الضرب على طاولة المطبخ وتسجيل كل شيء يحدث كما لو كان فيلمًا. ولكي نكمل التشبيه مع الفيلم، فأنت تسجل الأحداث لكنك تقوم أيضًا بتحرير مشاهد الفيلم في أثناء تسجيله في ذاكرتك. تقوم بالتحرير بناءً على القصص السابقة التي تتحكم أحيانًا في قدرتك على إدراك ما حدث بالفعل. ويمكن أن تتأثر ذكرى الحدث أيضًا بمعلومات أخرى تلتقطها حواسك في حدث لاحق. في مثال حفظ جدول الضرب، إذا ساعدك والدك في مادة الرياضيات في مناسبة لاحقة، فربما تلتقط منه نفاد صبره معك وإحباطه بسبب مستواك، وتخزِّن تعلُّمك جدول الضرب مع مشاعر نفاد الصبر والإحباط، وبمرور الوقت تدمج هذه الذكرى مع تلك، بحيث لا تتمكن من التمييز بينهما، وعلى الأرجح ستهيمن الذكرى السلبية على الذكرى الإيجابية.

آمل أن تكون الآن قد أدركت أنك دائمًا ما تعيد كتابة قصتك، لأنك تحاول دائمًا فهم تجاربك. تتذكر الوقائع والأحداث من ماضيك، تلك الوقائع والأحداث التي تعد ضرورية لإبقاء القصة ذات مغزى وتتناسب مع المفهوم الذي لديك عن نفسك. أنت على الدوام تعيد كتابة قصصك، ومن ثَمَّ ذكرياتك.

في تكوين ذكرياتك، تتذكر الذكريات المشحونة عاطفيًّا (الإيجابية منها والسلبية) بسهولة أكبر من تذكُّرك الذكريات العادية والهادئة، لأن هذه الذكريات الأخيرة لا تبرز من بين جميع الأحداث الأخرى التي حدثت. لهذا السبب قد تتذكر ذلك اليوم وأنت في الصف الرابع عندما سحب أحد زملائك الكرسي بينما كنتَ على وشك الجلوس، وتتذكر سقوطك أرضًا وضحك الأطفال الآخرين. قد تتذكر أيضًا غضبك من زميلك في الفصل. كثير من الأيام الأخرى، التي لم تقع فيها أحداث مؤثرة، تتلاشى لتصبح ذكرى مبهمة.

لماذا نتذكر الذكريات السلبية بسهولة أكبر

دماغك مهيأ لتذكر الأحداث المشحونة عاطفيًّا. و«اللوزة» (amygdala)، وهي مجموعة من الخلايا العصبية على شكل لوز، تقع في منتصف الدماغ، وهي بمثابة حارس يحسب الأهمية العاطفية للأحداث. عندما يحدث شيء بشحنة عاطفية، فإنها تخبرك: «انتبه، هذا حدث مهم!»، وعادة ما تتذكره بسهولة أكبر. وسوف تلفت انتباهك إلى شيء مهم من الناحية العاطفية، بخاصة عندما يكون سلبيًّا، حتى وأنت غير منتبه.

وفقًا لجيمس ماكو ولاري كاهيل، فإن هرمون الأدرينالين المرتبط بالتوتر يساعدك على التذكر. سوف تتذكر تفاصيل أكثر اللحظات حدة في حياتك، مثل ولادة طفل أو حادث سيارة، أكثر بكثير مما تتذكر الأحداث اليومية الشائعة.

ينتبه دماغُك حقًّا للتهديدات المتصورة، سواء كانت تهديدات جسدية أو عاطفية/ نفسية كي يحافظ على بقائك على قيد الحياة. وهذه سمة مفيدة، لأن دماغك يجبرك على اتخاذ خطوة فورية في أوقات الخطر. فإذا كنتَ تعيش في عصور ما قبل التاريخ وصادفتَ نمرًا، فإما أن تتأهب للقتال وإما أن تتجمد مكانك وإما أن تلوذ بالفرار. كان مفيدًا لك أن تكون لديك استجابات النجاة هذه حتى تتفاعل مع الموقف برد فعل فوري، ومن دون ذلك كنت ستتحول إلى وجبة غداء للنمر. استجابتك للنجاة كانت فورية لأنك لم تكن مضطرًّا إلى استعراض جميع ملفات ذاكرتك لتكتشف ما يعنيه وجود مثل هذا المخلوق الذي يطاردك.

نحن نتفاعل جسديًّا مع التوتر بالطريقة نفسها التي تصرَّف بها أسلافنا. لذلك، هيًّا بنا نضع استجابة «القتال أو التجمد أو الفرار» في سياق معاصر. تخيَّل عزيزي القارئ أنك ذاهب إلى سيارتك في وقت متأخر من الليل في ساحة انتظار شبه خاوية في جزء متهدم من المدينة. تخرج من المصعد، وتمشي إلى سيارتك، فتلاحظ الظلام المخيِّم على المكان، وبما أنك وحدك فأنت في حالة تأهب قصوى. وفجأة، تسمع خطى شخص يقترب منك. تتفاعل على الفور مع بدء ردود فعلك الجسدية اللاإرادية. يبدأ

قلبك في ضخ الدم بسرعة، يضخ الدم والكورتيزول والأدرينالين إلى ذراعيك وساقيك، بينما تستعد إما للفرار وإما للقتال. يؤدي تدفق الدم المتزايد والعناصر الغذائية إلى ذراعيك وساقيك إلى رفع درجة حرارتك، لذلك تبدأ في التعرق حتى تهدأ. تتوتر عضلاتك استعدادًا للقتال أو الفرار. يتسع بؤبؤا عينيك ليسمحا بدخول مزيد من الضوء حتى تتمكن من الرؤية في الظلام بدرجة أفضل، وتزداد رؤيتك المحيطية حتى تتمكن من رؤية الخطر قادمًا من أي اتجاه. إن رد الفعل العاطفي الشديد وإطلاق بعض الناقلات العصبية يطبعان هذه الذكرى في دماغك. هذا هو أحد الأسباب التي تجعلك تتذكر بسهولة الأحداثَ السلبية التي تحدث لك أكثر من الأحداث الإيجابية.

غير أن استجابة النجاة والبقاء على قيد الحياة لا تساعدنا عندما تظهر في أحداث لا نحتاج إليها فيها حقًّا للبقاء على قيد الحياة. هل تتذكر قصة تعلُّم جدول الضرب وأنت جالس إلى طاولة المطبخ؟ على الرغم من أنك ربما ذاكرتَ مع والدتك معظم الوقت ومع والدك بضع مرات، فمن المرجح أن تتذكر أن تعلُّم الرياضيات كان أمرًا صعبًا بسبب نفاد صبر والدك وغضبه. كنتَ متوترًا في أثناء التعلُّم، مما زاد فاعلية تلك الذكرى وثبَّتها في دماغك الساعي إلى النجاة، بل لعلك اتخذت قرارًا بأنك تكره الرياضيات، وقد تكون قصتك الآن أنك لست جيدًا في الرياضيات. وحقيقة الأمر هي أنك ربما قُدِّر لك أن تكون جيدًا في الرياضيات، لكن توترك في أثناء تعلُّمها أثَّر على مشاعرك وموقفك منها.

ووفقًا لدانييل جولمان، في كتابه «الذكاء العاطفي»، يراقب دماغك دائمًا ذكرياتك القديمة، وينظر لمعرفة ما إذا كانت هذه الذكريات تتناسب مع الأحداث والظروف الحالية، ليقرر ما إذا كنتَ تحتاج إلى حماية نفسك إما بالقتال وإما بالفرار. تؤثر ذكرياتنا العاطفية للتجارب الماضية على تصوراتنا وكيفية استجابتنا للمواقف الحالية. قد يفعل رئيس أو موظف جديد شيئًا ما يستثير ذكرى علاقة سابقة، وسواء كانت العلاقة القديمة إيجابية أو سلبية، فإن لوزتك الدماغية ستطابق تجربتَك مع هذه العلاقة الجديدة - وقد تفترض أنها ستكون علاقة مشابهة للقديمة. وإذا ما مررت بمشاعر ألم أو إحباط في العلاقة الأولى، فربما تتصور وجود تهديد مماثل في العلاقة الحالية، وهنا تتحرك وسائل النجاة لديك. أنت تفعل ذلك حتى عندما تدرك الموقف بطريقة خطأ، وعندما يكون لفعل الطرف الجديد سياق مختلف تمام الاختلاف.

قد تمر بخبرة الغضب من رئيسك في العمل لأنه يذكِّرك بأحد والديك. وفي هذا السياق تُشاركنا عالمة الأحياء كارلا هانافورد خبرتها في كتابها «اللعب في مجال موحد»:

> «صرت قادرة على رؤية منشأ الصعوبات التي واجهتُها مع الرجال من ذكريات عاطفية تعود إلى الهجر الذي شعرت به مع والدي. في مواجهة علاقة جديدة مع ذكر، كانت اللوزة الدماغية تنبهني لأرقب مواقف أو أفعالًا مماثلة. وبالتأكيد كنت أجد شيئًا ما، واستطعت بسهولة إسقاط صورة والدي على هؤلاء الرجال».

الحياة أسهل الآن، ومع أننا لسنا في خطر التعرض للدهس بأقدام حيوانات ضخمة أو النطح بقرونها أو افتراسنا بأنيابها ومخالبها، إلا إن الطريقة التي تستجيب بها أجسادنا لم تتغير كثيرًا منذ أيام أسلافنا. لا يزال يتعين علينا المجازفة إذا أردنا أن ننمو ونتطور. وعندما نخرج إلى المجهول، علينا مغادرة نطاق الركون إلى الراحة مرارًا وتكرارًا، مما يعني أن استجابتنا للقتال أو الفرار سوف تُستثار. ووفقًا للدكتور روس هاريس، فإن هذا أمر طبيعي تمامًا، لكننا لا نتحدث عنه عادةً من هذه الوجهة. إذ لن تجد نفسك تقول لأي شخص: «إنني أمر الآن باستجابة القتال أو الفرار». لكن من المرجح أن تقول إنك قلق أو خائف.

الخوف يؤثر على الذاكرة

هل تتذكر الشعور بالإذلال والصَّد عندما سُحب الكرسي من تحتك في المدرسة فوقعتَ أرضًا؟ كل ذكرياتنا السابقة المتعلقة بالشعور بالخوف هي ما يشل حركتنا في الحياة. لقد بقيت قوة الإذلال والصَّد والاستبعاد فينا، موروثة من نظام النجاة والبقاء البدائي، حيث كان الطرد من القبيلة علامة مؤكدة على الموت. لذلك، من المهم جدًّا أن تفهم مخاوفك، وكيف تؤثر تلك المخاوف على واقعك الحالي.

الذكريات المبنية على الخوف والقلق يمكن أن تكون لها آثار عميقة وبعيدة المدى علينا. ذكرياتنا القائمة على الخوف لها شفرة أقوى من ذكرياتنا الإيجابية، بسبب استجاباتنا الفيسيولوجية للبقاء على قيد الحياة، ولها تأثير باقٍ وقوي علينا إلى درجة أنك

قد تخلق قصصًا مُحكمة وأساطير كاملة حول مواقف مثل المرَّة التي حبسك فيها أخوك في السيارة عن طريق الخطأ، أو عندما عضك كلب، أو عندما كدت تغرق في بحيرة.

يخشى معظمنا الفشل. فنحن نتردد عند بدء عمل تجاري جديد، أو مع الدخول في علاقة حب محتملة، أو طلب علاوة، أو تأليف كتاب، أو بناء أسرة، وما إلى ذلك، بسبب خوفنا من الفشل. فالأحداث التي وقعت في الماضي التي أدركتَ فيها أنك فشلت، يمكن أن تؤثر حقًّا على نظرتك إلى نفسك والنتائج التي تحققها.

كان الحدث الذي شكَّل حياتي سلبيًّا هو الذكرى التي خلقتُها عندما كنتُ مراهقة في المدرسة الثانوية. ساعدتني والدتي آنذاك في كتابة ورقة بحثية. لم يكن أي شيء مما فعلته أمي يُعَد خطأً. كل ما في الأمر أن مجموعة من العوامل أدت إلى اعتقادي بأنني عاجزة عن الكتابة. فقد عدتُ إلى مدرسة في الولايات المتحدة بعد خمس سنوات قضيتها في الأرجنتين، ولم أكن أعرف بالضبط كيف أكتب ورقة بحثية، واخترتُ موضوعًا صعبًا - هو المرض العقلي - وكان متشعبًا جدًّا ومسببًا للكآبة بحق. فما الذي يمكن أن تفعله فتاةٌ مراهقة حقًّا كي تُوفِّي موضوعًا بهذه الضخامة حقَّه؟ أيُّ عبء كان على كاهلي! المهم أنني عانيتُ كثيرًا إلى درجة أن والدتي تدخلت لمساعدتي. لا أعرف حقًّا مدى إسهامها، لكنني شعرت أن الورقة لم تكن ثمرة جهدي. لذا، فقد انبثقت الأسطورة التي اختلقتُها من رحم تلك

التجربة: «أنا لستُ كاتبة جيدة. كان على والدتي مد يد العون لي». استغرق الأمر مني بعض الوقت لتغيير تلك القصة. ولعلك أنت أيضًا مررت بتجارب مماثلة حيث أدى تفسيرك لحدثٍ ما إلى خلق ذكرى أثَّرت عليك تأثيرًا عميقًا، بعدما اعتبرتَ أنك أخفقت فيه.

الذكريات المبنية على الخوف والقلق يمكن أن تكون لها قوة باقية في حياتك. وأسوأ شيء في الذكريات السلبية والمخيفة هو أنك قادر على تعميمها من دون وعي، بحيث تظل خائفًا من أي حدث مستقبلي يشبه ذلك الحدث السلبي السابق. على سبيل المثال، لو أنك أوشكتَ على الغرق في بحيرة في وقت ما في الماضي، فإنك تُعمم تلك الذكرى بحيث تبقى الآن جالسًا على الشاطئ على الرغم من أن أطفالك يطلبون منك الذهاب معهم للسباحة في البحر. وربما في المدرسة الثانوية رفضتْك بقسوة الفتاةُ المحبوبة التي طلبتَ منها مرافقتك إلى حفل، لذا فأنت الآن تخجل من الاقتراب من فتاة تحبها. وقد لا تبدأ مشروعك التجاري لأنك تتذكر والديك وهما يرويان قصة عن صديق فقدَ منزله عندما انهارت تجارته، والآن أنت لن تسمح لنفسك بأن تحلم بأشياء مثل إنشاء مخبز أو البدء في تنفيذ الاختراع الذي ترغب فيه. وهكذا، تُواصِل سلبَ نفسك فرحتَك وثمرةَ اتباع رغبتك، بل قد لا تدري أن الخوف هو الذي يعوقك.

يمكن أن تكون للخوف حياته الخاصة، فوفقًا لعالمي الأعصاب «شافه» (Schafe) و«لودو» (LeDoux)، إذا لم تواجه

مخاوفك وأسباب قلقك فإنها تتعاظم وتتعملق بمرور الوقت بسبب شيء يُسمى «توطيد ذكرى الخوف». فالذكريات السلبية القوية، بما فيها مشاعر الإخفاق والرفض والإذلال والألم، تُختزن في منطقة اللوزة الدماغية كما أشرنا آنفًا. هل تذكر الجزء اللوزي الصغير في دماغك الذي يشملك بالحماية ويستنفر حواسَّك في أي وقت يُستثار فيه شيء مماثل للخوف؟

اعتقد الباحثون في الماضي أنك عندما تكون لديك ذكريات عديدة متوطدة ومجتمعة في ذكرى واحدة كبرى، فإنك تسترجع الذكرى الأصلية. أما الآن، فيعتقد أغلب الباحثين أنك تدرك آخر ذكرى تكونت وتعيشها وتختزنها ثم تسترجعها، لا الذكرى الأولى. وهكذا، فأنت تواصل نفخ روح جديدة في مخاوف قديمة، فتجعلها أكبر وأضخم بإضافة تفاصيل إليها إلى أن تخنقك مثلما تخنق الأعشابُ الضارة الزهورَ في حديقة. ومن دواعي الحزن أنك غالبًا ما تفعل ذلك من دون وعي، فأنت حتى لا تعرف لماذا تبقى مشلول الحركة في مساحات معينة من حياتك.

آمل أن تكون الآن قد استوعبت الصورة: أنت دائمًا ما تخلق الذكريات وتعيد خلقها من جديد، فتغيِّرها حتى تتناسب مع معلومات الحواس السابقة والتأقلم الشَّرطي السابق. الذاكرة عملية ديناميكية شكَّلتها قصصُك السابقة، وسوف تشكلها أحداثُ المستقبل أيضًا.

وإليك قصص معدودات تساعدك على فهم بعض هذه المفاهيم على نحو أفضل:

كما ذكرتُ من قبل، لقد نشأتُ في الأرجنتين، حيث انتقل والداي للعمل هناك. وعندي بعض الذكريات المذهلة عن طفولتي. أذكر أنني كنت أتزلج مع شقيقتي في الباحة الخلفية لمنزلنا، ثم نتوقف ونأكل اليوسفي من شجرتنا، نقشر الثمرة في أثناء التزلج، ثم نتحرك بعناية حول القشر والبذور.

أتذكر الليالي الحارة عندما قام والدي بتركيب دُش خارجي ومعه خرطوم وحوض، فكنا نرتدي بذلات السباحة ونذهب جميعًا للاستحمام تحت ضوء القمر. هذه الخبرة ملأتني بالبهجة والإثارة. وأتذكر انقطاع الكهرباء ورقودنا على سجادة ونحن نستمع إلى موسيقى كلاسيكية عبر موجات الإذاعة.

أتذكر الكبش، الكبش بيلي، الذي اعتاد أن يأكل ثمار التوت من الأغصان في فناء منزلنا، فيترك روثًا قرمزيًّا في أرجاء المكان. وكذلك أتذكر مشاهدة الأفلام، وربط ملاءة حول عنقي كأنها عباءة، ثم أجري في أرجاء المنزل متظاهرةً بأنني بطلة.

وكما ناقشنا المسألة بالفعل، فالذاكرة تعيد النَّظم والإنشاء. أي أنك تسد الفجوات بناءً على خبرتك الحالية وبناءً على القصص التي سمعتَ والديك يحكيانها. فأنا لا أعرف إن كانت أمي تركتني حقًّا أرمي قشر اليوسفي في أرجاء الفناء أم لا. ولا أذكر متى أسقط الكبشُ شقيقتي أرضًا. وعندما انقطع تيار الكهرباء لستُ متأكدة إن كان جميع أفراد أسرتي جالسين على السجادة أم كنتُ أنا وحدي فحسب. وأتذكر بصور حية مشاهدتي الأفلام لكنني لا أذكر واقعة ربط ملاءة حول كتفيَّ وعنقي والقفز على

قطع الأثاث مدَّعيةً أنني بطلةٌ خارقة. أخبرني والداي بالقصة عن الكبش بيلي، لكنني جعلتُ هذا الجزء مدمجًا في قصتي. وكذلك أخبرتني أمي بالقصة عن إعادة تمثيلي المغامرات التي رأيتها في الأفلام.

وكما ذكرتُ، فأنت تتذكر الذكريات السلبية أكثر مما تتذكر الذكريات الإيجابية بما أن دماغك مهيأ للنجاة. وإضافةً إلى ذلك، فأنت تتذكر الأحداث التي لها أثر وجداني عظيم عليك أكثر مما تتذكر سواها. ومن المحتمل أن الذكريات السلبية لطفولتك يمكن أن تصبغ تفسيرَك لطفولتك، على الرغم من أن أشياء عديدة طيبة حصلت لك أيضًا.

إن خَلقَك ذكرياتٍ جديدة، ومن ثَمَّ خَلقَك واقعَك الحالي، يتأثران بما اختزنت بالفعل في ثنايا ذاكرتك. إذا كنتَ تتذكر أحداثًا سيئة من ماضيك، فمن المرجح أن تفسر الأحداث التي تقع لك حاليًّا باعتبارها سلبية.

التحرر من الذكريات السلبية

أود منك أن تتذكر أنك مثالي ومكتمل ومرتبط بالذكاء اللانهائي، وأنك ولدت متمتعًا بإمكانات لا حدود لها. لقد قُدِّر لك أن تنجح وتحقق أحلامك. أنت لم تُخلق لكي تجلد ذاتك بذكرياتك أو تختزن ذكريات عن كونك محدود الإمكانات وضعيفًا فتعيش داخل هذا الإطار الضيق. تذكَّر ضرورة ربط نفسك برؤية ذاتك باعتبارك قادرًا على تحقيق إمكاناتك اللامحدودة. هذا هو مفتاحك للتحرر.

قبل البدء في خلق ذكريات واعتقادات جديدة، يجب أن تتخلص من طرق التفكير المعتادة التي لن تخدم أهدافك. لديك جهاز تنشيطي شبكي في دماغك يعمل مثل منظومة أرشفة لحفظ ملفاتك التي تستخدمها مرارًا وتكرارًا، وهو موجود في الخزانة الأمامية لذهنك. هذه الملفات مليئة باعتقادات تقيِّد إمكاناتك، وقد تشكَّلت عندما كنت صغيرًا جدًّا، وذكرياتٍ قائمة على تصورات مغلوطة. هل سبق لك أن أفرغت خزانة أرشيف فتخلصت من محتويات المجلدات فيها أو مزقتها؟ هذا بالضبط هو ما أود منك أن تفعله بذهنك. عليك أن تفسح المجال لاعتقادات وأفكار وذكريات جديدة بحيث يمكنك المُضي قُدمًا واتخاذ خطوات فعلية.

ما الطرق التي يمكنك بها تحرير نفسك من الذكريات السلبية كي تساعد نفسك على المُضي قُدمًا في حياتك؟ لقد بدأتَ تلك الرحلة بالفعل بقراءة هذا الكتاب. اعلم أنك قد استخدمتَ قصاصات من ذكريات جزئية عن الأحداث، وقصصًا جاءتك من أشخاص آخرين، وأدمجتها في اعتقاداتك عن نفسك وعن العالم. فإذا لم تكن سعيدًا بالنتائج الحالية لأنها تعيد تشغيل ذكريات سلبية في ذهنك، فبوسعك أن تفعل شيئًا حيالها. الآن، على الفور، فكِّر في شيء ترغب في أن تخلقه في حياتك. تخيَّله. هل برزتْ أمامك ذكريات تعوقك عن رؤية نجاحك؟ اكتب الآن المخاوف التي قد تساورك، واسأل نفسك: هل هذه المخاوف حقيقية أم متخيلة؟ هل هي مبنية على قصص

أناس آخرين؟ سيساورك قلقٌ على الأرجح وأنت تفكر بشأن هذا الهدف، لكن اعلم أن كثيرًا من مسببات قلقك لن تحدث على الأرجح.

توجد عمليات عديدة ستساعدك على التعامل مع الذكريات التي لا تخدم أهدافك. إحداها أن تكتب الأحداث على النحو الذي ترغب في حدوثه. فالكتابة مهمة في تهيئة ذكرياتك لخلق نتائجَ جديدة. في أثناء الكتابة، ستَبرُز صورٌ جديدة في ذهنك، وهذه الصور ستثير مشاعر. المشاعر جزء من الذهن اللاواعي، وهي محطة توليد الطاقة لذهنك. إن خلق صور النجاح سيفضي إلى مشاعر إيجابية ومثيرة، وهو ما سيدفعك إلى التصرف بأسلوب جديد. وهذه التصرفات الجديدة ستخلق النتائج التي تريدها.

إذا كانت لديك ذكريات مؤلمة فاكتبها بمنظور الشخص الذي صرت إليه اليوم، الذي هو إنسانٌ قوي ورحيم. دَع الإنسان القوي بداخلك يدخل إلى تلك الذكريات ويغير نتائجها برمَّتها. وتذكَّر أن ذهنك اللاواعي لا يعرف التفريق بين شيء حقيقي وآخر مختلف. فإذا غيرتَ القصة عن وعي وكررتها مرارًا، فإن تلك القصة المختلفة ستغير مشاعرك اللاواعية. الذاكرةُ تعيد النَّظم والإنشاء، فعليك أن تستغل هذه السمة. في موضع سابق في هذا الفصل تحدثتُ عن سؤال شاهد عيان في موقع حادث سؤالًا واحدًا مرَّة واحدة وكيف جعلتهم الصيغة «يتذكرون» وجود زجاج مهشم على الرصيف مع أنه لم يكن له وجود! فإذا كان طرح سؤال كهذا مرَّة واحدة فحسب يمكن أن يؤثر على

واقع شخص ما، فتخيَّل إذن القوة التي يملكها ذهنك اللاواعي لخلق ذكريات جديدة. تذكَّر أن ذهنك يشبه اجتماعًا موسَّعًا لمجلس الإدارة وأنت في منصب الموظف التنفيذي، وبيدك الكلمة الأخيرة بشأن ما يُكتب في وقائع جلسة الاجتماع عن ماضيك وحاضرك ومستقبلك.

كيف تخلق ذكريات

اكتب صورك عن النجاح: يمكنك أن تنشئ ذكريات مستقبلية بحيث تسير الأمور على النحو الذي تريده. خصص 15 دقيقة كل يوم صباحًا ومساءً لكتابة رؤيتك عن كيف تريد حياتك. اكتب بتفاصيل حسية رائعة، إذ كلما زادت التفاصيل، ترسخت الذكرى أكثر. في واقعك المتخيَّل، أضِف روائح وأصواتًا ولمسات وأشياء تراها. ضع نفسك في وسط صورتك، بدلًا من رؤية صورة منعكسة على شاشة ذهنك. بعبارة أخرى، كُن في الصورة، وانظر بعينيك، وصِف ما تراه، وما تشعر به على بشرتك، وما تشمه وتسمعه.

على سبيل المثال، إذا أردت الحصول على وظيفة تكون فيها سعيدًا، فاكتب عنها في زمن المضارع، كما لو كنت تختبرها بالفعل. تذكَّر أن ذهنك اللاواعي ينتظر منك فقط أن تخبره بما عليه أن يؤمن به. مشاعرك جزءٌ من ذهنك اللاواعي، لذا اشعر بمشاعر تحقيق هدفك بالفعل.

اكتب هذه الصورة كثيرًا. سجِّلها على جهاز «iPod» الخاص بك، واستمع إليها كل يوم. إن تكرارك هذه الصورة من خلال

طرق حسية مختلفة (برؤيتها وسماعها) سيقنع ذهنَك اللاواعي بأنها حقيقية.

النتيجة الأولى التي ستلاحظها هي أنك تشعر بالرضا، وستلاحظ أن أفكارك أصبحت إيجابية بدرجة أكبر. وبينما تستمر في تخيل ما تريده بتفاصيل حسية كاملة وتشعر بفرحة إبداعاتك، ستبدأ في إبصار رؤيتك تتحقق وأنت تتخذ إجراءً ملهَمًا.

الأسئلة مقابل التأكيدات: أنا شخصيًّا أحب كتابة الأسئلة بدلًا من التأكيدات، لأن الأسئلة هي وسيلة تلتف حول ذهنك الواعي وتذهب مباشرة إلى ذهنك اللاواعي. تذكَّر أن ذهنك اللاواعي هو مركز طاقتك - حيث تصل إلى مشاعرك، ومشاعرك تفضي إلى اتخاذ خطوات. في بعض الأحيان، تؤدي كتابة التأكيدات إلى عدم تصديق ومقاومة في ذهنك الواعي، ومن ثَمَّ تقوِّي المشاعر والذكريات السلبية، بينما يفتح إلقاء الأسئلة وكتابتها نافذةً على إيمانك. إضافةً إلى كتابة رؤيتك، اكتب أسئلة مثل هذه:

«لِمَ يسير كل شيء على ما يُرام بالنسبة إليَّ؟».

«لماذا أنا محاط دائمًا بكل هذه الوفرة؟».

«لماذا تصل الشيكات المصرفية إلى صندوق بريدي؟».

«كيف تسير علاقتي المثالية في طريقها هكذا؟».

«كيف يكون من السهل جدًّا بالنسبة إليَّ أن...؟».

«لماذا يمكنني التركيز على الحقيقة الإيجابية الأعمق لقدرتي

على «كسب المال والنجاح»، «العثور على رفيق حياتي المثالي»، «خلق العمل الذي أحلم به»، وما إلى ذلك؟».

«لماذا لديَّ كل ما أحتاج إليه الآن؟».

«لماذا هذا الأمر سهل للغاية؟».

جرب وانظر كيف تجد التجربة. كرر الأسئلة بصوت عالٍ لنفسك، ولاحظ مدى شعورك بالرضا. ابتكر مزيدًا من الأسئلة التي تناسب وضعك على وجه التحديد، واستخدمها عندما تشعر بالإحباط والهمة المثبطة.

ستساعدك مثل هذه الأسئلة أيضًا في إعادة صياغة ذكرياتك السابقة. وعندما تسأل نفسك أسئلة حول الحاضر، سيبحث ذهنك في ذاكرتك عن الأوقات التي سارت فيها الأمور بصورة مُرضية بالنسبة إليك، عندما وجدتَ وفرة وسعادة أكبر. هذه طريقة لإعادة بناء ذاكرتك وبالتالي تجربتك الحالية.

الامتنان: كتابة قوائم يومية لتقدير النِّعم طريقةٌ موثوقة كي تبدأ في زيادة قدرتك على التعرف على الهبات اللامحدودة التي تملكها في يومك. على مدار اليوم، انتبه إلى 10 أشياء واكتبها في هذه القائمة. سرعان ما ستجد نفسك على موجة الأشياء الإيجابية في يومك، تلك الأشياء التي تريد أن تختزنها في ذاكرتك، بدلًا من الأشياء التي لا تسير على ما يُرام. تتضمن بعض قوائمي أشياء بسيطة، مثل: اللون اللامع للطائر الأحمر الذي لفت انتباهي في أثناء قيادتي السيارة، أو السحابة البنفسجية

والشمس خلفها، أو الشعور بالسكينة بينما أستمتع بقهوة الصباح مبكرًا في الشرفة الأمامية لمنزلي.

يساعدك تعزيز هذا التوجُّه - الامتنان وكتابة قوائم تقدير النِّعم - على ضبط موجة اللحظة الحالية. فعلى أي حال، ليس لديك سوى اللحظة الحالية، لأن كل شيء تقريبًا في الماضي هو وهمٌ أعدتَ بناءه. لذا، انتبه للحظة الحالية. ستشعر بتحسُّن في أثناء تدريب ذاكرتك على تذكر الأشياء الجيدة، والأشياء التي تؤكد قوة الحياة والذكريات، عندما تشعر بالثقة والقيمة.

حديث مع الذات: الطريقة التي تتحدث بها مع نفسك في رأسك تؤثر على الذكريات التي تصنعها. من المحتمل أن تتحدث إلى نفسك بالكلمات والنبرة نفسها التي سمعتَها في طفولتك. الصوت القاسي في رأسك الذي ينتقدك ويهينك هو صوت متنمر. وميلُك هو إما للقتال، وإما للتجمد في مكانك، وإما للفرار من المتنمرين. هل تذكُر استجابة التوتر والإجهاد؟ لا يساعدك أيٌّ من هذه الخيارات. قد يكون صوت ذاتك العليا، المرتبط بالذكاء اللانهائي، هادئًا جدًّا، وقد تسمعه بصورة غير متكررة في البداية، لكن هذا الصوت هو الصوت الذي ينبغي أن تستمع إليه.

يمكنك أن تخلع أسماء على الأصوات الآتية من داخلك. أشارت مدربة أسلوب الحياة «مارثا بيك» إلى أصواتها الداخلية باسمي «فانغ» و«بادي». كان صوت «فانغ» مرتفعًا وقاسيًا، وركَّز بصورة أساسية على الأخطاء وقوائم غير مكتملة بالمهام التي

يجب القيام بها. بينما هي تصف «بادي» بأنه لا يمتلك كلمات فعليًا، بل مشاعر. ستقودك مشاعرك، «صديقك بادي» الداخلي، إلى ما تريده في حياتك.

ذات يوم كنت جالسة في غرفة معيشتي في مواجهة ابني الكبير، وكنت أستمع إلى أسطوانة تعليمية. في أثناء تدوين الملاحظات، بدأت في الرسم على ورقتي، وهو شيء أفعله عادةً خلال المحاضرة، فوجدت نفسي فجأة أرسم ابني الذي كان جالسًا على الأريكة أمامي. الآن أنا أحب الرسم والتلوين، لكني لا أسمح لنفسي بفعل ذلك كثيرًا بسبب اعتقادي بأنني «يجب أن أعمل بجد واجتهاد»، وهو سلوك ما زلت أعمل على تعديله. «صديقي بادي» الداخلي غمرني ببهجة عامرة وأنا أرى ابني ممددًا على الأريكة الزرقاء، أدركت كيف أردت أن أدخل إبداعًا أكبر في كل شيء أفعله. هذه التجربة أفضت بي إلى أن أبتكر طرقًا أكثر إبداعًا وإمتاعًا لتقديم المعلومات لعملائي عبر الإنترنت. فكما يحدث معي، الرسائل الآتية من «صديقك بادي» يمكن أن توجهك إلى وجهة جديدة. أنصت إليه. أنصت إلى صوتك الداخلي للنجاح.

ابدأ بالانتباه لمشاعرك، التي هي منظومة إرشادك الوجدانية. لاحظ ما إذا كانت الفكرة تمنحك شعورًا بالانقباض والخوف أو بالتوسع والإمكانية. تذكّر اللعبة التي لعبناها في طفولتنا، حيث كان يخبئ شخص شيئًا ثم نحاول أن نكتشفه بينما يقدم لنا شخص مفتاحًا لحل اللغز: «أنتم أبرد» أو «أنتم أدفأ». تقترح مارثا

بيك أن تلعب هذه اللعبة مع نفسك عندما تكون على وشك إنتاج أفكار أو اتخاذ قرار. وبينما تمضي قُدمًا في حياتك، انتبه عندما تشعر ببرد أكثر أو دفء أكثر. ليس لزامًا عليك أن تعرف كل الإجابات عندما تبدع شيئًا جديدًا في حياتك، إنما يكفيك أن تتجه إلى ما يجعلك أدفأ. كل ما يلزمك معرفته هو ما الذي يجعلك تشعر بأنك أفضل، وما الذي يجعلك تشعر بأنك أسوأ. اسعَ وراء الشعور بـ«الدفء» وما يجعلك أفضل.

تغييرك حديثك مع ذاتك يمكن أن يغير واقعك. أغلب ما تقوله لذاتك هو على الأرجح مجرد «لغو يدور في رأسك» على أي حال. انتبه عندما تجد نفسك تقول لذاتك عبارات من قبيل: «لا أستطيع أن أفعل كذا»، أو «أنا مضطر إلى أن أفعل كذلك»، أو «سأحاول أن...». أنت بالفعل تعي ما القوة السلبية التي تنطوي عليها العبارة الأولى، لكن لعلك لا تدرك أن الجملتين الأخريين لا تساعدانك أيضًا. لو قلتَ «أنا أختار أن...»، بدلًا من «أنا مضطر إلى أن...»، فستمنحك العبارة الأولى قوة أكبر. أما قولك لنفسك: «سأحاول...»، فلا يفيد. اعلم أن دماغك يسمع كلمة «يحاول» باعتبارها سلبية، ومن ثَمَّ تقلل قدرتك وتصير أقل فاعلية. قل «أبذل أقصى ما بوسعي لكي...»، بدلًا من «أحاول بجد». وانظر أي جملة تشعرك بالرضا وتدفعك إلى المُضي قُدمًا واتخاذ خطوة.

يستغرق الأمر بعض الوقت والتمرين حتى تعي حديثك مع ذاتك وتقرر ما إذا كان الحديث ينفعك أم لا. في بعض الأحيان قد لا تعرف ما الرسائل التي ينبغي الإنصات إليها لتشكيل ذاتك

الداخلية. وإليك الاختبار: إذا كان المتنمر هو من يتحدث إليك في رأسك، فلن تشعر بالرضا، بل ستشعر بأنك مقيَّد، وبأن تنفسك ضحل. وعلى النقيض، ستشعر بتحسن عندما تسمع كلمات طيبة ومشجعة عن ذاتك العليا. كما لو أن بإمكانك أن تتنفس وتتمدد في مجال الإمكانات والاحتمالات والفرص. فكِّر في التحدث إلى ذاتك كما تتحدث إلى طفل محبب إليك. وعلى كلٍّ، فأنت الطفل المحبوب للذكاء اللانهائي.

التأمل: اعلم أن تأقلمك الشَّرطي السابق يشكِّل غالبية الثرثرة والأفكار التي تدور في رأسك في أثناء اليوم. لكن إيجاد طريقة لتحرير ذهنك وجسمك من الاستنزاف السلبي الذي تمارسه الأفكار السلبية المستمرة سيساعدك على اختيار الطريقة التي تريد أن تشعر بها، وتسلك حياتك على أساسها. إذا كنتَ تتصرف دائمًا من منطلق رد الفعل تجاه الأحداث فسيكون تخلصك من الأفكار وتصفية ذهنك راحة هائلة لك. التأمل هو طريقتي المفضلة لتفريغ ذهني والتواصل مع ذاتي العليا وتذكير نفسي بكمالي. فكِّر في التأمل بوصفه وسيلة لوأد الثرثرة الفارغة في رأسك والشعور بالراحة الذهنية والجسدية. فالتأمل عملية مدارها الابتعاد عن النشاط الذهني المرهِق والمحموم، والدخول إلى ساحة الصمت. يمكنك أن تبدأ بعشر دقائق يوميًا، ولن تحتاج إلى تعلُّم أساليب غامضة لفعل ذلك.

وفوائد التأمل عديدة، بما في ذلك تقليل التوتر والاكتئاب والقلق، وزيادة السعادة والإبداع. التأمل يعزِّز الذاكرة، ويحسِّن

مستوى التركيز، بينما يقلل أيضًا الألم وضغط الدم. وقد أظهر الباحثون أن التأمل يُزامن (synchronize) الشقين الأيمن والأيسر للدماغ - وهما تحت التوتر يكونان غير متزامنين - بحيث يعمل الشخص «بدماغ كامل».

أحد أنواع التأمل هو التركيز على شيء، مثل: أنفاسك، أو كلمة، أو دعاء، أو مقولة ملهِمة، أو صورة، مثل صورة شمعة. الغرض من ذلك هو إعادة ذهنك بلطفٍ إلى شيء تُركز عليه، حتى تتمكن من إطلاق تيار الأفكار والأحكام المستمرة التي تمر بها دائمًا. وأحد المصادر النافعة لهذا النوع من التأمل كتاب «استجابة الاسترخاء» للدكتور هربرت بنسون. أما كتاب «استغلال المورد» - من تأليف ويليام غلادستون، وريتشارد غرينينغر، وجون سيلبي - فهو كتابٌ رائع يمكن أن تتعلم منه التأمل المركز. ستساعدك عبارات التركيز التي اقترحها عالم النفس جون سيلبي على الانفصال عن دفق أفكارك المستمر.

يعلِّم بعض المؤلفين التأمل كطريقة لتطوير «الوعي اللحظي دون إصدار أحكام». كتاب جون كابات زين، «أينما ذهبت يكن وجودك»، يعلمك هذا النوع من التأمل الذهني اليقظ. فيقدم لك فن الانتباه للحظة الحالية من دون إصدار حكم حتى تكون مدركًا تمامًا وقادرًا على المشاركة في اللحظة والمكان. فبدلًا من التحكم في تركيزك، تتعلم توجيه الانتباه إلى كل ما تمر به. وكتاب «الروح الطليقة» للكاتب مايكل سينغر، وهو كتاب يشع جمالًا، يصف لك كيف تتيح لنفسك الرجوع إلى ما وراء

أفكارك وعواطفك حتى تكون حرًّا بمعنى الكلمة. ووفقًا لسينغر، ستصل إلى إمكاناتك الخفية وأنت تتعلم تهدئة ذهنك وتحيا في اللحظة الحالية.

يقول سينغر إنك عندما تصل إلى هذه الحالة، يصبح كل شيء واضحًا:

> «عندما يتعامل الشخص مع مخاوفه وقلقه ورغباته، ما مقدار الطاقة المتبقية له ليتعامل مع ما يحدث فعليًّا؟ توقف، وفكِّر فيما أنت قادر على تحقيقه. حتى الآن، قدراتك مقيَّدة بسبب الصراعات الداخلية المستمرة. تخيَّل ما سيحدث إذا كان وعيك حرًّا في التركيز فقط على الأحداث التي تحدث بالفعل. لن تعاني من ضوضاء تحدث في الداخل. إذا عشت أيامك على هذا النحو، يمكنك فعل أي شيء».

تساعد الحركة المتكاملة أيضًا على خفض التوتر وفتح الذهن أمام أفكار جديدة وإمكانات إبداعية. ووفقًا لأمير ليفين، وجدت مجموعة من الباحثين أن الحركة المتكاملة، مثل السباحة والرقص والمشي ورياضة اليوجا والألعاب الهوائية، ساعدت في تكوين روابط جديدة بين الخلايا العصبية السليمة.

تقنية التحرر الوجداني: والآن، ماذا يجب أن تفعل إذا كانت أفكارك سلبية وتقتحم رأسك فتحُولُ بينك وبين التأمل؟ عادةً ما يعني هذا أن لديك كثيرًا من الشحنات السلبية حول ذكريات أو أحداث معينة تمنعك من تهدئة ذهنك.

لقد وجدت مساعدة كبيرة في استخدام تقنية التحرر الوجداني لتغيير المشاعر السلبية حول موضوع ما. تعتمد هذه التقنية على استخدام أناملك للنقر على نقاط على اليد والوجه والجسم في أثناء نطق عبارات معينة. يمكن أن تحدث تحولات كبيرة في وقت قصير جدًّا بتطبيق هذا الأسلوب. وأنا مستمرة في تطبيقه، وأحيانًا كل يوم. لقد وجدت أن استخدام تقنية التحرر الوجداني يمكن أن يقلل بدرجة كبيرة الوقت المستغرق في تغيير عاداتي في التفكير. وتساعد هذه التقنية أيضًا في تقليل القلق المرتبط بإجراء التغييرات.

يُرجى مراجعة قسم المراجع إذا أردت معرفة المزيد حول تقنية التحرر الوجداني.

التكرار، التكرار، التكرار: أريد أن أناقش قيمة التكرار. يسأل عملائي عن مقدار التكرار المطلوب لخلق اعتقادات إيجابية وذكريات جديدة لتحل محل الاعتقادات غير المفيدة. يستغرق إنشاء فكرة جديدة بضعة أيام، لكن الأمر يستغرق وقتًا أطول لتغيير نمط التفكير الحالي. تُظهر الأبحاث الجديدة أن الأمر يتطلب ما متوسطه 66 يومًا لتغيير إحدى العادات. إن الطريقة التي تفكر بها حيال نفسك هي عادةٌ. هذه الأفكار عن نفسك متأصلة وتمارَس تمامًا مثل العادات التي تستخدمها في أثناء يومك، كتلك العادات التي تفعلها عندما تستيقظ في الصباح. إن الأفكار الاعتيادية هي شبكات عصبية في الدماغ. عندما تفكر في أن إيجاد طريقة جديدة للتفكير حيال نفسك هو تكوين رابط

دماغي جديد، يمكنك حينئذٍ إدراك الوقت والتركيز اللازمين لخلق عادات التفكير الناجح. فأنت تخلق روابط عصبية جديدة عندما تغير طريقتك المعتادة في التفكير حيال نفسك.

إن تكرار الأفكار الجديدة والاعتقادات الجديدة ضروري لتقويض الاعتقادات السلبية القديمة. فكِّر في الأمر على النحو الآتي: أنت لم تخلق الذكريات والاعتقادات عن نفسك بين عشية وضحاها. لذا، يتطلب الأمر التكرار لاستبدال اعتقادات التمكين بالاعتقادات المقيِّدة القديمة. ويصوغ الفكرة تشارلز هانيل، مؤلف كتاب «منظومة المفتاح العمومي»، صياغة محكمة:

> «لا يمكنك أن تشغل بالك بأفكار ضعيفة وضارة وسلبية لعشر ساعات في اليوم، وتتوقع أن تَستحدِث ظروفًا جميلة وقوية ومتناغمة في غضون عشر دقائق من الفكر القوي والإيجابي والإبداعي».

النبأ السار الخاص بالذاكرة هو أنك يمكنك سرد قصة مختلفة. الذاكرة هي شيء تُعيد إنشاءه، وإذا سئمت من القصة القديمة نفسها، فيمكنك حينئذٍ أن تتعلم سرد قصة مختلفة. إننا غالبًا ما ندع حدثًا ما يصبغ تفسيرَنا الكامل لماضينا. إذا كان هذا الحدث سلبيًا، كما هي الحال في كثير من الحالات عندما نشعر بأننا عالقون في مناطق معينة من حياتنا دون حراك، فإننا لا يمكننا الوصول إلى مزيد من الذكريات الإيجابية.

تذكَّر أنك تبني ذكرياتك حتى تتمكن من التخلي عن ذكريات الماضي التي تشل حركتك. اصنع ذكريات جديدة وإيجابية كل

يوم. وتخلَّ عن ذكرياتك عن العيش المحدود بالقيود. ادخل إلى ذاكرة الإمكانات والنجاح اللامحدود الذي كان لديك عندما كنت طفلًا، وضَعْ قدميك في أرض الحرية.

نيتا ماثيوز مورغان، الولايات المتحدة الأمريكية

الفصل الرابع

عقلك

مفتاح التفكير المستقل

بقلم: أليخاندرو توريس ماركو

«العقل: قوة الفهم والاستنتاج والتفكير التي تتيح لنا النمو على نحو مطَّرد».

- أليخاندرو توريس ماركو

كان عمري تسعة عشر عامًا، وكنت أعلم أن قيادة سيارة تحت تأثير الكحول أمر خطير. يغير الكحول الإدراك الواعي وقدرة الدماغ على معالجة الأفكار وإدارة المهارات اللازمة لقيادة السيارة. لم أقد السيارة مخمورًا قَطُّ حتى تلك الليلة. بنيتُ «منطقي» المبرِّر للقيادة تحت تأثير الكحول على مشاهدتي بعض أصدقائي يقودون سياراتهم تحت تأثير الكحول من دون أن تقع أي حوادث.

كنت أسرع في طريقي عائدًا إلى المنزل، وفقدتُ السيطرة على عجلة القيادة عندما انعطفتُ يسارًا على بُعد بنايتين من المنزل، واصطدمت بسيارة متوقفة. قررت شركتا التأمين أن كلتا السيارتين قد دمرتا. وبفضل الوسائد الهوائية (وهي اختراع عظيم لشخص «عاقل» ورائع حقًّا) لم أُصب بإصابات جسدية. وتعلمت درسًا قيمًا في ذلك المساء شككني في منطقي السابق بأن المرء يمكنه أن يتناول الكحول ويقود سيارته بأمان.

لماذا العقل؟

إن معرفتك أسباب فعلك الأشياء التي تفعلها أمرٌ في غاية الأهمية لإنجازك الشخصي، وتطورك، ونموك، ووعيك الذاتي.

ومثلما تُعَد الحرارة ضرورية لجعل الماء يغلي ويُحوَّل إلى بخار، فإن سبب قيامك بأي شيء هو الحافز لاتخاذك خطوات والقيام بما عزمت عليه أمرك. عندما تفهم وتتعلم استخدام مَلَكة التفكير المنطقي بفاعلية أكبر، ستجني ثمارًا أفضل في كل مناحي حياتك.

بقدر ما نعلم، البشر هو النوع الوحيد الذي لديه القدرة على تقييم تفكيره. عندما نقارن أنفسنا بأقرب أنواع الحيوانات لنا، أي الشمبانزي، نجد فرقًا أقل من 1.5٪ في تكوين الحمض النووي بيننا وبينهم. ومن ثَمَّ، قد نسأل، إذا كنا نحن والشمبانزي قريبين جدًّا على المستوى الجيني، فكيف إذن يمكن أن نفسر تفوقنا الهائل عليهم؟ يتيح لنا هذا الاختلاف الجيني الصغير القدرة على اختيار ما نريد التفكير فيه.

وهنا تكمن المشكلة: فعلى الرغم من تميزنا الفائق، لا يزال معظم الناس لا يعرفون كيف يستخدمون مَلَكة التفكير المنطقي بأقصى إمكاناتها، كما أن نقص فهمهم «لغايتهم» الشخصية يحد من نموهم وقدرتهم على تحقيق ما يريدونه. معظمنا لا يعرف لمَ يفعل الأشياء التي يفعلها. نحن نفعل ما نفعل فحسب، إما لأن الجميع يفعلون ذلك، وإما لأن هذه هي الطريقة التي طالما كنا نفعل بها الأشياء دائمًا. إذا طُلب منك التغيير، فلن يتوقف إلا البعض ليسألوا عن السبب، ويبحثوا حقًّا عن إجابة. لا يوجد سبب للتغيير من دون فهم واضح و«لماذا» محدَّدة. سبب قيامك بشيء ما يكمن في سؤال: «لماذا» تفعل كل ما تفعله؟

التفكير المنطقي في مقابل العقلنة

العقل هو إحدى أهم مَلَكاتنا الفكرية، وغالبًا ما يُساء فهمه. وسبب هذا أننا غالبًا ما نسيء استخدام هذه العملية الذهنية. أحيانًا نعتقد أننا نفكر تفكيرًا عقلانيًا، بينما الواقع هو أننا نعقلن الأمور ليس أكثر. عندما نعقلن الأمور، فإننا نبرر سلوكًا أو توجُّهًا ما بتفسيراتنا المقبولة، حتى لو لم يصب هذا السلوك في مصلحتنا (خصوصًا على المدى البعيد). يؤدي استخدام العقلنة إلى ظهور شيء «معقول» بالنسبة إلينا.

عندما نعقلن الأمور، فإننا نخلق عذرًا، من دون وعي في معظم الأحيان، لشيء نريده من دون مراعاة العواقب الحقيقية وراءه. نحن نعقلن الأمور لأننا نريد تجنب الشعور بالذنب أو بالسوء. ونحن عادةً لا ندرك أننا نعقلن ونعتقد أننا نفكر منطقيًا. على سبيل المثال، مر عليَّ وقت عقلنتُ فيه فكرة أنه من المقبول تمامًا الاعتياد على تناول رقائق البطاطس والبيرة، على الرغم من رغبتي في إنقاص وزني والتمتع بصحة أفضل. كان التبرير هو أن البيرة ستجعلني أشعر بالراحة، وهو أمر صحي، أليس كذلك؟ البيرة مصنوعة من الخميرة، وقد قيل لي إن الخميرة مفيدة لصحتك. علاوة على ذلك، قيل لي أيضًا إن تناول الكحول مفيد لقلبك. لقد أغفلت ببساطة حقيقة أن الكحول ضار بكبدي وخلايا دماغي. كما أنني لم أرغب في التفكير في أن رقائق البطاطس تحتوي على الشحوم والملح، وأن الكثير من الملح يسبب ارتفاع ضغط الدم. لقد بررتُ تناولي البيرة

ورقائق البطاطس بأنه ليس مشكلة كبيرة لأنني لن أشرب الكثير من الجعة (لكن ما مقدار الكمية الكبيرة أصلاً؟)، أو لن أتناول الكثير من رقائق البطاطس (لكن بمجرد أن أبدأ لا أستطيع التوقف). سيجعلنا التبرير دائمًا نشعر بالرضا لفترة من الوقت، والأسوأ من ذلك أنه سيجعلنا نغفل الجوانب السلبية لما نفعله. كلما زادت محاولات العقلنة والتبرير، أعاقت نمونا الشخصي وحبستنا في سجن عقلي.

التفكير المنطقي السليم سيحررك من القلق والشك والخوف، وهي المشاعر التي تحبس غالبية الناس في مكانة متواضعة، فيشعرون بأنهم متسمِّرون في أماكنهم ومحبَطون. التفكير المنطقي هو المفتاح الذي سيحررك من القيود الشخصية. وهو يفصلك عن طريقة تفكير جموع الناس الذين يميلون إلى التبرير. وهو يمنحك بداية سريعة ووتيرة ثابتة فتتجه نحو تطورك الفردي وإتقان عملك وتحقيق إنجازات. وهو يساعدك على اكتشاف من تكون حقًّا، وما سبب وجودك في الحياة حقًّا، وكيف تعيش حياة سعيدة. لقد خُلقتَ لحياة مليئة بالوفرة.

لقد ارتقت مَلَكة التفكير المنطقي بالبشر منذ الوقت الذي عشنا فيه داخل الكهوف إلى عصر صار بإمكاننا فيه السفر إلى الفضاء. يغير التفكير المنطقي ردود أفعالنا وسلوكياتنا المقيِّدة. وهو يتيح لنا الانتقال إلى ما وراء رد الفعل المتمثل في التجمد أو القتال أو الفرار، والوصول إلى فهم أعلى للذات، حيث نختار أفعالنا ونحيا حياة لها غاية.

إن فهم كيفية الاستخدام الفعَّال لهذه المَلَكة يمكن أن يحسِّن كل جانب من جوانب حياتك: صحتك، وعلاقاتك الشخصية، ومصادر دخلك، وكل ما يخطر ببالك. العقل هو مفتاحك لتكون قادرًا على التفكير المستقل بصورة فعالة.

إذا سألتَ أي شخص عما إذا كان يعقل الأمور طوال الوقت، فغالبًا ما يكون رده: «بالطبع، نحن نفكر دائمًا». ومع ذلك، فإن نشاط الدماغ لا يعني دائمًا انشغاله بـ«التفكير». هل نحن نفكر بطريقة فعالة من أجل تطورنا الشخصي ومصلحتنا المُثلى؟ إن جزءًا مهمًّا من المعادلة حول كيفية الاستخدام الفعال لمَلَكة التفكير المنطقي لديك هو أن تسأل أولًا عن السبب (لماذا)، ويجب أن تشتمل الإجابة عن هذا السؤال على عنصر التطور الشخصي. ومعادلتي الرياضية للتعبير عن هذا هي ببساطة:

لماذا + التطور = التفكير المنطقي

من المؤسف أن يعيش معظم الناس حياتهم من دون استخدام فعَّال لمَلَكاتهم الفكرية. لقد جرت برمجتنا منذ الطفولة للاعتماد على حواسنا الجسدية والتأثيرات الخارجية لتفسير العالم الذي نعيش فيه. وبناءً على ماضينا، نفكر بحكم العادة في أفكار معينة، ونتصرف وفقًا لذلك. وباتباع هذه العملية، ننتج النتائج نفسها مرارًا وتكرارًا. وعندما نرى هذه النتائج، نستنتج أن هذا هو كل ما يمكننا تحقيقه، وهكذا نسمح لهذه النتائج بتحديد حياتنا.

العقل واعتقاداتك (نماذجك الإدراكية) المقيِّدة

بحسب التعريف الوارد في قاموس «ميريام ويبستر»: العقل هو «قوة الفهم أو الاستنتاج أو التفكير. هو الاستخدام الصحيح للعقل». تأتي كلمة العقل من الكلمة اللاتينية «ratio»، التي تعني: يعتقد، يفكر. إذن، هل من المقبول أن نقول إن اعتقاداتنا تجعلنا نفكر وبالتالي نعقل (أو نعقلن) بطريقة معينة؟

هيَّا نفهم ونعقل الآتي: وفقًا للإحصاءات العالمية، يعيش كثير من الناس في ظروف اقتصادية سيئة. لقد رأوا آباءهم أو أقاربهم أو أصدقاءهم أو جيرانهم يعانون طوال حياتهم لعدم وجود ما يكفي من المال. لقد جمعت أذهانهم الواعية هذه المعلومات بناءً على ما رأوه وسمعوه، وقبلوا الاعتقادات العامة المقيِّدة بشأن المال. وعلى ذلك، توصلوا إلى استنتاج مفاده أن المال مورد نادر.

إذا كنت أحد هؤلاء الأشخاص الذين لديهم هذه الذهنية حول الاقتصاد والمال، فأنت لست وحدك، وأريدك أن تعرف أنه ليس خطؤك أنك تصدق هذه الأشياء. لقد جمع ذهنك الواعي أدلة كافية من مصادر خارجية وممن تثق بهم لدعم هذا الاعتقاد، وبمجرد أن يحدد ذهنك الواعي أن المال مورد محدود، ستكوِّن ذهنية الندرة. وعندئذ ستنعكس على حياتك بلا شك فكرة الندرة. سوف يتبع الذهن اللاواعي الأوامر التي ترد له من الذهن الواعي. وستجعل جسدك يتصرف ويحقق نتائج في حياتك وفقًا لذلك. سيقبل ذهنك اللاواعي أي أفكار أنشأها

وقَبِلها ذهنك الواعي، وكلما زادت الانفعالات التي تستثمرها في هذه الأفكار، زاد ترسخها في ذهنك. وهذا يُظهر القوة العظيمة للذهن.

ثمة شيء واحد مهم للغاية تجب مراعاته فيما يتعلق بالذهن: يتحقق التفكير المنطقي داخل ذهنك الواعي بتأثير هائل من ذهنك اللاواعي، الذي يُبنى من خلال تجاربك السابقة. ذهنك اللاواعي، كما هو مذكور أعلاه، ليس بوسعه سوى قبول الأفكار والاستنتاجات والمقولات، لأنه لا يمكنه رفض أو تحليل أو تغيير اعتقاد راسخ. وهكذا، فإذا كانت لديك اعتقادات حول الندرة، فإن ذهنك اللاواعي لا يمكنه تغيير هذا الاعتقاد، وسوف يطرحه في كل مرَّة يظهر فيها موضوع المال.

بمجرد أن توضع فكرة عامة في ذهنك اللاواعي، فإن الطريقة الوحيدة لتغييرها هي إنشاء فكرة جديدة تحل محل الفكرة القديمة. ولا يمكن فعل ذلك إلا في ذهنك الواعي من خلال المعرفة الجديدة والفهم. إذ يجب أن تدرس وتفهم كيف خَلقتْ ظروفُك اعتقاداتِك. وعندما تفعل ذلك، ستتمكن من تغيير أفكارك ونتائجك. يلزمك قلب أفكارك حول الندرة، من خلال التشكيك في تلك الاعتقادات. وبمجرد أن تفهم الحقيقة، وهي أننا نعيش في عالم وفير، يمكنك أن ترسخ هذا الاعتقاد الجديد في ذهنك اللاواعي. فور أن ينطبع الاعتقاد الجديد في ذهنك، ستتصرف وفقًا له لتخلق شروطًا وظروفًا جديدة وتحقق نتائج جديدة وأفضل. يبدو كلامًا بسيطًا؟ هو كذلك، لكن لا تدع

بساطته تخدعك. فمع أن الفكرة بسيطة، إلا إنها تتطلب شجاعة منك ومثابرة كي تغير أفكارك.

هل هذا ممكن؟ من دون أدنى شك! بالشجاعة والمثابرة، يمكنك إتقان العملية وتطبيق اعتقاداتك الجديدة على نحو روتيني. قال إيرل نايتنغيل: «النجاح يستغرق وقتًا، ويتطلب تفانيًا والتزامًا بنسبة 100٪ وفكرًا إبداعيًا».

الاعتقادات المقيِّدة هي أسوأ الأعداء في وجه تطورك ونموك. جميعنا نعمل انطلاقًا من اعتقاداتنا. ونظرًا إلى أن تفكيرك المنطقي يعتمد على معرفتك واعتقاداتك، فستظل نتائج أفعالك كما هي إلى أن تغيرها. نعم، يجب تغيير اعتقاداتك أو نماذجك الإدراكية المقيِّدة حتى يمكنك أن تتطور وتحقق إنجازات. لا يمكن لأي شخص أن يحقق نتائج مختلفة باتباع الاعتقادات القديمة نفسها.

الطريقة الأفضل والأكثر تحقيقًا للذات لتأسيس اعتقادات جديدة في ذهنك اللاواعي تكون من خلال الدراسة واكتساب معرفة وفهم جديدين. ولكي تخلق اعتقادات تخدمك وتنقلك من وضعك الحالي إلى وضع أفضل، يلزمك تحليل النماذج الإدراكية الراسخة بالفعل في ذهنك اللاواعي. انظر في أحد هذه الاعتقادات بشأن موضوع ترغب في تحسينه، وابدأ بتقسيمه إلى وحدات أصغر. حلل بدقة منشأ هذا الاعتقاد. ما النتائج التي تحققها باستخدامك إياه؟ كيف انتقل هذا الاعتقاد إلى ذهنك وتشرَّبه؟ ما المفيد أو غير المفيد فيه؟ هل هذا الاعتقاد يعود

عليك بالنفع ويخدم قدراتك الأعلى؟ ستُدهَش كيف أن تحليل اعتقادك بشأن موضوع معين سيمكِّنك من التفكير في طرق لتحسينه. ستبدأ في التحول من سيِّئ إلى جيد ومن جيد إلى أفضل. بمجرد أن تبدأ في التفكير المنطقي بهذه الطريقة، ستتغير نموذجك الإدراكي الحالي وتحقق نتائج أفضل.

نحن نفهم جميعًا أننا يجب علينا التصرف بطريقة معينة لتجنب اتخاذ خطوات من شأنها أن تؤدي إلى عواقب سلبية. في معظم الأوقات، نحن لا نكتسب اعتقادات جديدة تجاه التطور إلى أن نجرِّب سلوكيات جديدة، ونطبق نهج التجربة والخطأ لتحقيق نتائج أفضل. على سبيل المثال، قد تعرف شيئًا عن وعي وتفهمه، ومع ذلك فإن شيئًا ما لا شعوريًّا لم يتطور داخلك بما يكفي ليساعدك على تجنب النتائج غير المرغوب فيها. قد لا يتغير هذا النمط إلى أن تعرِفه بنفسك من خلال تجربتك الخاصة.

لنعد الآن إلى قصتي في بداية هذا الفصل. هل يمكنك أن ترى كيف أدت هذه الاعتقادات بشأن القيادة تحت تأثير الكحول إلى نتائج سلبية؟ أفهم أنك قد تراني لم أستخدم أي تفكير منطقي في هذه الحالة، ولا بد أن أتفق معك بشأن ذلك. لم أفعل سوى عقلنة سلوكي السيئ. ولنفحص السبب:

إذا اعترفتَ بالحقيقة التي لا جدال فيها، وهي أن القيادة بمستوى معين من الكحول في جسمك مخالَفة للقانون، وهذا سبب كافٍ للإحجام عن القيادة وأنت في حالة سُكر، فإن محض

معرفتي بالقانون كان يجب أن يردعني. ومع ذلك، فإن ما نعرفه وما نقوم به بالفعل يمكن أن يكونا على طرفي نقيض تمامًا. لقد لاحظتُ أن أصدقائي كانوا يقودون سياراتهم وهم في حالة سُكر من دون وقوع حوادث، لذلك عقلنتُ التصرف بأنه لن يحدث لي شيء إذا كنت في حالة سُكر في تلك المرَّة الأولى. لم أفكر في عوامل أخرى، مثل السرعة ومستوى الكحول في الدم. كان تفكيري على النحو الآتي: «لم يقع حادث لأصدقائي، لذلك لن يقع لي. وعلى أي حال، أنا ذكي للغاية فلن أدع شيئًا من هذا القبيل يحدث لي». كل هذه العوامل مجتمعة زادت خطر حدوث خطأ ما.

الاعتقاد الشائع بأننا لا نتعلم إلا من تجاربنا الخاصة ليس صحيحًا بالضرورة. توجد دائمًا طريقة أفضل وأسهل للتعلُّم والفهم، ومن ثَمَّ للتطور. كما يقول المؤلف براندون مول: «الأشخاص الأذكياء يتعلمون من أخطائهم، أما الأشد ذكاءً فيتعلمون من أخطاء الآخرين». عندما يُدرَّب ذهننا اللاواعي بالطريقة الأكثر فاعلية لتطورنا، نبدأ في فهم وإيجاد ما يلزمنا لعيش حياتِنا، وغايتُنا نصب أعيننا.

استمر في التركيز على سؤال: «لماذا» تفعل كل ما تفعله؟ وتجنب العقلنة والتبرير بكل سبيل.

العقل + التوجُّه = نتائج طيبة

توجُّهك مدفوع بالطريقة التي تعقل بها الأمور. والتوجُّه هو ما أعرِّفه بأنه عملية النجمة الخماسية للإنجاز.

التوجُّه

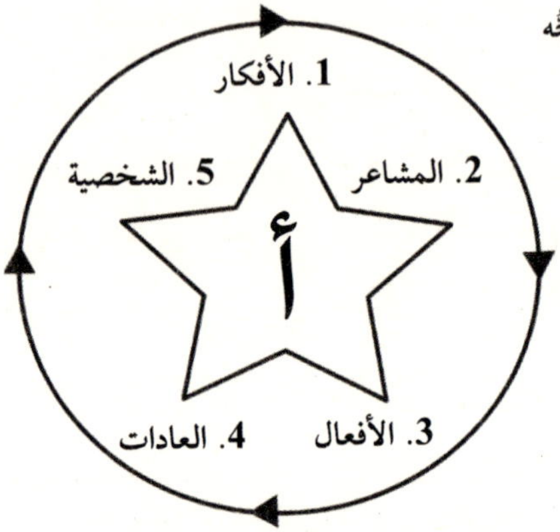

تمثِّل كل نقطة من هذه النجمة مكونًا واحدًا من توجُّهك: الأفكار، والمشاعر، والأفعال، والعادات، والشخصية. هل تذكُر «الرجل الخطي» الذي ذكرناه في فصل «الذهن»؟ أفكارك تخلق المشاعر، ومشاعرك تخلق الأفعال. طريقتك التي تتصرف بها يحددها إما تفكيرك المنطقي وإما العقلنة، وأفعالُك تخلق دائمًا النتائج التي تحققها. كلما كررتَ أفعالًا بعينها، صار من الأسهل أن تتحول إلى عادة. بمجرد أن تطور عاداتك، تتشكل شخصيتك (مزيج من الصفات التي تميزك كفرد). عادةً ما يحدث هذا في منتصف الثلاثينيات. وإذا توقفت عن التعلم والتطور، يتشكل توجُّهك على هذا النحو أيضًا.

النتائج المدفوعة بالعقلنة ستقودك دائمًا إلى «الامتثال» (conformity) لما هو سائد. والعقلنة (أي التبرير) يحددها بقوة

الافتقار إلى التفكير المنطقي السليم وهيكل اعتقاداتنا المقيِّدة الذي خلقه تأقلمنا الشَّرطي وظروفنا وبيئتنا. ونحن نمضي في حياتنا فنلتقي أشخاصًا ونصادق من تتطابق اعتقاداتهم ووجهاتُ نظرهم مع اعتقاداتنا. وكلما أكدنا هذه الاعتقادات بالتفاعل مع الأشخاص الذين يتصرفون ويسلكون بالطريقة التي نسلك بها، زاد ارتباطنا بهم، وانتهى بنا الأمر إلى أن نكون محبوسين في طريقة معينة من التفكير والوجود، وتقل احتمالية انفتاحنا على أفكار وحقائق جديدة، ومن ثَمَّ لا نحقق النتائج المرجوة.

كلما زاد عدد المواقف التي تجد تفكيرك فيها يواجه تحديًا، زادت قدرتك على تطوير مَلَكة التفكير المنطقي وتوسيع أفقك. وعندما يتسع أفقك، سيشهد توجُّهك تحولًا. وكلما تجنبتَ نطاق الركون إلى الراحة، زاد تطورك. والفكرة هي أن تجد نفسك في النهاية مرتاحًا لكونك غير مرتاح! وبالطبع أنا أتحدث عن تغيرات متزايدة وعدم راحة لكن مع الحفاظ بالطبع على سلامة المرء.

في أغلب الأحيان، قد تجد نفسك في موقف غير مريح ولا تدرك أن هذه فرصة للتطور. ربما تكون محبوسًا في مواقف معينة لفترة طويلة إلى درجة أنك بدأت تعتقد أن وجهة نظرك بشأن الموقف هي حقيقة كونية. وهذا يحدث عندما نتخذ موقفًا وندافع عنه بجرأة كما لو كنا ندافع عن حياتنا. هذا السلوك هو سبب نزاعات عديدة، ليس فقط بين الأفراد، ولكن أيضًا بين المجموعات والمجتمعات وحتى البلدان في جميع أنحاء العالم.

لذا، عندما ترى أنك تعتقد بأن لديك الحقيقة «المطلقة» الشاملة بناء على معرفتك وخبرتك، استخدم قدراتك المنطقية، واعلم أن لدى الآخرين «حقائق» خاصة بهم بناءً على معرفتهم وخبرتهم. من المهم للغاية أيضًا بذل جهد لفهم الآخرين، أو على الأقل لفهم مصدر آرائهم واعتقاداتهم. القادة العظماء والحكماء مفكرون، وهم يستخدمون هذه القدرة العقلية للتفكير خارج حيز تجاربهم الخاصة، ولكي يصبحوا مراقبين موضوعيين لعالمهم.

كيف نبدأ التحول من استخدام عملية العقلنة والتبرير إلى استغلال تفكيرنا المنطقي؟ يكمن الجواب في قدرتنا على الانفتاح على تصورات وإمكانات مختلفة. وأنا مقتنع بأن استكشاف الاحتمالات المختلفة سيتيح لنا التطور من خلال قدرتنا الفريدة على الاختيار. إذا لم توجد خيارات، فلن توجد احتمالات للاختيار. إذا كنت عالقًا في نطاق وجهة نظر واحدة فقط، فإن قيامك بالاختيار، الذي هو وظيفة من وظائف مَلَكة التفكير المنطقية لديك، لن يكون خيارًا. تذكَّر أن العقل يمنحك القدرة على التفكير، والتفكير هو الخطوة الأولى نحو التطور. ومَلَكة التفكير المنطقي، التي تمكننا من التفكير ثم الاختيار ونستخدمها مع جميع المَلَكات الأخرى، تؤدي دورًا أساسيًّا في قدرتنا على تغيير حياتنا.

يُعَد جزء من خبرتي العملية السابقة مثالًا على التوجُّه السيِّئ، فقد كنت أعتقد أن رؤسائي في الوظائف السابقة حصلوا على مناصبهم بمحض المصادفة (كانوا «محظوظين»). لطالما قلتُ

لنفسي لو أنني تقدمت إلى هذه الوظيفة قبل أن يتقدموا إليها، لحصلتُ عليها من دون شك، فأنا أكثر منهم ذكاءً، وذو خبرة أعرض، ووضعي ليس سوى تجلٍّ لحظّي السيِّئ والتوقيت السيِّئ.

في ذلك الوقت، أفرزتْ شخصيتي - التي خَلقتْها خبراتي المعتادة، التي خَلقتْها بدورها أفكاري ومشاعري وأفعالي في هذا الموقف - توجُّهي السيِّئ، وهو ما دفعني إلى التفكير (أي التبرير) في أن وضعي كان مجرد مسألة حظي السيِّئ والتوقيت السيِّئ. قادني توجُّهي الساذج إلى الاعتقاد بأنهم إنما كانوا محظوظين لا أكثر. أدركتُ لاحقًا أنه بغض النظر عمن كان مديري - ويمكن أن يكون الشخص الأذكى والأكثر روعة وخبرة في العالم - فإنني سأجد عيوبه أو أصنعها حتى أتمكن من تبرير وضعي المتسق مع اعتقاداتي. سأظل ضحية نفسي باستمرار باعتباري مستهدفًا من سوء الحظ. لكن لحُسن الحظ، من خلال الدراسات والعمل على تطوير ذاتي، تمكنتُ أخيرًا من إدراك أن تفكيري كان قائمًا على عادات التفكير القديمة التي لم أتشكك فيها أو أطعن فيها قبل ذلك وأنا أقف أمام فرص جديدة للتطور.

إن فتح أذهاننا بصورة خلَّاقة أمام الاحتمالات الجديدة سيفضي دائمًا إلى نتائج أفضل. انفتاحُ أذهاننا يعرضنا للإبداع. هل تحسن الاستفادة من قدرتك الإبداعية؟ هل تحترم الإمكانية التي تتيحها لك قدرتك الإبداعية لتحسين حياتك؟ أوان البدء لم يَفت مطلقًا. وتذكَّر أن الوقت يمر سواء اتخذتَ خطوةً أو أحجمتَ. وأنا مقتنع بأن مسؤوليتنا تتمثل في تحقيق أفضل

استخدام لأدواتنا الإبداعية كلما أمكن ذلك. وهذا ما أسميه «التوجُّه الإبداعي». سيساعدنا التعرض للاحتمالات والتصورات المختلفة على خلق واقع جديد. ويمنحك التوجُّه الإبداعي القدرةَ على تغيير حياتك وتحسينها. عندما تحجم عن الخلق والإبداع فأنت تتوقف عن التطور، فتبقى على حالك. وعندما تبقى على حالك، تظل عالقًا في أنماط سلوكية تعوق تطورك. وفي الوقت الذي ينشغل الآخرون بالتطور، تتخلف أنت عن الرَّكب.

إذن، كيف تتناسب تحديدًا قدرتك على الإبداع مع قدرتك على التطور وتحسين نتائجك ومن ثَمَّ مع حياتك كلها؟ يجب أن نبدع باستمرار. فنحن إما نخلق حياة الوفرة والفرح أو حياة البؤس واليأس. ومرَّة أخرى، أفكارك تحدد نتائجك. وقد اتفق عدد كبير من المفكرين عبر تاريخ البشرية، من القادة الروحيين إلى علماء الفيزياء الكمية، على مقولة: «أنت تصير إلى ما تفكر فيه» أو «مثلما تعتقد، تكن حياتك». قد يختلفون على أشياء كثيرة، لكنهم اتفقوا تاريخيًّا على هذه الفرضية.

وأعتقد اعتقادًا جازمًا بأن الأشخاص الذين أبدعوا أي شيء في حياتهم قد فكروا فيما يبدعون أولًا بكل تأكيد. وكما قلت في بداية هذا الفصل، «نقطةُ البداية لكل شيء يمتلكه الشخص وكل ما يمكنه خلقه (أيْ النتائج) هي الفكر. الفكر هو وظيفة العقل». سيساعدك فهم كيف تفكر، عن طريق العقل لا العقلنة (التبرير)، على خلق الحياة التي تريدها. التبرير لن يمنحك سوى الحياة التي تستحق. أما التفكير المنطقي فسيمنحك الحياة التي ترغب.

أنت تصير إلى ما تفكر فيه

قد ترغب في النظر إلى ما أنجزتَه حتى الآن كثمرة أفكارك. يوجد مثلٌ يقول: «كما يشعر الإنسان في نفسه يكن هو». من أجل معرفة ما كنت تفكر فيه وفهمه، ليس عليك سوى إلقاء نظرة على نتائجك الحالية. فنتائجك التي حققتها صوتها أعلى من كلماتك. هي مِرآتك.

عندما لا تحصل على ما تريده من نتائج، فقد يلزمك التفكير في أنك ربما بَنيتَ قراراتك على المعلومات التي تلقيتها من حواسك الخمس فقط. كنت تعيش حياتك من الخارج إلى الداخل، لا من الداخل إلى الخارج. عندما تحيا بفعل المؤثرات القادمة من الخارج إلى الداخل فأنت تفعل عادةً الأشياء نفسها مرارًا وتكرارًا، مما يسفر عن النتائج نفسها. إنها حلقة مفرغة، وتعمل تمامًا كأنها طيار آلي أو مكيف هواء في منزلك. تعمل آلية الطيار الآلي والمكيف دائمًا بحسب البرمجة على العمل. فإذا أردنا منهما أن يعملا على نحو مغاير فيجب تعديل البرنامج. وإذا كنت ترغب في نتائج مختلفة في حياتك، فلا بد أن تبدأ بتغيير طريقة تفكيرك باستخدام مَلَكاتك الذهنية.

العيش من الخارج إلى الداخل يعني أنك تتخذ القرار باستمرار باستخدام مَلَكة التفكير المنطقي بناءً على الأشياء أو الظروف الموجودة في بيئتك الحالية، أي الأشياء التي يمكنك حاليًّا رؤيتها وشمها وتذوقها ولمسها وسماعها. فعلى سبيل المثال، قد ترغب في الذهاب في رحلة بحرية فاخرة، ولكن عندما تنظر إلى حسابك

المصرفي لا ترى الأموال اللازمة لدفع ثمن الرحلة، لذلك قررت عدم الذهاب لأن حسابك «يُظهِر» أنك لا تستطيع فعل ذلك. بعبارة أخرى، أنت تبني قرارك على النتائج الحالية.

نتائجك دليل على تفكيرك الماضي (أو القديم). لعلك قلت فيما مضى: «لا يمكنني أن أذهب في هذه الرحلة لأنني لا أملك المال اللازم». وما دمت تعتقد أنك لا تملك المال فلن تفكر في طرقٍ لكسب مال أكثر لتحقيق هدفك. ومن دون تغيير الطريقة التي تفكر بها فإنك ستفعل بحكم العادة الأشياء نفسها المعتادة مرَّة بعد مرَّة، فتفضي إلى النتائج ذاتها. ستؤدي هذه الحلقة المفرغة إلى «عدم» حصولك على ما تريد حقًّا. ربما يمكنك الآن أن تفهم تمامًا أن جميع نتائجك هي من صُنع تفكيرك الماضي، أو الأسوأ من ذلك هي من إنشاء تفكير شخص آخر وأنت اعتمدته لنفسك وقبلته. الآن، يمكنك أن تدرك أن التفكير الجديد وحده هو الذي يولِّد نتائج جديدة، وأن أفكارك الجديدة التي تتبعها أفعالك الجديدة ستصل بك إلى حيث تريد.

اسمح لي أن أضع هذه العملية في سياق حياتي. تخصصتُ في علم الأحياء، وهو موضوع أحببته حقًّا واستمتعت بدراسته. وعندما تخرجت في الجامعة، لم أتمكن من رؤية كيف يمكن أن يساعدني هذا المجال العلمي المثير على تحقيق أي شيء أريده في الحياة. ولذلك، كان يلزمني (بسبب اعتقادي المقيِّد) خلق واقع جديد، واقع يمكن أن يساعدني على تحقيق أحلامي الحالية. كنت متأكدًا من شيء واحد فقط: لم أرغب في أن أكون

في وضعي الحالي. لذلك بدأت أفكر فيما أريده حقًّا. وهذه الخطوة ضرورية للنجاح: يجب أن تفكر دائمًا فيما «تريده»، وتتجاهل الأفكار التي «لا تريدها». وهكذا كنت في الكلية، وأنا أعتقد أن علم الأحياء لا يوفر فرصًا. في أثناء سنوات دراستي الجامعية، صرت أيضًا غواصًا، وبعد ذلك مدرِّب غوص، حيث بدأت عملًا أعشقه، هو التدريس. أخذني حبي للغوص في مسار مختلف وبعيد عن تعليمي الأصلي في علم الأحياء. عندما أنهيت دراستي الجامعية، سافرت إلى الولايات المتحدة وتدربت في مجال الغوص التجاري والصناعي في عرض البحر، وتخصصتُ في الفحص والاستقصاء تحت الماء (الاختبار غير المدمر للبيئة/ كاميرات تحت الماء/ تصوير فوتوغرافي). وبدأت العمل في مجال نفط الغواصات البحرية. كنت أرغب في كسب الكثير من المال، وبدأت أدرك هذا الحلم. لقد كنت في وظيفة براتب جيد، لكنها محفوفة بالمخاطر. هل تتذكر علم الأحياء؟ حسنًا، تركته وراء ظهري.

ومباشرة بعد أن أنهيت دراستي في الغوص التجاري، عملت في عرض البحر أكثر من عامين. في أثناء تلك الفترة قابلتُ المرأة التي صارت زوجتي بعد ثلاث سنوات. جعلني هذا اللقاء الجديد أفكر في الزواج وبناء الأسرة - وهو حلم آخر في حياتي. وهكذا، بعد عملي في البحر، عملت على اليابسة لدى شركات أجنبية، وأمكنني في النهاية البدء في كسب مزيد من المال لأتمكن من أن أعول أسرتي. وأخيرًا تزوجنا.

ما الفكرة المستخلصة من هذه القصة؟ اعرف ما تريده، واتخذ الخطوات اللازمة، وحقِّق مرادك. بمجرد أن عرفتُ ما أريده (وظيفة ذات أجر مرتفع في مجال أحبه، والزواج وتكوين أسرة)، بدأتُ في اتخاذ خطوات لتحقيق كل ذلك - وحصلتُ على ما أريده. أعترف بأنني عانيتُ في بعض الأحيان، لكن في النهاية حصلت على ما أريده. التفكير الجديد، الممزوج بالمشاعر المناسبة، الذي تتبعُه خطوات محدَّدة وفورية، سيساعدك على تحقيق أحلامك. لا شك في ذلك!

إن قوة التغيير ملك حصري لك لأنها بداخلك. إنها تعيش في أعماقك من خلال فهم ومعرفة ما هي الحقيقة حقًّا. ابدأ العيش من الداخل إلى الخارج. افهم أن الحقيقة تأتي من الداخل وليس لها حد، وبالتالي فالقدرة على التفكير، جنبًا إلى جنب مع المَلَكات الفكرية الأخرى، يمكن أن تساعدك على تحقيق كل ما تفكر فيه والتصرف بناءً عليه. هذا هو العيش من الداخل إلى الخارج.

وتذكر أن القدرة على الإبداع هي امتياز لك.

نماذجك الإدراكية تشكِّل عقلك

ستتحكم نماذجك الإدراكية (عاداتك) دائمًا في منطقك، وستوجه قراراتك. أنت تفكر وفقًا لنماذجك الإدراكية؛ لذلك، من المهم جدًّا أن تكون على وعي بنماذجك الإدراكية. وتذكَّر أن هذه النماذج الإدراكية هي أفكار مشروطة تأسست في ذهنك اللاواعي وظهرت عبر سلوكك. تستند النماذج الإدراكية إلى

الأفكار المكتسبة التي لم نأخذ وقتًا كافيًا لتحليلها كي نحدد ما إذا كانت مفيدة أو لا. أنت تفعل ما تفعل والسبب - كما يقول كثير من الناس - «هذا ما أنا عليه». وأنا أستخدم كلمة نماذج إدراكية لوصف السلوكيات المشروطة، وأنت ترغب بالطبع في تغيير نماذجك الإدراكية السلبية، أي السلوكيات التي تحد باستمرار من نموك وتطورك، لتجعلها نماذج إيجابية.

نماذجنا الإدراكية لها تأثير قوي على حياتنا، فجذورها ضاربة في عمق لاوعينا، وتتحكم في كل جانب من جوانب حياتنا، من جودة علاقاتنا إلى مقدار الأموال في حساباتنا المصرفية. إذا كنت ترغب في تغيير تلك النماذج، فسيلزمك سبب وجيه لبدء التغيير. إن سبب رغبتك في شيء ما ينشِّط العواطف والمخزون الخفي للقوة الكامنة في داخلك. سؤالك «لماذا» هو القوة التي تدير مفتاح العقل. فأنت تحرر نفسك لتكون، أو تفعل، أو تمتلك أي شيء يمكنك تخيله.

التأقلم الجيني والبيئي

أنت وأنا، وكل شخص يعيش على ظهر هذا الكوكب، لدينا سلوكيات مشروطة معينة. لقد تأقلمنا جميعًا للتصرف بطرق معينة. وتجاربُنا هي التي تبرمج هذا التأقلم. التأقلم الجيني يأتي من والديك البيولوجيين، بدءًا من زمن الحمل. ولهذا تبدو ملامحنا شبيهة إلى حدٍّ كبير بالوالدين. تكوينُنا الجيني مهم. ومع ذلك، فإن بيئاتنا تؤثر علينا أكثر في التصرف بالطريقة التي نتصرف بها.

يبدأ التأقلم البيئي في رحم أمك، ويستمر خلال حياتك بتجاربك التي تعيشها. يعتقد معظم الناس أن شخصيتهم تتحدد عندما يصبحون بالغين، وأنهم سيظلون كما هم حتى يوم وفاتهم. بالنسبة إلى الأغلبية، قد يكون هذا صحيحًا تمامًا، ما لم يفهموا أن السلوكيات المشروطة والنماذج الإدراكية والشخصية المحددة يمكن تغييرها جميعًا عن طريق التعلُّم المستمر. علينا أن نتبنى فكرة أن التعلُّم مدى الحياة يغير وجه الحياة. ستبقى سلوكياتك المشروطة التي جرت برمجتها خلال فترة شبابك وحياتك المبكرة على هذا النحو إلى أن تُطور الوعي بأنك قادر على قبول هذه الشروط أو رفضها بوعي وتبدأ في تطوير أفكارك ومجموعة اعتقاداتك. الهدف من هذا الكتاب هو تحريرك من تفكيرك وسلوكك المقيِّدَين لك، ومساعدتك على تطوير الأفكار التي من شأنها أن تخدم أهدافك وتساعدك على تحقيق الحياة التي تريدها.

يمكن تغيير سلوكنا المشروط ونماذجنا الإدراكية وشخصياتنا من خلال التعلُّم المستمر. علينا أن نتبنى فكرة أن التعلُّم مدى الحياة يمكن أن يغير حياتنا. ويجب أن نرفض الاعتقاد التقليدي بأن التعلُّم يتوقف بعد التخرج في الجامعة، وندرك أن عملية التعلُّم لا تتوقف حتى الممات. يجب أن نفهم أن مفتاح تغيير مَلَكة التفكير وعيش حياة أفضل هو تغيير نماذجنا الإدراكية. عندما نستمر في تعلُّم الأفكار والمفاهيم الجديدة، ينفتح أفقُنا على فرص عديدة للنمو والتحقق في كل جانب من جوانب حياتنا.

تذكَّر أن نماذجك الإدراكية واعتقاداتك وسلوكياتك المشروطة ستتحكم في منطقك وتوجِّه قراراتك طوال الوقت. لذا، يجب عليك تغيير نماذجك الإدراكية لكي تتخذ قرارات أفضل. وكما قلت سابقًا، هذه خطوة بسيطة جدًّا، لكن ليس من السهل تحقيقها. ومع ذلك، يمكن إنجازها من دون شك، ومَلَكة التفكير تضطلع بدور محدد في ذلك. هل تذكر المقولة القديمة: «متى صحَّت الإرادة استبانَ الطريقُ»؟ حسنًا، سأغير كلمة واحدة فقط: «متى صحَّ العقل استبانَ الطريقُ». بمجرد أن يحدث الفهم، يسهل العمل. وإليك شيء سترغب في التفكير بشأنه: هل أنت مستعد وقادر على تغيير نماذجك الإدراكية؟ يمكن الإجابة عن هذا السؤال بسهولة، ولكن بالإجابة عن سؤال آخر: هل أنت على استعداد للحصول على نتائج أفضل؟ تذكَّر أنك إذا لم تتطور من خلال النمو، فأنت متخلف عن الرَّكب.

قلِّب فكرة أخرى: هل أنت مرتاح للطريقة التي تعيش بها حياتك الآن؟ يمكنك أن تنمو على نحو مريح أو يمكن أن تتخلف عن الرَّكب على نحو مريح. هل يناسبك أن تبقى في نطاق الركون إلى الراحة في أثناء سعيك لتحقيق النمو؟ احترس من نطاق الركون إلى الراحة، لأنك في هذا المكان ستتوقف عن النمو. وأنت تريد دائمًا أن تكون في وضع يمكنك من خلاله تغيير نماذجك الإدراكية والنمو فيه.

يقدِّم ستيف بو، المدير التنفيذي في إحدى الشركات، هذا الاقتباس ليساعدك في إجابتك:

«هبة الله لك موهبة وقدرة أكبر
مما تتمنى أن تستخدمه في حياتك.
هبتك إلى الله هي أن تنمي موهبتك وقدرتك
بأقصى ما تستطيع في حياتك».

اختر! وعسى أن تظفر بالاختيار الذي ينفعك. أنت هنا لتتحدى نفسك، ولتنمو بثبات، وتثير إعجاب الكون بالمواهب الرائعة التي وُهبتها.

العقل والأفكار والفهم

«نقطةُ البداية لكل شيء يمتلكه الشخص وكل ما يمكنه خلقه هي الفكر. الفكر هو وظيفة العقل» - أليخاندرو توريس

يعتقد معظم الناس أنهم يفكرون تفكيرًا منطقيًّا عندما يفكرون، ولكن ليس كل التفكير يؤدي إلى النمو. ثمة نشاط ذهني كبير يحدث في أذهاننا، وعلى الرغم من أهمية هذا النشاط، فهو ليس مساويًا للتفكير المنطقي. وعلى أي حال، فالكثير مما نقوم به هو اجترار للأفكار الماضية مرارًا وتكرارًا من دون التوصل إلى أي نتيجة.

فكِّر في الآتي: إذا كنت تفكر في أفكار معينة ثم تتخذ خطوات تؤدي إلى نتائج معاكسة لما تريده حقًّا، فهل أنت في هذه الحالة تفكر حقًّا؟ أحد الأمثلة على النشاط الذهني هو عندما تغني أغنية تعرفها بالفعل. فعندما تفعل ذلك، فأنت تؤدي

نشاطًا ذهنيًّا باستخدام ذاكرتك. لقد استخدمت مَلَكة التفكير المنطقي لتتعلم الأغنية في المرَّة الأولى، وبمجرد أن تتعلمها، فإنك تتوقف عن التفكير فيها. يصبح غناء هذه الأغنية نشاطًا تلقائيًّا. يصبح نشاطًا ذهنيًّا. وعندما تستنتج أو تفهم أو تتعلم شيئًا ما، فأنت تستخدم مَلَكة التفكير المنطقي. وتجبرك قراءة شيء ما أو استيعاب محادثة شخص ما على استخدام مَلَكة التفكير المنطقي حتى تفهم.

أما التفكير المثمر فيجب أن يكون ذا طبيعة أعلى ونوعية أرقى وأفضل من مجرد ممارسة النشاط الذهني. يؤدي التفكير المثمر إلى تكوين الأفكار. أنا لا أحاول التقليل من أهمية النشاط الذهني، فهو مهم وضروري للغاية، إنما أريد أن أرسم خطًّا دقيقًا يفصل مَلَكة التفكير المنطقي عن بقية النشاط الذهني المطلوب.

لقد أخبرتكم بما فكرت فيه بشأن مديريَّ السابقين - أو عن اثنين منهم على وجه الدقة. هذان الشخصان «المحظوظان» كانا في منصبيهما بضربة حظ لا أكثر - هكذا فكرتُ. ولطالما «فكرتُ» بشأنهما بهذه الطريقة وتصرفتُ وفقًا لتلك الفكرة. ما الذي انتهى إليه الأمر في هذه المواقف؟ باختصار، خسرت الوظيفتين. في الوظيفة الأولى، طُلب مني التفاوض على طريقة للخروج من الشركة، وفي الوظيفة الثانية طُردتُ. وبعد أن عانيت من عواقب موقفي، مرت عدة أشهر وعُينت في وظيفة ثالثة. هل تغيرت أفكاري؟ لا. ويجب أن أقول على الرغم من ذلك إنني كان لديَّ في هذه الوظيفة الثالثة مدير احترمته في البداية

وقدَّرته تقديرًا بالغًا. ولسوء الحظ، لم تكن سوى مسألة وقت، فقد تعثرت في «الحجر» نفسه مرَّة أخرى، أو هل ينبغي أن أقول واجهت الدرس نفسه. مديري الأول الذي كنت أقدره حصل على ترقية. وانتهى بي الأمر مع «معلمي» الثالث، وهو مدير شعرت بأن مستواه أقل في المعرفة والمهارات فيما هو مطلوب في مجال السوق الذي كنت أعمل فيه. أتذكر بوضوح أنني قلت لنفسي: «أوه! ليس مجددًا! ماذا فعلت لأستحق هذا؟». حظي السيِّئ يضرب ضربته من جديد. حسنًا، كان لا بد من السير في هذا الطريق مرَّة أخرى.

في ذلك الوقت نفسه، دعاني شخص ما إلى حضور تدريب على التطوير الذاتي. كانت محاضرات تساعدك على سبر أغوار نفسك، والبدء في تذكر أشياء من سنواتك الأولى. عمل والدي في صناعة السينما مدير تصوير. كان عليه أن يسافر كثيرًا ولفترات طويلة، وحلَّ أخي الأكبر محل أبي - وهو شيء كنت أكرهه كما تتوقع. في ذلك التدريب اكتشفت أن رفضي لرؤسائي السابقين، أي ممثلي السُّلطة الذين واجهتهم، كان مستمدًّا من مشاعر في فترة شبابي. كنت مستاءً من أخي، الذي لم أُكن له احترامًا بقدر ما كنت أكنه لأبي، أو لأنه كان ممثِّلًا لسلطة. غطَّت هذه التجربة الوحيدة كل تفكيري المنطقي برؤية ضبابية، وأسفرتْ عن هذه الأفكار التبريرية والتوجُّه السيِّئ والعلاقات المدمرة المبنية على الجهل.

لقد كنتُ محظوظًا للغاية باكتشاف ذلك! أدركتُ أنني خَلقتُ بيئات عمل في ذهني. وعندما أدركتُ أن نموذجي

الإدراكي هو الذي خَلَقَ مشاعري، أجريت تغييرًا كبيرًا نحو الأفضل. بدأت أخيرًا في التفكير بدلًا من التبرير. إن التبرير مرَّة أخرى في هذه الوظيفة سيجعلني أقع في الأخطاء نفسها مجددًا من دون أن أفهم السبب حقًّا. نعم، التفكير المنطقي من خلال الفهم مَنَحني مفتاح التحرر من هذه الأخطاء المتكررة. انتهى بي الأمر بعلاقة صداقة عميقة مع مديري الثالث والأخير. لقد تعلمت الدرس أخيرًا ومضيت قُدمًا. والآن، لديَّ حق توزيع منتجات هذه الشركة الأخيرة التي كنت أعمل فيها، وأعمالي التجارية تنمو باطِّراد.

يمكن أن تأخذك عملية التفكير المنطقي نحو نتائج أفضل ونمو أكبر. انظر إلى نتائجك لتحديد ما إذا كنت تستخدم التفكير المنطقي الفعَّال. عندما «تفكر» بطريقة معينة في موقف ما، وهو ما لا يساعدك في تحقيق نتائج أفضل، فهل أنت تفكر حقًّا؟ إذا كنت لا تتطور، فأنت تمارس نشاطًا ذهنيًّا لا أكثر!

الآن يمكننا تعريف العقل بأنه «قوة الفهم والاستنتاج والتفكير التي ستتيح لنا النمو باطِّراد».

العقل والمنطق

غالبًا ما نفكر في المنطق كمرادف للعقل. ومع ذلك، فالمنطق هو وظيفة تفكيرنا. وعلاوة على ذلك، يتولى التفكير المنطقي دورًا مهمًّا في التفكير السليم. وأعرِّف التفكير السليم بأنه التفكير الفعَّال والمدبر الذي سيساعدك على النمو. وهكذا، إذا كانت نماذجنا الإدراكية تؤثر على المنطق، وهو ما تفعله

بطبيعة الحال، فيجب تغييرها (على وجه التحديد، تغيير السلوك الشَّرطي السلبي) لتطوير التفكير السليم. يلزمنا لكي نصل إلى تفكير سليم أن نسأل أنفسنا: هل تساعدنا هذه الفكرة على النمو؟

خير مثال على ذلك مقولة: «غيِّر أفعالك، تتغير نتائجك». وهذا يتوافق مع كلتا القاعدتين، وهذا صحيح مائة بالمائة. ويعضد صحة هاتين القاعدتين أيضًا القانون الطبيعي للسبب والنتيجة. إن الاستمرار في فعل الشيء نفسه بالطريقة ذاتها مرارًا وتكرارًا لن يغير النتيجة النهائية أبدًا. قال جيمس ألين: «البشر حريصون على تحسين ظروفهم، لكنهم غير مستعدين لتحسين أنفسهم، لذلك يبقون مكبَّلين».

غالبية الناس يأخذون الخطوات نفسها ويتوقعون نتيجة مختلفة. هذه الفرضية غير منطقية، ومع ذلك يتصرف كثير من الناس من دون وعي بهذه الطريقة. للعقلنة (التبرير) دورٌ رئيسي في هذا النشاط المتكرر غير المنطقي. نحن غالبًا ما نعمل على الحفاظ على الوضع الراهن وتحقيق النتائج نفسها، ثم نلوم الآخرين عندما لا تتحقق النتائج المرجوة. هذا هو التبرير كما يفعل الضحايا، إذ يلقون باللوم على الآخرين بسبب أخطائهم هم. ضع في اعتبارك أن الضحايا لا يحققون إمكاناتهم أبدًا. دور الضحية يتحدى المنطق والتطور الذي تستطيع أن تُحققه. نحن المسؤولون الوحيدون عن نتائجنا. وبالمناسبة، عرَّف ألبرت أينشتاين الجنون بأنه فعل الشيء نفسه مرارًا وتكرارًا ثم انتظار نتائج مغايرة.

العقل واتخاذ القرار

للتفكير المنطقي دورٌ كبير في عملية صُنع القرار. يساعدك التفكير المنطقي على اتخاذ قرارات سليمة وذكية. وصُنع القرار هو قدرتك على الاختيار من بين خيارين أو أكثر، سواء كنت مضطرًّا أو تفعل ذلك طوعًا. وببساطة، فإن اتخاذ القرار يتعلق بالاختيار بين بدائل بناءً على الحقائق والمعلومات المتاحة لديك في ذلك الوقت. وبعد أن تحدد اختيارك وتتصرف بناءً عليه، تأتيك نتيجة معينة. ومع تطوير مَلَكتك للتفكير المنطقي، ستتخذ خيارات أفضل وتحقق النتائج المرجوة.

ولكي تتخذ قرارات فعَّالة، من المفيد أن تحدد تفضيلاتك وقيمك جيدًا. إذ بخلاف ذلك سيعترض الشك والقلق عملية اتخاذ القرار، ولن يكون تفكيرك واضحًا ولا أكيدًا في اتخاذ القرار الأفضل.

مدار النمو والتطور هو اتخاذ قرارات أفضل في كل مرَّة. فمن المهم تقييم موقفك واتخاذ قرارك من دون تردد. يُفضَّل أن تتخذ قرارًا سريعًا بناءً على معرفتك الحالية (حتى لو لم تعجبك النتيجة بعد ذلك)، بدلًا من الإحجامِ عن اتخاذ قرار من الأساس. نعم، من الأفضل لك تمامًا أن تتخذ قرارًا وتخفق، عن أن تُحجم عن اتخاذ قرار مطلقًا. فالإخفاق جزء مهم من عملية النمو. أما التردد فهو أحد أسوأ الأعداء المتربصين بنمو الشخصية وتطورها.

لعلك مررت بوقت شعرت فيه بأنك عالق في مكانك لا تدري ما تفعل: أُخبرها أم لا. أسأله أم لا. أفعلها الآن أم الأفضل

غدًا. أستثمر في هذا المجال أم أُحجِم. أُجري المكالمة أم لا. أشتري أم أُحجِم عن الشراء. والقائمة تطول. السبب الرئيسي للإحجام عن الفعل هو «الخوف»، خوفك من عدم تحقيق النتيجة المرجوة. قد تقول: «ماذا لو اتخذتُ قرارًا خطأ؟». حسنًا، إذا كان الأمر كذلك، فاسترخِ واشكر نفسك على اتخاذك قرار تجربة شيء جديد تتعلم منه. فأنت من خلال التجربة والخطأ ستكون لديك مدخلات جديدة للقرارات التي ستتخذها في المستقبل. وإلا فستعود إلى المربع صفر من جديد، لا تملك الخبرة المطلوبة. فلا تحرم نفسك من التجربة الممتازة للإخفاق بإحجامك عن اتخاذ قرار. الخوف ليس اختيارًا، بل هو حالة ذهنية، عاطفة تشل أطرافك. ويمكن التغلب عليه في كل مرَّة بالأمل والإيمان والفهم.

أنا لا أقترح عليك اتخاذ قرارات غير عقلانية، بل أقول إنه بناءً على معرفتك والموقف نفسه، ليس من المعقول فحسب، بل من المهم أيضًا، ارتكاب أخطاء حتى تتعلم وتنمو.

سيكون صُنع القرار دائمًا أسهل من خلال الإجابة عن السؤال: «ماذا أريد حقًّا؟». ويتبقى استجماع شجاعتك التي تحركها إرادتك فتخطو خطوة.

العقل وقانون السبب والنتيجة

«الرجل الضحل يؤمن بالحظ، أما الحكيم والقوي فيؤمن بالسبب والنتيجة» - رالف والدو إمرسون

يمكنك أن تعقلن (تبرر) وقوعَ الأحداث لك بسبب حسن حظك أو سوء حظك، أو تَعقلها فترى أنك أنت السبب وراء ما تحقق من نتائج. اعتقادي هو أنني مسؤول عما حققت من نتائج. قادني هذا الإيمان إلى أن أصبح صاحب عمل ممتاز. اعتدتُ أن أعمل لدى شركة لتصنيع الألياف الضوئية للاتصالات - أتذكُر مديري الثالث؟ - ونظرًا إلى ظروف السوق العالمية وشروطها، طُلب مني بلطف أن أترك منصب مدير المبيعات الدولية. بعد الاستغناء عن خدماتي، عرضت الشركةُ المصنِّعة أن تدعمني دعمًا كاملًا لأكون الموزع لمنتجاتها.

مرت بضعة أسابيع، ولا بد أن أعترف بأنني عانيت كثيرًا! استمر تيار الفواتير متدفقًا كالعادة، ويجب سدادُها. وكان عليَّ المُضي قُدمًا مهما حدث. وقررت أن أبدأ خط تجميع صغيرًا في مرآبي، حيث قمت بتجميع كابلات الألياف الضوئية في موصِّلاتها. اكتشفتُ أن السوق بحاجة إلى منتجات عالية الجودة، ويفضَّل أن تكون محلية الصُّنع، ومخصصة لأنواع وأطوال مختلفة، وتُسلَّم على الفور. كان معظم الموزعين القائمين ينتجون منتجات بأطوال قياسية أساسية. ومن أجل الحصول على الأطوال المختلفة، التي لا تتناسب مع المخزون المتاح، كان على العملاء الانتظار لمدة ثلاثة أسابيع على الأقل. كان عليهم أيضًا دفع الرسوم الإضافية للشحن السريع والتسليم. فبدأتُ في تصنيع «وصلات» الألياف الضوئية محليًّا في المكسيك. وأفخر الآن بأنني أنقل هذا المنتج إلى بلدان مختلفة

في القارة الأمريكية. كان نشاطًا تجاريًّا صحيًّا ومتناميًا مكنني من سداد نفقات كثيرة.

ما الذي جعلني أنجح؟ لقد اكتشفت كيف يمكنني أن أُلبي احتياجات السوق بصورة صحيحة. ثم طلب مني العملاء الراضون عن الخدمة تقديم حلول شاملة، وقمت بتنمية عملي. لقد فكرت أنني يمكنني استخدام العملية نفسها التي استخدمتها مع خط إنتاجي الأول، ثم أضفت منتجات الألياف الضوئية ذات الصلة. تجارتي تحرز تقدمًا أفضل في كل وقت.

قد يوحي البعض بأنني كنت محظوظًا فيما يتعلق بتجربتي في العمل، وقد كان هذا نموذجي الإدراكي القديم وطريقة تفكيري السابقة. غير أنني أعلم الآن أن قانون السبب والنتيجة كان منطبقًا. الحظ يعني الحظ الجيد أو السيِّئ في الحياة الناجم عن المصادفة ويعزى إلى الخرافة. لم يكن للحظ علاقة بالأمر. لقد كان مزيجًا من تفكيري المنطقي، ويقيني بأنني أستطيع النهوض بالأمر، واتخاذي القرارات. بعض القرارات كانت خطأً، لكنها ساعدت على توجيهي إلى مسار جديد، وكانت بعض القرارات صحيحة. فهذه وتلك ساهمت بالتأكيد في نموي الشخصي ونجاحي.

يعتقد البعض أن الحظ يأتي عندما يلتقي الإعدادُ الفرصةَ. وهل يأتي هذا حقًّا عن طريق المصادفة؟ يعرِّف فولتير الحظ بأنه «الآثار المعروفة لأسباب غير معروفة». وورد في فلسفات الشرق: «كل الأشياء التي تحدث يجب أن يكون لها سبب، سواء

كان ماديًّا أو روحيًّا، ولا تَحدث بسبب الحظ أو المصادفة». لا شيء يحدث عن طريق المصادفة، إنما يحدث كل شيء لسبب ما، وكما كتب والاس د. واتلز في كتابه «فن تحصيل الثروة»: «...يُحصِّل الناسُ الثروةَ من خلال فعل أشياء بطريقة معينة». انسَ الحظ.

العقل وعلم الأعصاب

يحلل العلم ويشرح ويحدد كيف يستخدم الناس العقل وآلية الدفاع الخاصة بالعقلنة (التبرير) ليتصرفوا بالطريقة التي يسلكون بها. على الرغم من أنني لن أخوض في الكثير من المعلومات العلمية بشأن سبب تصرفنا كما نفعل، فإنني أشعر أنه من المهم جدًّا فهم كيفية بناء هذه السلوكيات في داخلك.

قرر علم الأعصاب أن المسارات العصبية التي بنيتَها داخل دماغك خلال حياتك تجعلك تفكر وتتصرف بالطريقة التي تتصرف بها (السلوك الشَّرطي). لعلك سمعت مقولة: «الخلايا العصبية التي تشتعل معًا، تترابط معًا». إن الخلايا العصبية هي خلايا دماغية تعمل، بوسائل كهروكيميائية، على نقل ومعالجة جميع المعلومات التي تأتي من حواسك الخمس. يشير مصطلح «تشتعل معًا» (fire together) إلى أن إحدى الخلايا العصبية تُمرر المعلومات إلى أخرى، وهذه تمررها إلى أخرى، وهكذا. ويعني مصطلح «تترابط معًا» أن العمليات العصبية لنقل المعلومات، عندما تتكرر مرارًا، ستبدأ في جعل هذه الترابطات («المشابك» synapses) أقوى، وكما هي الحال مع الأسلاك

الكهربائية القوية فإنها نادرًا ما تنقطع، ولا تُنسى. وعلى هذا النحو تتحدد سلوكياتك المشروطة، سواء سلوكيات الارتقاء أو السلوكيات المقيِّدة - التي يشار إليها أيضًا باسم «العادات». وعندما يتعلق الأمر بالعواطف، فإن هذه الترابطات تصبح أقوى، حتى لو لم تكن تفكر فيها، فتجعلك تتصرف من دون وعي، وتعطيك النتائج نفسها التي تلقيتها في الماضي.

إن فهم هذه العملية هو الخطوة الأولى للتغيير. لماذا؟ لأنك من خلال المعرفة، ستفهم كيف تضعف هذه الترابطات وتنشئ ترابطات أفضل. توجد طريقتان لفعل ذلك: الأولى، أن تتوقف عن التفكير فيها، والثانية، متى ظهرت ذكرى ما، اقلبها على الفور إلى نقيضها. ما عليك سوى إيقاف الذكرى المقيِّدة المتكررة عن طريق تغييرها إلى شيء مختلف تمامًا. على سبيل المثال، إذا كنت تفكر في مدى معاناتك باستمرار لتغطية نفقاتك، ففي كل مرَّة تخطر ببالك هذه الفكرة ابدأ في التفكير في أنك ثري، وانخرط وجدانيًّا مع الفكرة. اخلق المشهد المطلوب في ذهنك لتحقيق ذلك. كلما كررت هذا التمرين، نجحت في إضعاف الفكرة المقيِّدة عن طريق بناء صورة جديدة ومحفزة. مع المثابرة، سيكون هذا هو سلوكك الجديد، وواقعك الجديد في النهاية. يمكنك حتى أن تكتب لنفسك شيكًا بمليون دولار وتخرجه من جيبك، وتشعر بالسعادة في كل مرَّة تخطر ببالك هذه الفكرة السلبية.

الخطوات مهمة للغاية في عملية التغيير. تصرف بصورة مختلفة تمامًا عن الطريقة التي تصرفت بها حتى الآن. غيِّر

توجُّهك! بمجرد تحقيق ذلك، فإن كل ما يتعلق بهذه العادة بعينها أو هذا النموذج الإدراكي سيكون ميسورًا وسهلًا. لهذا، يعجبني أن أقول: «بمجرد أن يحدث الفهم، يسهل العمل». لقد قرأتَ للتوِّ عن قانون السبب والنتيجة، ما يعني أن الأسباب المختلفة ستنتج آثارًا مختلفة. التوجُّه هو السبب ونتائجك هي الآثار. فإذا كنت ترغب في النجاح في الحياة، فابحث باستمرار عن نتائج أفضل من خلال تغيير توجُّهك وفقًا لذلك. أعد توجيه مسارات العقلنة (التبرير) لتكونَ مساراتِ تفكيرٍ منطقي مناسب. أعِد ربط مسارات الإدمان على القلق والشك والخوف بمساراتِ الثقة بالنفس والأمل والإيمان والشجاعة. ستستعيد دائمًا ما تستثمره في الحياة. إن الأمر شبيه بصدى الصوت في كهف، فما تصرخ به سيرتد إليك دائمًا. وعندما يكون أداؤك أفضل، تعيد إليك الحياة نتائجَ أفضل. الحياة هي مرآة أفكارنا. قال جيمس ألين: «البيئة ليست سوى مرآتنا». وعند التعبير عن فكرةٍ فإن «الذهن هو القوة الرئيسية التي تُشكِّل وتَصنع».

أنت لست أسير توجُّهك، لست مقيَّدًا به طوال فترة وجودك. كونك على قيد الحياة، ولديك إمكانية الوصول إلى المعلومات الواردة في هذا الكتاب، فرصة هائلة لتغيير توجُّهك وإعادة هيكلته. ربما اكتشفتَ بالفعل أن أول شيء تريد تغييره هو توجُّهك، نجمتك الخماسية (راجع الرسم السابق). أولًا، غيِّر طريقة تفكيرك، ثم الطريقة التي تشعر بها، ثم الطريقة التي تتصرف بها. أنت تخلق عادات جديدة، وهي ستخلق في النهاية

الشخصيةَ الجديدة والحياةَ الناجحة التي تريدها. يمكنك بناء مستقبل أفضل بمجموعة أفكارك الجديدة.

يرى علم الأعصاب أن الدماغ هو انعكاسٌ لبيئتك. فأنت تأخذ المعلومات من البيئة عن طريق حواسك الجسدية، وهذه المعلومات تصبح أفكارك. لن تكون قادرًا أبدًا على التفكير خارج بيئتك لخلق ما تريده إلا إذا استخدمتَ مَلَكاتك الذهنية لتكوين أفكار مختلفة.

على سبيل المثال، لنفترض أنك تريد التخلص من بعض دهون الجسم الزائدة. في كل مرَّة ترى نفسك في المرآة وتفكر في وزنك الزائد، أنت «تُشعل وتوصِّل» تلك الروابط العصبية الخاصة بمظهر جسمك. قد لا تتمكن من التوقف عن النظر إلى صورتك في المرآة، ولكن ما يمكنك فعله هو الآتي:

- على الفور، ولأكبر عدد ممكن من المرات، «تخيَّل» الهيئة الجسدية التي تريدها حقًّا، وسوف تتكون خلايا عصبية جديدة في دماغك بهذه الصورة، التي ستزداد قوة من خلال «تكرار» هذه «الفكرة».
- في كل مرَّة تخطر ببالك فكرة «الوزن الزائد»، «أكِّد» لنفسك أنك منخرط في عملية تهدف إلى تحقيق هذه الهيئة الجسدية، وتخيَّل مرَّة أخرى تلك الهيئة المثالية. سيؤدي هذا باستمرار إلى «إشعال وتوصيل» خلايا الدماغ (الخلايا العصبية المنشأة حديثًا، مما يجعلها أقوى. ابدأ أيضًا في تغيير الألفاظ التي تستخدمها بحيث لا تتحدث عن «فقدان» (losing)

الوزن لأنك مبرمج على العثور على ما تَفقِد. وبدلًا من ذلك تحدث عن «تحرير» (releasing) الوزن.

ولعلك تسأل: هل هذا هو كل ما عليَّ فعله؟ لا، بالتأكيد. توجد بضع خطوات أخرى ضرورية:

- «تصرَّف» بما يتماشى مع هذه الأفكار الجديدة. كُن متسقًا مع ذاتك. كيف؟ تناول طعامًا صحيًّا، وزِد معدل الأيض بممارسة الأنشطة البدنية (على سبيل المثال، اصعد السلم بدلًا من ركوب المصعد)، أو مارِس التمارين الرياضية، أو ابدأ المشي كل يوم، أو العدو، أو اليوغا، أو السباحة، أو أي نشاط بدني يرضيك أكثر. حرِّك جسمك!
- في أثناء تناولك الطعام الصحي أو ممارسة نشاطك البدني بانتظام، تخيَّل هيئتك الجسدية المثالية.
- اتخذ قرارات مُقدمًا. إذا كنت تعلم أن تناول هذه القطع الإضافية من الخبز أو الكيك أو أي طعام آخر هو مما أخبرك طبيبك أو مدرب التغذية بألا تتناوله، فألزِم نفسَك سابقًا بأن تناول أطعمة غير صحية ليس خيارًا ضمن اختياراتك أصلًا. وهكذا في المرَّة المقبلة التي تُصادف هذه الأنواع، ستكون قد قررتَ بالفعل أنك لن تأكلها. انتهى.
- اكتشف المزيد عن طريق الخبراء في هذا المجال: ما الذي تستبدله عاطفيًّا في حياتك عندما تتناول الطعام غير الصحي؟ إذا لم يكن اضطرابًا جسديًّا، فقد يكون اضطرابًا عاطفيًّا. سيساعدك تعلم الإجابات على فهم ما إذا كان هذا الوزن

الزائد مجرد عادة سيئة يسهل استبدالها، أو إذا كان هناك شيء أعمق يحدث بداخلك. وتذكَّر، «بمجرد أن يحدث الفهم، يسهل العمل».

- اقضِ وقتًا مع الأشخاص الذين يعيشون نمط حياة صحيًّا، والذين يتبعون عادات غذائية صحية، ويدمجون النشاط البدني في روتينهم اليومي.

يُرجى ملاحظة أنني لا أحاول أن أخبرك بعدم أكل أو شرب شيء، ما لم يخبرك طبيبك أو مدرب التغذية بذلك، ولكن عندما تتسامح في أكل شيء، كُن مدركًا لقرارك والتزم الاعتدال. استمتع بمكافأة نفسك على استمرارك في المسار الصحيح وصولًا إلى هدفك المنشود.

دعنا نناقش استراتيجيات لكسر تلك المسارات السلبية التي قد تكون لديك بشأن المال. ستكون الخطوات هي نفسها المذكورة أعلاه، ولكن مع بعض الاختلافات الطفيفة:

- في كل مرَّة ترى نفسك في موقف مالي ضاغط ومسبب للتوتر، تخيَّل البيئة المالية التي تريدها. ركِّز على الحصول على مركز مالي أفضل. ستبدأ فورًا في «إشعال وتوصيل الروابط» لإنشاء تلك الروابط العصبية الخاصة بحقيقتك الجديدة.
- اكتب تفاصيل وضعك المالي الجديد. سيؤدي ذلك إلى إعادة تنشيط الخلايا العصبية التي أُنشئت حديثًا في دماغك، والتي ستصبح أقوى عن طريق تكرار إعادة القراءة. احمل

نسخة منها معك في جيبك، لتكون في متناول يدك، وتذكِّرك بالوضع المالي الذي تريده.

- في كل مرَّة تخطر ببالك فكرة «التوتر المالي»، أكِّد لنفسك أنك بصدد تحقيق هذا الوضع المالي الجديد، وتخيَّل مرة أخرى وضعك المالي المثالي.
- انتبه للإشارات التي تبدأ في «الظهور» في حياتك، مثل الأشخاص الجدد والمواقف الجديدة التي تصادفك. وانتبه للفرص الجديدة التي ستتيحها لك وظيفتك أو عملك الفعلي الحالي. ستمنحك هذه الإشارات أفكارًا لم تكن على دراية بها من قبل.
- تصرَّف بما يتماشى مع وضعك الحالي. يجب أن تكون متوافقًا جسديًّا مع وضعك المالي الفعلي. كيف؟ حسنًا، على الرغم من أنك تُنشئ مسارات عصبية جديدة من خلال أفكار جديدة، فإنه يجب عليك تقييم أموالك في الوقت نفسه. على سبيل المثال، ضع خطة لتحرر نفسك من الديون بأسرع وقت إن كانت هذه هي حالتك. من شأن هذه الخطوة أن تساعد أفكارك، لأنك الآن بصدد تحقيق بيئتك المالية الجديدة. للوصول إلى قمة السلم، يجب أن تصعد الدرجة الأولى، أليس كذلك؟ لا تنطلق لشراء سيارة جديدة لمجرد أنك خلقت صورة جديدة للثروة. كُن عقلانيًّا. ومع ذلك، اعرض ما ترغب فيه على شاشة ذهنك مرات عديدة قدر الإمكان (لا بأس إن ذهبت لتجلس في سيارة أحلامك لتتعرف إلى رائحة وملمس مستقبلك المالي الجديد).

- اكتشف هدفك في الحياة. افهم قدراتك الطبيعية، سواء الفكرية أو الجسدية. عززها. اكتشف كيف يمكنها أن تمنحك حياة مالية أفضل. على الأرجح بدرجة كبيرة، ستكون هذه القدرات متناغمة مع أكثر الأشياء التي تحب فعلها، شغفك وهدفك في الحياة. عندما تتصرف وفقًا لما تمليه، فإنها ستجلب لك السعادة، وستمنحك، في وقت مناسب، المواردَ المالية المطلوبة لتعيش حياةً كاملة ومُرضية. إذا كانت هذه المواهب لا تمنحك الموارد المالية المطلوبة، فابتكر مصادر أخرى للدخل. يمكنك فعل ذلك بالتأكيد. تقديم الخدمات إلى أشخاص آخرين يتناسب تناسبًا مباشرًا مع المكاسب: فالمزيد من الخدمات يعني المزيد من المكاسب.
- ادرس وتعلَّم واكتسب المعرفة باستمرار طوال حياتك الجديدة. اجعل التعلُّم عادةً. الشخص الذي لا يقرأ ليس أفضل من الشخص الذي لا يعرف القراءة.
- كُن مثابرًا وصبورًا. يريد معظمنا البدء في تكوين هذه الذهنية الجديدة والعيش وفقًا لها ونصبح أغنياء في غضون بضعة أشهر. بقدر ما أود أن أخبرك أنه يمكنك القيام بذلك بسرعة، فإنني أقول لك إنه سيستغرق بعض الوقت. انظر إلى الوقت الذي قضيتَه وأنت تفكر بذهنية مغايرة؟ لذا، عليك بالصبر والمثابرة. لقد أمضى خالي فرناندو عشر سنوات يشتري تذاكر اليانصيب بلا كلل أو ملل، حتى ربحها أخيرًا وحقق حرية مالية كبيرة. كان يعمل في وظيفة منتظمة طوال

هذا الوقت. كم من الوقت يحتاج الحلم ليتشكل في واقع ملموس؟ وحدهم الذين لديهم إصرار وإيمان واستعداد مَن يعرفون الإجابة.

- ابذل قصارى جهدك دائمًا في كل نشاط تقوم به. درِّب نفسك على بذل أقصى جهد في كل مرَّة. سيبني هذا السلوك العادةَ المطلوبة (المسار العصبي) اللازمة للإنجاز. والثمرة التي تحصل عليها متناسبة تناسبًا مباشرًا مع قدراتك.
- اتخذ قرارات مقدمًا. إذا كنت تعلم أن مشاهدة التلفزيون لن تساعدك على النمو والتطور، فاتخذ مقدمًا قرارًا بعدم إضاعة وقتك في هذا النشاط، أو في أي نشاط آخر يبعدك عن المسار الصحيح.
- عندما تكون في العمل، فكِّر واشعر وتصرف بانسجام مع الأخلاقيات والنزاهة. تصرف وفقًا للقواعد، واعلم أنك عاجلًا أم آجلًا ستحصد، بلا شك، ما تزرع.
- اكتشف أفكارك السائدة بشأن المال. افهم كيف يفكر أقاربك وأصدقاؤك بشأن المال. هل يعتقدون أن كسب المال صعب، أو أنه مورد نادر، أم أنه مخصص للمتميزين؟ من خلال القيام بذلك، سوف تكتشف بسهولة كيف يبرمج ذهنك اللاواعي. وكما قلت من قبل: «بمجرد أن يحدث الفهم، يسهل العمل».
- صاحِب الأشخاص الذين لديهم أفكار وفيرة بشأن المال باعتباره جزءًا من سلوكهم المعتاد.

يمكنك استخدام نهج مماثل للقضاء على أي سلوك شَرطي سلبي. يمكنني تلخيصه في خطوتين عامتين:

1. فكر باستمرار في الصورة الجديدة لما تريد تغييره في حياتك، واتخذ خطوات منضبطة ومستمرة للوصول إلى هذا الهدف تدريجيًّا. يمكنك البدء في إنشاء مساراتك العصبية الجديدة اليوم! سيكون الأمر متروكًا لك ومعتمدًا عليك دائمًا، ولا أحد غيرك. ستهمس لك أفكارك التبريرية قائلة: «يمكنك أن تبدأ غدًا، فاليوم ليس مناسبًا». لحُسن الحظ، يمكنك تغيير هذا التفكير التبريري المنطبع على خلايا جسمك، عن طريق خلق أفكار جديدة ومعقولة في ذهنك الواعي. سيؤدي ذلك إلى إضعاف التأقلم الشَّرطي القديم، مما يسمح لك بالنمو.
2. ابدأ على الفور. تذكَّر أن نقطة البداية لكل شيء هي الفكرة.

عادةً ما تتطور قدرتك على التفكير المنطقي في سن الخامسة والعشرين. في أثناء سنوات المراهقة، أنت تطور قدرتك على التفكير من خلال التجربة والخطأ. وبحلول منتصف الثلاثينيات من عمرك، تترسخ هويتك وشخصيتك. وعادةً عند هذه السن، تتوقف عن التعلُّم، لأنك قد صارت لديك برمجة. أعصابك مصممة لتكون على ما أنت عليه. لقد خَلقتَ نطاق الركون إلى الراحة لنفسك ولمشاعرك أيضًا. فإذا جعلك شيء ما تشعر بشعور مختلف، فمن المرجح أن ترفضه، لأن لديك برامج محددة بالفعل ولا يوجد سوى حيز محدود للمجهول أو لا مكان له على الإطلاق. لكن اعلم أنه يمكنك تغيير ذلك.

ستسمح مرونة الدماغ بذلك. يمكنك دائمًا إعادة تشكيل أنماطك السلوكية المقيِّدة القديمة لتصبح أفكارًا واعتقادات جديدة في خدمتك. دائمًا!

لقد أثبت علم الأعصاب أنه في كل مرَّة تفكر فيها، تقوم بإنتاج مادة كيميائية وهذا ينتج المشاعر. لذلك، فكيفما تشعر، ستفكر، وكيفما تفكر، ستشعر. تنتج هذه العملية مزيدًا من المواد الكيميائية، لذلك عندما تفكر بالطريقة نفسها التي تفكر بها دائمًا، فإنك تنتج مزيدًا من المواد الكيميائية نفسها. وعلى ذلك، فأنت تشعر بالشعور نفسه الذي تشعر به دائمًا. مشاعرك تخلق توجُّهك وفي النهاية تنتج أفعالك ونتائجك. بعد أن يكون سلوكك متكررًا دائمًا، على سبيل المثال شعورك بالقلق لسنوات عديدة، سوف تؤقلم جسمك ومن ثَمَّ يؤقلم جسمُك عقلَك! كيف؟ ترسل الخلايا المدربة أو المدمنة في الجسم رسالةً إلى الدماغ عبر النخاع الشوكي لكي يفكر بالطريقة التي كان يفكر بها دائمًا في الماضي، فينتج الدماغ مرَّة أخرى المواد الكيميائية التي تحتاج إليها الخلايا المدمنة.

تطلق ردود أفعالك العاطفية مواد كيميائية مثل الدوبامين والسيروتونين على سبيل المثال لا الحصر. إذا استمرت المشاعر نفسها في الظهور، فإنها تصبح في النهاية جزءًا من شخصيتك. تُسمى هذه المواد الكيميائية «الناقلات العصبية». يؤدي استمرار إنتاج هذه المواد الكيميائية العصبية واستخدامها، إلى توجيه طريقة تفكيرك. يختلف إدراكك للواقع عن إدراك الآخرين لأن

لديك تجارب فريدة أنتجت مواد كيميائية مختلفة. هل سبق لك أن قابلت كبار السن الذين ليس لديهم ما يدعوهم للقلق لكنهم قلقون على أي حال؟ هم قلقون لأنهم تأقلموا كيميائيًّا على القلق. فخلاياهم تتوق إلى تلك المواد الكيميائية التي تغذت عليها خلال سنوات عديدة من القلق. تُطلَق المواد الكيميائية الناتجة عن القلق باستمرار، لذلك سيكون القلق حاضرًا دائمًا ما لم يحدث تغيير كبير.

توجد طريقتان فقط لتغيير المسارات العصبية القوية للأفكار والمشاعر التي توجه حياتنا: إما حدث ذو تأثير عاطفي شديد، مثل الموت أو الطلاق، وإما تكرار الأفكار التي تعارض هذه المسارات العصبية. والتكرار أحد أهم مبادئ التعلُّم، وهذا التكرار يجب أن يكون مشحونًا بالجرعة المناسبة من المشاعر الحقيقية حتى يبدأ تغيير فعَّال ودائم في السلوك. يحدث التعلُّم عند تكوين روابط عصبية جديدة. بمجرد أن تفهم كيف تغيَّر تفكيرك، سيكون طريقك أسهل، وستتحرر فتخلق حياة أفضل.

العقل والتفكير السلبي

هل سبق لك أن توقفت قليلًا للتفكير في سبب نقل التلفزيون أو الراديو أو أي وسيط إعلامي آخر الأخبارَ السيئة؟ لأنها جذابة للغاية! من الطبيعي جدًّا بالنسبة إلى البشر أن يركزوا على الأحداث السلبية أكثر من تركيزهم على الأحداث الإيجابية، لأننا لدينا كتلة من الخلايا العصبية على شكل لوزة في الدماغ تُسمى «اللوزة»، تعالج الذاكرة والعاطفة. عندما

نمر بحدث أو موقف ذي شحنة عاطفية، تحسب اللوزة أهمية الحدث العاطفية، وتستكشف أي شيء قد يهددنا. هذه آلية دفاع مدمجة وحيوية ومذهلة للغاية، لأنها تتيح لنا معرفة أي شيء يحتمل أن يكون ضارًّا لنا، وعلى ذلك يمكننا اتخاذ الإجراءات المطلوبة لحماية أنفسنا والنجاة. غير أن عيب رد الفعل الغريزي القائم على الخوف هو أننا عندما نركز على السلبي، فإنه يَحُولُ بيننا وبين رؤية الإيجابي. لذلك، عندما نسمع عن الانكماش الاقتصادي، أو الاضطرابات في أجزاء أخرى من العالم، فإننا نولي اهتمامنا للنبأ، وإذا لم نكن على وعي فإن هذه الطاقة السلبية من المصادر الخارجية يمكن أن تكون عاملًا مساهمًا رئيسيًّا في أفكارنا اليومية وعادات تفكيرنا.

تجاربنا، سواء كانت جيدة أو سيئة، تصنع ذكرياتنا. في كل مرَّة يبدو فيها شيء مثل تجربة سابقة سلبية، فإننا نتجنبه بالغريزة. تعالج اللوزة الوضع المشحون بالسالب، فنتخذ خطوات بناءً على الخوف. وفي أسوأ السيناريوهات نتجمد. ومع أن غريزة الخوف أمر طبيعي (بل في بعض الحالات يمكن أن تحمي حياتك)، فإن معظم الخوف الذي نشعر به هو فهم خطأ. فهو قائم على نماذجنا الإدراكية المقيِّدة. سيساعدك تطوير مَلَكة التفكير المنطقي على تحديد ما إذا كان خوفك قائمًا على اعتقاد مقيِّد يعوق نموك الشخصي. عندما تدرك نماذجك الإدراكية المقيِّدة وتعمل على تفكيكها، ستبدأ في الاستجابة للمواقف بدلًا من رد الفعل إزاءها، وستحقق نموًّا مضاعفًا!

أهمية العقل في التعليم

تدرَّب معظمنا على اتباع نهج معين في التعليم. إذا كنت مثلي أنا، فقد تعلمت أن النجاح يأتي من طريق الالتحاق بالجامعة وربما التخصص في مجال معين. علَّمك والداك ومقدمو الرعاية والمعلمون أفضل طريقة عرفوها بناءً على تربيتهم. ضع في اعتبارك هذا: ماذا عن استخدام مَلَكة التفكير، ومساءلة الطريقة التي نشأتَ بها؟ هل كانت الطريقة الصحيحة المناسبة لك؟ هل تنفعك اليوم في مساعدتك للوصول إلى أهدافك ورغباتك؟

لقد ولدتُ وترعرعت في عائلة متدينة نموذجية في الستينيات. كنتُ السادس من بين تسعة أطفال، ونشأت على الاعتقاد بأن الرجل يجب أن يخرج للعمل ويحضر المال إلى البيت، بينما تبقى المرأة في المنزل لتتولى الأعمال المنزلية وشؤون الأسرة. ومنذ سن المراهقة، لم يعجبني أن تكون والدتي خادمة أسرتنا. في بعض الأحيان كان من الواضح لي أنها تأسف لذلك، ولكن هذه كانت الطريقة التي تعلمتْ بها وقَبلتْ دورَها الاجتماعي. ومع ذلك، كان في عمق أعماقها شيء أخبرها أن هذه ليست طريقة للعيش. لا شعوريًّا، كنت أعرف أنني لا أريد زوجة مثل والدتي. ومع ذلك، توقعتُ، كرجل «تربيت» على هذا النحو، أن «أُخدَم» مثل والدي.

ووجدتُ فتاة أحلامي. كانت عائلتها مشابهة جدًّا لعائلتي من حيث الأدوار العائلية. قدَّم والدها الدعم المالي للأسرة بينما كانت والدتها تعتني بالمنزل وتعتني بالأسرة. بعد أن تزوجنا،

تولى كلانا أدوارًا تقليدية، فكنتُ عائل الأسرة وهي سيدة البيت وراعية الأسرة. هل يمكنك أن ترى كيف كان التاريخ يعيد نفسه؟ بدأت زوجتي تغضب من القيود المفروضة عليها في إطار دورها كراعية ومدبرة للمنزل. من ناحية أخرى، بوصفي العائل لها والمستفيد من خدماتها، كنت أشعر بالراحة والرضا بناءً على تربية عائلتي لي. وهي تطورتْ وتمردتْ على هذه الأدوار التي تسببت في توتر ومشكلات في زواجنا وعائلتنا.

انتهت المعركة عندما قالت: «...ولأن كلًّا منا تعلَّم وتربى بهذه الطريقة، فهذا يعني أنك ليس لديك ذهن من صُنعك أنت. فلتستخدم عقلك للتفكير في كيف يجب أن تسير الأمور، وكيف تريد حقًّا أن ننمو معًا!». كان هذا هو بيت القصيد.

أصاب حديثها الهدف تمامًا. وانتهت معارك الأدوار العائلية. اتصل تفكيرها بذهني هنا، ولا بد أن أخبركم كم أنا ممتن لأنني استجبت لها. نحن الآن نتمتع بحياتنا كزوجين على مسار النمو والتطور الفردي نفسه، حيث يساعد أحدنا الآخر لتحقيق أهدافنا ورغباتنا الشخصية.

لقد فعلنا جميعًا شيئًا ما في حياتنا لأن شخصًا ما طلب منا فعله، أو لأننا قرأنا عنه في كتاب، ولكن إذا لم نتساءل عما نسمع ونقرأ فإننا لا نستخدم مَلَكة التفكير التي وُهبنا بأعلى إمكاناتها. ستجد أنه من المفيد توظيف العقل في جميع المواقف. تخيَّل لو أن استخدام مَلَكة التفكير المنطقي دُرِّس للأطفال في المدرسة، وعززه الأهل في المنزل بعقلية متفتحة. ستساعد هذه المَلَكة

الأطفالَ على تعلُّم الفرق الهائل بين التفكير المنطقي والعقلنة، كما أنها ستشجع الأطفال على طرح الأسئلة التي من شأنها توسيع آفاقهم ومساعدتهم على النمو ليصبحوا أفرادًا يتطلعون إلى المستقبل ويكونون هم قادة الغد.

العقل والمَلَكات الأخرى

تؤثر عملية التفكير المنطقي على إرادتنا وإدراكنا وذاكرتنا وخيالنا وحدسنا ومن ثَمَّ على وعينا. ستمنحك هذه المفاتيح، من دون أدنى شك، الحرية في خلق وتحقيق أي شيء يمكن لذهنك أن يتخيله بشكل إيجابي. يجب أن تعمل مَلَكاتك الفكرية معًا، وكذلك بصورة مستقلة، لتحقيق كل ما تريده في الحياة بنجاح في أقصر فترة زمنية.

إرادتك هي المحرك الأمثل لتعزيز إصرارك على الإنجاز. بمجرد اتخاذك قرارًا، واختيارك خطوة ما تخطوها، فإن إرادتك ترسم لك الاتجاه، فانطلق!

الإدراك هو القدرة على تشكيل وجهة نظر تفضي إلى النجاح. سيساعدك العقل على فهم وجهات نظر الآخرين، وستساعدك قدرتك على فهم وجهات النظر الأخرى للتفكير خارج الصندوق، خارج صندوق أفكارك، من خلال تحليل الصورة الأكبر لموقف معين.

عندما تكون قادرًا على تذكُّر نجاحاتك السابقة سيتيح لك ذلك التفكير بطريقة تحقق لك مزيدًا من النجاح. إن اختيارك استدعاء ذكرياتك الطيبة سيضعك في أفضل حالة وجدانية وتوجُّه

عاطفي للاستمرار في المُضي قُدمًا وتحقيق كل ما تريده. هذه الحالة في حدٍّ ذاتها ستمنحك الثقة والتفاؤل اللازمين للإنجاز والتطور. تذكَّر أن الاختيار مَلَكة من مَلَكات التفكير المنطقي لدينا.

والخيال هو الخطوة الأولى للخلق. بمجرد أن تفهم وتتعلم منح خيالك الحرية، وتتابع هذه العملية الذهنية بتفكير منطقي فعَّال، يمكنك إعطاء شكل لكل ما تريده في الحياة. هذا النهج ينجح في كل شيء، من الصحة إلى العلاقات الشخصية الناجحة، ومن المال الكافي إلى أي مستوى من الثراء تريده.

وغالبًا ما يتقاطع صوت العقل وهمس الحدس. حدسك هو الهداية الروحية الآتية من داخلك، وسوف يتدفق حدسك بسهولة بمجرد أن يفسح منطقك المجال له، فالمنطق وظيفة من وظائف مَلَكة التفكير.

يجب أن تتفاعل كل هذه المَلَكات معًا، ولكن على نحو مستقل، لتصل إلى حيث تريد أن تحقق ما تريده في الحياة. في أثناء تطوير كل مَلَكة، ستصل إلى مستويات أعلى من الوعي.

«تخيَّل» نفسك دائمًا منصتًا إلى «حدسك»، ذا قدرة على «إدراك» الوفرة، و«تفكَّر» بفاعلية، وتوجِّه «إرادتك» صوب أعلى إنجازاتك المرجوة، وتخلق أفضل «الذكريات» للوصول إلى وعي مستنير.

ملخص

يمكن تطوير مَلَكة التفكير المنطقي، تمامًا مثل أيٍّ من المَلَكات الفكرية الأخرى. وقد وُضع كثير من المفاهيم والأفكار

المتعلِّقة بالعقل حتى تتمكن من فهم وتعلُّم كيفية تنمية وتطوير هذه المَلَكة الأساسية. وفيما يلي ملخص لتلك المفاهيم والأفكار:

- ارصد العقلنة (التبرير). تذكَّر أن التبرير هو آلية للدفاع عن النفس، وسيجعلك تشعر بالراحة والرضا، لكنه لن يصل بك إلى أي مكان.
- اخرج من نطاق الركون إلى الراحة! سيعطيك فهم وجهات نظر الآخرين تجربة تعليمية رائعة في كيفية توسيع قدرتك على التفكير المنطقي. لا أقول إنه يجب عليك قبول أي وجهة نظر أخرى إذا كنت تعتقد أنها غير مناسبة، ولكن عملية الفهم الأساسية ستوسع أفقك وقدرتك على التفكير. اسأل نفسك: ما منشأ تفكيره/ تفكيرها؟ انظر دائمًا إلى المشكلة من زوايا مختلفة.
- راقب قدر الإمكان في كل موقف.
- تساءل بشأن كل شيء. لا تأخذ أي أفكارٍ مسلماتٍ - لا أفكارك ولا أفكار شخص آخر. حلل لتعرف ما إذا كانت الأفكار التي لديك تخص شخصًا آخر أو تخصك أنت حقًّا، سواء كانت أفكارًا تقيِّدك أو ستجعلك تنمو. مارِس وطبِّق. استخدم أسلوب التجربة والخطأ. لا توجد أخطاء، فقط دروس.
- اسأل نفسك دائمًا «لماذا»، حتى تفهم تفكيرك.
- كُن مثابرًا. يجب أن تواظب على تغيير السلوكيات والنماذج المقيِّدة والشَّرطية. تصوغ النماذجُ الإدراكية منطقَك وتتحكم

فيه، ومن ثَمَّ في تفكيرك. وأنت تريد نماذج إدراكية إيجابية للتحكم في منطقك لتكون قادرًا على التفكير بشكل فعَّال.

- اكتسب المعرفة وافهم وطبِّق. المعرفة أداة رائعة لتطوير عقلك والمَلَكات الفكرية الأخرى. من المؤكد أنك سمعت عبارة «الحقيقة ستحررك» - لكن تحررنا من ماذا؟ من جهلنا. لكي تجد الحقيقة عليك أن تعرف، ولكي تعرف عليك أن تتعلم. كُن طالبًا مدى الحياة.
- اختر أحد اعتقاداتك المقيِّدة وتناوله بالتحليل تحليلًا عميقًا. كيف هي صحتك وعلاقاتك الشخصية وأموالك؟ حلِّل كيف وماذا وأين ومتى ولماذا ترسَّخ هذا الاعتقاد في ذهنك. غيِّره من خلال المنطق والخطوات. حوِّل السيِّئ إلى جيد، والجيد إلى الأفضل.

من الممكن والمهم والمعقول أن نجعل مسار نمونا سهلًا وميسورًا في أثناء الاستمتاع، ولكن احذر من التبرير لأنه سيجعلك أيضًا تشعر بالرضا.

> «الشيء المهم هو عدم التوقف عن المساءلة.
> فللفضول علته الخاصة في الحياة» - ألبرت أينشتاين

أليخاندرو توريس ماركو، المكسيك

الفصل الخامس

إدراكك

مفتاح التحرر من الظروف والمواقف والأحداث

بقلم: فيكتوريا لازاروفا

«الظرف لا يصنع الإنسان، بل يُظهره أمام نفسه».

- جيمس ألين، «كما يفكر الإنسان»

في طفولتي كنت أندهش دائمًا عندما أسمع شخصين بالغين يناقشان الأفكار، وأحيانًا يتشاجران بسببها في محاولة لإثبات من منهما على حق. فأحدهما يرى المسألة من وجهة نظر معينة، والآخر يراها من وجهة نظر مختلفة. وقد أمضيا وقتًا طويلًا في محاولة إثبات وجهتي نظرهما، ومن منهما كان على حق. تساءلتُ كيف من الممكن أن تتعارض وجهات النظر على هذا النحو؟

سألت والدي عن هذا الأمر عندما كان عمري عشر سنوات تقريبًا: «لِمَ يرى الناس الأشياء على نحو مختلف؟ كيف أعرف من هو على حق؟ أين الحقيقة؟». فأجاب ببساطة: «فيكتوريا، يرى الناس ما يعتقدون أنهم يرونه. إذا كنتِ تعتقدين أن شخصًا ما مهذب، فسترين دائمًا الخير فيه، وهذا هو ما ستحصلين عليه من ذلك الشخص». سألته: «إذن كيف أعرف الحقيقة؟ وإلى من يجب أن أستمع؟». فأجاب والدي: «استمعي إلى الأكثر معرفة. استمعي إلى الأكثر حكمة. استمعي إلى قلبك. في قلبك حكمة أكثر من معظم الآراء في العالم. عندما تتحدثين مع قلبك كصديق تثقين به، ستجدين كل الخير والحكمة، وستعرفين الحقيقة».

مرت سنوات وتشكلت حياتي من خلال تجاربي الفريدة. بدأت في تكوين اعتقاداتي الخاصة عن الحياة. وبقيت فضولية وواصلت طرح الأسئلة: «ما الصواب؟»، «ولماذا أصدق صحة ما أعتقد؟». اكتشفت أننا نعثر على أدلتنا في العالم كي تناسب اعتقاداتنا. وإلا فكيف نؤمن بعالمنا؟ كيف يمكننا أن نعيش في عالم نخلقه من دون دليل يؤكد اعتقاداتنا؟ نستخدم اعتقاداتنا كي نشعر بالأمان والتحكم في بيئاتنا، ولمعرفة مكاننا في العالم.

لطالما كنت مهتمة بمجالَي الإمكانات البشرية والتطور الشخصي. لهذا السبب، بعد مسيرة مهنية ناجحة دامت خمسة عشر عامًا في عالم الشركات، قررتُ تكريس حياتي لشغفي، وهو ما أفعله بشكل طبيعي بسهولة وسعادة: مساعدة الناس على التطور. أشعر أن هدفي الحقيقي هو مساعدة الآخرين في الكشف عن ذواتهم المثالية. كانت هذه القدرة دائمًا هي هبتي الطبيعية. فأنا أستمتع بفعل ذلك، وممتنة لأنني وُهبت القدرة على فهم الآخرين بجوهرهم الحقيقي وعظمتهم. واليوم، أستمتع بحياتي لأنني أساعد الآخرين على رؤية أنفسهم كما قُدِّر لهم حقًّا أن يكونوا. عندما أرى شخصًا ما، أعرف في أعماقي أن هذا الشخص قادر على فعل أشياء مذهلة، كما أعلم في أعماق قلبي أنك قادر على فعل أشياء رائعة. إن أكبر تحول شهدته في أثناء تطوير قدرتي على التفكير وصقل إدراكي، هو أنني يمكنني اليوم العثور على دليل على العظمة، بدلًا من العثور على أدلة للانتقاد. أساعد الناس في التركيز على الصالح داخل أنفسهم،

بدلًا من محاولة تغيير ما يدركونه بوصفه «خطأ» في أنفسهم أو في الآخرين. هذا تطور حقيقي، وأريد أن أشاركك تجربتي حتى تتمكن أنت أيضًا من إتقان مَلَكة الإدراك لديك.

لماذا نحتاج إلى دراسة إدراكنا وتطويره

نحن محكومون بالعيش وفقًا لبيئاتنا. ويترك غالبيتنا الظروف الخارجية تؤثر على نوعية حياتهم، ويسمحون لإدراكهم بتحديد من يكونون. لقد شكلنا آراء، ولدينا أدلة على دقة آرائنا، ونتصرف على أساسها. وتعكس أفعالنا كيف ندرك أنفسنا والعالم من حولنا. لكننا نقع في فخ. فرؤية الأشياء من دون فهم تؤدي إلى خلق المزيد من الشيء الذي نحيا فيه بالفعل. من الأمثلة على هذا التفكير الاعتيادي عبارات من قبيل: «ليس لديَّ حياة اجتماعية. من الصعب بالنسبة إليَّ التعرف إلى أشخاص جُدد. عندما أجد نفسي بين أشخاص آخرين لا أعقد صلات جديدة لأنني أفتقر إلى المهارات الاجتماعية». هذا المثال يوضح كيف يحدد إدراكُنا تجاربَنا بحيث تصبح وجهةُ نظرنا الفريدة واقعَنا.

ونظرًا إلى أننا نطعن في العديد من اعتقاداتك المثبِّطة لهمتك ووجهاتِ نظرك حول حياتك، فأنا أريدك أن تفكر في منظورك الحالي بشأن ظروف حياتك التي تحد من تطورك. هذه الاعتقادات المقيِّدة لا تفعل شيئًا عادةً سوى منعك من فعل ما تريد أو الحصول عليه. أحد الاقتباسات المفضلة لديَّ جاء في كتاب «فكِّر تصبح غنيًّا» لنابليون هيل، إذ يقول:

«من قال إنه لا يمكن القيام بذلك، وما الانتصارات العظيمة التي حققها ذلك الشخص في رصيده التي تؤهله للحكم على الآخرين بكل هذه الدقة؟».

ثم أتذكر ما قاله لي والدي: «فيكتوريا، يرى الناس ما يعتقدون أنهم يرونه». نحن نرى ما يمكننا أن نعتقده بشأن ظروفنا في الحياة - وسوف نظل دائمًا مقيَّدين بظروفنا والعالم الخارجي إلى أن نفهم لِمَ نرى العالم بهذه الطريقة، ونستكشف أذهاننا بطريقة مختلفة.

ما الإدراك؟

الإدراك هو المَلَكة الفكرية التي تمكننا من جمع المعلومات من العالم الخارجي من خلال حواسنا الجسدية الخمس، وهي النظر والسمع والتذوق والشم واللمس. يعالج الإدراك هذه المعلومات فتتكون في صورة رأي أو وجهة نظر. وبناءً على إدراكك الحقائق فأنت تتفاعل مع العالم الخارجي.

يشكِّل إدراكك وجهةَ نظرك عن نفسك والعالم من حولك. إنه مفتاح بابين: باب الوفرة والتحرر، وباب التقييد والقلق. كما قال بوب بروكتور في التصدير للكتاب الذي بين يديك:

«نحن مبرمجون على العيش من خلال حواسنا، من خلال ما نراه ونسمعه ونشمه ونتذوقه ونلمسه. ونحن متأقلمون شَرطيًّا بأن نجعل العالم الخارجي يملي علينا حالتنا الذهنية أو اتجاه حياتنا. هذا ما نتعلمه

> منذ لحظة وصولنا إلى كوكب الأرض. فقد غُرِس في أذهاننا اقتناعٌ بأن ما يمكننا رؤيته، وسماعه، وشمه، وتذوقه، ولمسه، هو كل ما هو كائن، على الرغم من أن جميع المعلِّمين العظماء من الأزمنة الماضية يحثوننا بوضوح على أن نغوص في أعماقنا، ونحيا من الداخل إلى الخارج».

بعد قراءة وتطبيق الاقتراحات الواردة بهذا الفصل ستكون قادرًا على إغلاق الباب الخاص بالغرفة التي تحتوي على التقييد وتخطو إلى داخل عالم جديد تمامًا.

ستمنحك القدرةُ على رؤية الأشياء بوضوح من دون قيودِ القلقِ - التي غالبًا ما تُفرض ذاتيًا - حريةً حقيقيةً وسعادةً مطلقةً. إذ لن تضطر إلى القلق أو الغضب بشأن ظروف حياتك بعد الآن، لأنك ستعرف كيف تخلق الظروف المواتية. لن تكون بعد الآن ضحية للظروف أو ناتجًا من نواتج بيئتك. سوف تخلق هذه الظروف لنفسك. عبَّر جورج برنارد شو عن ذلك المعنى تمامًا بقوله:

> «يُلقي الناس دائمًا باللوم بشأن ظروفهم على ما هي عليه. وأنا لا أؤمن بالظروف. الأشخاص الذين ينجحون في هذا العالم هم الأشخاص الذين يستيقظون ويبحثون عن الظروف التي يريدونها، وإذا لم يتمكنوا من العثور عليها يخلقونها».

الهدف من هذا الفصل هو مساعدتك على فهم أن إدراكك يتحكم في نظرتك إلى العالم من حولك، وكيف تفهمه وتفسره. مَلَكاتك الفكرية هي مفاتيحك للحرية والنجاح في جميع مجالات حياتك. من خلال تطوير إدراكك، ستختبر المزيد من حياتك الحالية وكل ما تقدمه إليك. لن تضطر إلى القلق أو الانتظار حتى يكون المستقبل سعيدًا وحرًّا، وستبدأ اليوم في الشعور بالسعادة والحرية. كيف تعيد تشكيل إدراكك وتوسِّع نطاقه وتعززه؟

يجب على الأفراد المهتمين بالتطور الشخصي، من خلال فهم أفضل لقوة أذهانهم، تحديد ما إذا كانوا يستخدمون قدراتهم الفكرية لصالح النجاح والإنجاز، أم أنها مجرد أدوات بسيطة للبقاء لا أكثر. نحن يلزمنا الانتقال من موضع الإدراك البسيط إلى مستوى فهم أرقى، حتى نتمكن من استخدام قوة العقل بالطريقة التي خُلق من أجلها.

مستويات الإدراك

الإدراك البسيط: ما أسميه «الإدراك البسيط» هو الإدراك الذي تحركه غريزة البقاء. إنها تجربتنا الجسدية. لدينا أجهزة استشعار تمنحنا القدرة على النظر والسمع والتذوق والشم واللمس. ونستخدم هذه المستشعرات للتفاعل مع محيطنا وحماية أجسادنا.

الإدراك البسيط تلقائي تمامًا، ويستخدم استجابات شرطية. كيف تعمل هذه الآلية؟ ينشئ كلٌّ من البشر والحيوانات افتراضات محددة سابقًا من خلال الإدراك. وقد توصل العالم

الروسي إيفان بتروفيتش بافلوف - الحاصل على جائزة نوبل - إلى أحد أعظم الاكتشافات في علم وظائف الأعضاء، إذ أثبت أن الحيوانات تستجيب بتوجُّهات وسلوكيات مماثلة في المواقف والظروف عندما يتكرر تعرضها لظروف تثير إحدى حواسها.

في أثناء دراسة الآليات الكامنة وراء الجهاز الهضمي في الثدييات، لاحظ بافلوف حدثًا مثيرًا للاهتمام: يبدأ لُعاب الكلاب يسيل كلما دخل أحد المساعدين إلى الغرفة. في بحثه عن الهضم، قدَّم بافلوف ومساعدوه للكلاب مجموعة متنوعة من العناصر الصالحة للأكل وغير الصالحة للأكل، وقاسوا إنتاج اللُّعاب. وأشار بافلوف إلى أن إفراز اللُّعاب هو عملية انعكاسية، فهو يحدث تلقائيًا استجابةً لمثير معين، وهو لا يخضع للتحكم الواعي. ولاحظ بافلوف أن الكلاب غالبًا ما تبدأ في إفراز اللُّعاب مع عدم وجود طعام أو رائحة. وسرعان ما أدرك أن إفراز اللُّعاب ناتج عن رد فعل تلقائي فسيولوجي. واشتهر بافلوف بمصطلح «الاستجابة الشَّرطية». وأثَّرت أبحاثه حول الاستجابة تأثيرًا كبيرًا، ليس فقط على العلم، ولكن أيضًا على الثقافة الشعبية. وغالبًا ما تُستخدم عبارة «كلب بافلوف» لوصف شخص يتفاعل فقط مع موقف ما بدلًا من استخدام التفكير النقدي.

الإدراك الإنساني: الإدراك الإنساني هو إدراك أعلى من الإدراك البسيط بمستوى واحد. يستخدم الإدراك في هذا المستوى بعض التفكير، ولكن من دون أي وعي به.

الإدراك الإنساني يأتي من تجاربك السابقة. فخبراتك تلصق نفسها بالاعتقادات وتصبح وجهة نظرك. من الأهمية بمكان أن نذكر هنا أن تجاربك هي ما تعتقد أنها عليه. ذهنك خزَّن ملايين بل مليارات المعلومات، وهو يشكِّل الصور كإدراكات مخزنة في ذاكرتك. يحفز ذهنُك، من خلال الإدراك، الحاجةَ إلى العثور على تجارب مشابهة لما لديك داخل ذاكرتك. هل تساءلتَ يومًا عن سبب إحاطة نفسك بأشخاص معينين؟ أنت تجدهم مقبولين، ولا تشعر بضرورة الحكم عليهم. أنت تقبلهم ببساطة. معظمنا لا يدرك أن تأقلمنا يؤثر علينا كثيرًا إلى درجة أننا نتفاعل تمامًا مثل «كلب بافلوف» في مواقف معينة. يتأثر إدراكنا الشَّرطي تمامًا بالظروف الخارجية.

لكي نكون أفضل ونفعل الأفضل ونحصل على المزيد، يلزمنا توسيع نطاق وعينا. يلزمنا أن ندرك بوعي أن الحقائق المقيِّدة والظروف في حياتنا تتشكَّل من خلال اعتقاداتنا المقيِّدة، التي يُعبَّر عنها من خلال إدراكنا للعالم. فإذا كنا نرغب بصدق في إجراء تغييرات، يلزمنا الانتقال إلى المستوى التالي للإدراك، حيث نتعلم كيف ندرب أذهاننا على خلق الظروف والأحداث لصالحنا ولصالح تطورنا وتحررنا من التأقلم القديم.

الإدراك الفكري: الإدراك الفكري هو قدرتنا على إيجاد ما نحتاج إليه بموضوعية من خلال الملاحظة الذكية للبيئة. الشيء الرائع هنا هو أنك قادر على تغيير إدراكك واستخدامه استخدامًا هادفًا للعثور على ما تسعى وراءه. إدراكك الفكري مثالي،

ويمكنه أن يرشدك دائمًا للعثور على ما تبحث عنه ما دمت تعرف ما تريد العثور عليه. بحلول الوقت الذي تنتهي فيه من هذا الكتاب، ستدرك أن الاستخدام الأرقى للإدراك الفكري هو أن تعي أن ما تدركه تعتقده.

يروي إيرل نايتنغيل في برنامجه الكلاسيكي «قيادة الميدان» قصة شهيرة بعنوان «أفدنة الألماس». والقصة رواها في الأصل راسل كورنويل، وتدور حول رجل عاش في أفريقيا وكانت لديه مزرعة، لكنه سئم من العمل الشاق في الزراعة، وتناهى إلى سمعه وجود فرصة كبيرة للعيش الرغد والثروة والازدهار في تجارة الألماس، فباع الرجل مزرعته وذهب للبحث عن الألماس في القارة الأفريقية بأكملها بقية حياته. وفي أحد الأيام، وجد المالك الجديد للمزرعة حجرًا لامعًا جميلًا، فالتقطه ووضعه على الرف فوق المدفأة. بعد بضعة أشهر، جاء زائر إلى المنزل، وتجوَّل في غرفة المعيشة، وفجأة أمسك بالحجر على الرف، وسأل صاحب المزرعة إذا كان يعرف ما هذا. فقال المزارع: «نعم، إنه حجر جميل، ولديَّ الكثير منه في المزرعة». فسأل الزائر: «هل تعلم أن هذا الحجر هو أحد أكبر الألماسات الموجودة على وجه الأرض؟». يبدو أن المزرعة كانت مليئة بالألماس، فدادين من الألماس. صار ذلك الحقل من أكبر مناجم الألماس في العالم.

> «كل واحد منا، في هذه اللحظة، يقف في فدادينه التي تضم الألماس. ففي ثنايا شيء ما تفعله تتوارى فرصةٌ يمكن أن تجلب لك كل ما تريده...».

لماذا يعتقد معظمنا أن الفرصة التي نبحث عنها إلى الأبد هي في مكان آخر، في مكان ما خارج أنفسنا؟ ذهنك هو أكثر مواردك ثراءً. استغل إدراكك لمراقبة ظروفك بذكاء. وابحث عن الألماس الذي في حوزتك. ابدأ في البحث بذكاء في حقلك لترى ما إذا كنت قد استكشفت كل الاحتمالات والفرص المتاحة لديك حاليًّا. توقف عن النظر إلى ما لدى الآخرين وركِّز على ذاتك.

يمكننا أن نصل إلى حدٍّ إدراك أنه لا يوجد شيء جيد أو سيِّئ؛ الأشياء قائمة فحسب. أيُّ واقعة هي محض واقعة إلى أن نشحنها بمشاعر إيجابية أو سلبية. بمجرد أن نبدأ في التفكير ونراقب ظروفنا بوعي، سنتوقف عن التفكير في أننا ضحية بيئتنا، وسنصبح مراقِبين أذكياء نبني آراء مثمرة بناءً على حقائق موثوقة. الأشخاص القادرون على فعل ذلك هم الذين يحرزون تقدمًا في العالم؛ فهم لا يخشون اتخاذ الخطوة التالية لأنهم يفهمون حقيقة أساسية: الأشياء قائمة فحسب. إنهم يدركون أن أمامهم دائمًا ما يمكن رؤيته أكثر من الرؤية المحدودة للاستجابات والآراء الشَّرطية القائمة على فرضيات خطأ.

أولئك الذين درَّبوا أنفسهم على البحث عن الفرص سيجدونها تلقائيًّا، لأن هذه هي الطريقة التي تعمل بها أذهانهم. عندما تحافظ على تركيزك على النتيجة المرجوة، سيتدرب ذهنك على العثور عليها تلقائيًّا.

لقد أجريت تجربة على نفسي منذ عامين لتمرين مَلَكة الإدراك. قررت أن أدفع 10 دولارات افتراضية مقابل كل شيء

إيجابي ومشجِّع ألاحظه في أثناء يومي. وكنتُ أحسب «نقودي» في المساء، معتقدة أنني سأكون ثرية. ولكي أكون صريحة، فإنني في البداية لم أربح ما يكفي، لو كان عليَّ أن أعيش من ذلك المال. لكن هذا لم يمنعني. بدأت أدفع لنفسي 20 دولارًا افتراضيًّا مقابل كل شيء إيجابي رأيته في شخص آخر. وكلما لعبت أكثر، تحسن مستواي. لقد تحولت أفكاري من كونها انتقادية للآخرين إلى العثور بسهولة على الأشياء الإيجابية فيهم.

قبل أن أفهم كيفية استخدام إدراكي، كنت أرى العظمة في عملائي، لكنني كنت أركِّز أيضًا على نقاط الضعف التي يتعين عليهم تحسينها. واليوم لا أرى سوى عظمتهم، ونركِّز على نقاط قوتهم لمساعدتهم في الكشف عن ذاتهم المثالية. نجح هذا بدرجة أفضل، لأنك لا يمكنك تحفيز الآخرين إذا كنت لا تقدِّرهم. واليوم، يوجد حولي أكثر الأشخاص روعة، لأنني اخترت التركيز على عظمة وجمال الآخرين بدلًا من نقاط ضعفهم. لديك دائمًا اختيار تركيز انتباهك على ما تريد أن تجده، وستضطلع مَلَكة الإدراك بتطوير هذه المهارة، وتقودك إلى ما تبحث عنه بالضبط.

علينا توجيه إدراكنا وإخباره بما نريد رؤيته. فإذا لم نوجه إدراكنا، فإن بيئتنا ستوجهه بدلًا منا. سنستمر في العيش من الخارج إلى الداخل، وسنشعر كأننا ضحية للظروف. نحن نعيش في عالم تأتي غالبية معلوماته من مصادر سلبية، ليس فقط من وسائل الإعلام، ولكن من الناس من حولنا أيضًا. فنحن نتعرض للكثير من الطاقة السلبية التي نعترف بها ونَألَفها. ويصبح الذهن

مهتمًّا بسماع الأخبار السيئة، وينجذب إليها من خلال هذا التأقلم المستمر والتدريب الآتي من المصادر السلبية. غير أن النبأ السار الذي أحمله إليك هو أنه ليس كل الناس يوافقون على هذه السلبية. فحتى في الأوقات الصعبة، يواصل الناس كسب المال وعيش حياة سعيدة على الرغم من الظروف. لقد تعلموا إسقاط التوقعات الإيجابية على بيئتهم بدلًا من التوقعات السلبية.

الإدراك والنماذج الإدراكية

من دون إدراكنا، لا يمكننا البقاء. ومع ذلك، إذا استخدمنا إدراكنا من دون فهم، فإننا نصبح ضحايا نماذجنا الإدراكية الاعتيادية للبقاء.

أنت الآن تدرك أن حياتك مجرد إسقاط لإدراكك. يمكنك استخدام مَلَكة الإدراك الخاصة بك لإزالة القيود التي قبلتها في حياتك. ومع ذلك، قبل أن تتمكن من إزالتها، يجب عليك أولًا التعرف عليها. قال ألبرت أينشتاين: «بمجرد أن نتقبَّل حدودَنا، نتجاوزها».

تقوم ثقافتنا وأنظمة اعتقاداتنا على العادات والتوجُّهات والاعتقادات والتوقعات. والنموذج الإدراكي هو نمط يتألف من العديد من العادات. والعادات أفكار ثابتة في ذهننا اللاواعي. نحن نتعرف عليها بوصفها عادات «جسدية»، بالطريقة التي نؤدي بها الأشياء تلقائيًّا من دون تفكير واعٍ، مثل تنظيف أسناننا أو القيادة. لدينا أيضًا عادات «ذهنية»، على سبيل المثال، عندما نفكر في أسوأ سيناريو متوقع لحظة حدوث خطأ ما.

إن ما تفكر فيه باستمرار يحدد إدراكك ووجهات نظرك. هل تذكر «الرجل الخطي» (stickperson) وعلاقة الذهن بالجسد؟ ذهنك الواعي هو ذهنك المفكر، وذهنك اللاواعي هو ذهن المشاعر. الذهن اللاواعي هو أيضًا مستودع ضخم حيث نُبقي صورتنا الذاتية ونماذجنا الإدراكية. وإيماننا الراسخ بشيء ما يمثل نموذجًا إدراكيًا. وكلما كانت قصة النموذج الإدراكي أكبر (بمعنى المزيد من الأدلة والذكريات لإثبات وجهة نظرك) وأقدم، كان تأثيرُها على نتائجك أقوى. نماذجك الإدراكية هي الأدوات التي تستخدمها للاقتراب من العالم والتفاعل معه. والتحول في النموذج الإدراكي هو تغيير في النهج أو مجموعة جديدة من القواعد أو العادات. إذا غيرتَ عادةً أو اعتقادًا بشأن شيء ما، فسيؤثر ذلك على جوانب عديدة في حياتك. ولنأخذ مثالًا: طالبة فنون قتالية تكسر لوحًا. تتدرب لسنوات وتحاول أن تؤقلم كلًّا من جسدها وعقلها على هذه المهمة. عندما تكسر اللوح أخيرًا، يمكن أن يتغير اعتقادها بما يمكنها تحقيقه في تلك اللحظة ويؤثر على حياتها بأكملها.

عندما تحاول تغيير نموذج إدراكي، فإنك تتخذ خطوة عملاقة نحو النمو الشخصي. كيف تعرف أنك انفصلت عن نموذجك القديم في التفكير؟ عندما تكون نتائجك مختلفة! قد تشعر بعدم الارتياح في البداية لأن سلوكك أو عادتك الجديدة غير منسجمة مع نموذجك الإدراكي القديم، ولكن عندما تلاحظ تحولًا في تفكيرك، فإنك تبدأ في تغيير عاداتك الذهنية.

المشكلة هي أن معظم الناس يحاولون تغيير عاداتهم الجسدية، لكنهم لا يهتمون بعاداتهم الذهنية أو برمجتهم الذهنية. ولذلك، فهم يعانون من الإخفاق أو المقاومة التي نشأت عن النماذج الإدراكية في أذهانهم. عندما تحاول تغيير أي نمط ذهني، كُن على استعداد للشعور بعدم الراحة. الأشخاص الناجحون على استعداد لأن يكونوا غير مرتاحين في سبيل تحقيق تطورهم.

في كتابه «كما يفكر الإنسان» يقول جيمس ألين: «يتوق الرجال إلى تحسين ظروفهم، لكنهم غير مستعدين لتحسين أنفسهم، ومن ثَمَّ فهم يظلون مقيَّدين». كثير من الناس ليسوا على استعداد للتغير قبل أن تتغير بيئتهم. فهم ليسوا مستعدين للتحسُّن والارتقاء ما لم تتحسن ظروفهم، وبالتالي يظلون مكبَّلين باعتقاداتهم. يخامر الناس الشك بشأن تجربة أنشطة جديدة لأنهم لا يفهمونها. هم ليسوا على استعداد لتعلُّم المزيد، أو فعل شيء مختلف - شيء خارج الصندوق.

إدراكك هو إسقاطك

إن إدراكك الناس والوقائع والظروف هو ما تنتهي إليه فتسقطه على العالم. يجب ألا تدع النماذج الإدراكية المقيِّدة الآتية من بيئتك والأشخاص الآخرين (العالم الخارجي) تؤثر على اعتقاداتك عن نفسك (العالم الداخلي)، أو تغيِّر تلك الاعتقادات. ابدأ بطرح هذه الأسئلة الرئيسية على نفسك: مَن أنا؟ كيف تؤثر اعتقاداتي المقيِّدة عليَّ؟ ماذا أقرأ؟ ماذا أقول؟

إلى أين أنا ذاهب؟ ما الذي أفكر فيه؟ ماذا سأصبح؟ ثم اسأل نفسك هذا السؤال: هل هذا هو ما أريده لنفسي؟

اكتب قائمة باعتقاداتك وقل: «أنا أؤمن بذلك...»، ثم اسأل نفسك: هل ينفعني هذا الاعتقاد؟ هل يرتقي بي؟ هل يجعلني أرغب في أن أتحرك وأنجز ما أريد إنجازه؟ هل أنا على استعداد لفعل ما أريد فعله؟ عندما تطبع على ذهنِك نماذجَ إدراكية واعتقاداتٍ جديدة، ستحصل على نتائج جديدة.

حياتك لا تتحسن بالمصادفة، بل بالتغيير والوعي العالي بشخصيتك.

ماذا ترى؟

ما تدركه سينعكس دائمًا على اعتقاداتك ويتردد صداه فيها. تتطابق ظروف حياتك مع إدراكك، مما يؤدي إلى تشكيل وجهة نظرك. يجمع ذهنُك المعلومات ويعالجها من خلال منظومة اعتقادات، وينتج رؤيتك للعالم. وعلى عكس المَلَكات الفكرية الأخرى، يجري تمكين الإدراك دائمًا لأنه يساعدنا على البقاء.

تخيَّل أنك واقف أمام كرسي أبيض جميل، يعجبك كثيرًا، لذا تخبر صديقك: «كما تعلم، كنت في منزل آل سميث بالأمس، ولديهم كرسي أبيض جميل، هو قطعة فنية». وصديقك مندهش لأنه كان في منزل آل سميث منذ يومين ولم يرَ كرسيًّا أبيض. وبعد مناقشة حول الكرسي، سرعان ما تفهم أنك كنت تقف بالقرب من النافذة تنظر إلى مقدمة الكرسي، وكان هو يقف

بالقرب من الباب ينظر إلى الجزء الخلفي من الكرسي. كان نصف الكرسي أبيض ونصفه أسود، لكنك كدت تراهن على أن الكرسي كان أبيض، بناءً على الزاوية التي رأيته منها فحسب.

نحن نصدق ما نراه بأعيننا، لكن في بعض الأحيان لا نشكك في دقة ما نراه، فاحرص على فحص ما تراه. إن إدراكك خادم لك، وما تفترض أنه صحيح لا يتحدد إلا بمستوى الوعي الذي طورته. ابحث باستمرار عن الخير في الأشخاص والمواقف. ماذا ترى؟

إدراكك للعالم وهْمٌ

هل سبق لك أن اعتبرت أن شخصًا ما غير واقعي؟ الواقع مسألة تفسير. وفي بعض الأحيان، قد نرى أن الناس لديهم تفسير غير واقعي أو حتى متوهَّم، لكن الحقيقة هي أننا جميعًا نبتدع الأوهام ونضع افتراضات لتفسير العالم من حولنا. على سبيل المثال، قد يكون لدى شخص ما تعرفه توجُّه بأنه يمكنه الحصول على أي شيء يريده في الحياة، في حين أن شخصًا آخر تعرفه لديه وجهة نظر معاكسة تمامًا عن الحياة، ويصر على أن الحياة معاناة دائمة. كلٌّ منهما وضع افتراضات.

الافتراض هو تفسيرٌ للمعلومات التي أدركناها من البيئة، والمعنى الذي نعطيه لها من خلال وجهات نظرنا اعتمادًا على اعتقاداتنا وتأقلمنا السابق. بعبارة أخرى، ما نراه مبنيٌّ على ما نعرفه بالفعل، لذلك نبحث عما هو مألوف، ثم نفسر الوقائع ونضع افتراضات. ومع ذلك، فالوقائع التي نعتقد أنها صحيحة

قد تكون مجرد وهم. لدينا آراء وطرق تفكير نتمسك بها، بل نقاتل من أجلها - لكن معظمها ليس سوى أوهامنا. إن الإدراك الذي نتمسك به حقيقي بالنسبة إلينا، لكن هذا لا يعني بالضرورة أنه الحقيقة. نحن نصوغ واقعنا الخاص.

إدراكك يعمل باستمرار. عند مقارنته بأي مَلَكة أخرى للذهن، ستندهش بسبب كَمٍّ الوقت غير المتناسب الذي تقضيه في استخدام إدراكك. الإدراك في شغل دائم. إنها المَلَكة التي تشكِّل الأساس الذي تتفاعل به مع العالم من حولك. يمكن لإدراكك أن يعثر على وقائع ليثبت بها حقيقة أن حياتك صعبة للغاية. ومع ذلك، فإن هذه المَلَكة نفسها، مع التوجيه والتطوير المناسبين، يمكنها بسهولة أن تعثر على دليل على أنك يمكنك أن تزدهر وتتقدم وتنجح في حياتك انطلاقًا من موقعك الذي أنت فيه بالضبط اليوم!

تذكر فحسب وقتًا ما في حياتك حينما كنت مقتنعًا جدًّا بحقيقة شيء ما وعندما اكتشفت المزيد عنه أدركت أنك كنت مخطئًا تمامًا.

لا تفترض أن ما تراه هو الحقيقة الوحيدة. بالنسبة إلى معظم الأشخاص، فإن نسبة 4٪ فقط من الرؤية هي ما تراه بالفعل، بينما تتكون نسبة 96٪ من الرؤية اعتمادًا على الذكريات والمشاعر والتأقلم السابق. أنت تصنع نموذجك من العالم. إنه واقعك الذي أُعيد بناؤه. ومعرفة ذلك ستساعدك على التساؤل عمّا ترى لأننا في بعض الأحيان لا يمكننا رؤية الصورة الكاملة.

كيف نعالج المعلومات

وفقًا لمؤسسي البرمجة اللغوية العصبية، ريتشارد باندلر وروجر غريندر (تغطي دراساتهما الرئيسية علم الاتصال وإدراك المعلومات الآتية من العالم الخارجي إلى الذهن الواعي واللاواعي)، فإننا جميعًا نعالج المعلومات الواردة مستخدمين حواسنا، على نحو غير دقيق، بثلاث طرق: نعمِّم هذه المعلومات، ونحذف منها، ونشوهها، بناءً على اعتقاداتنا السابقة. أود أن أشرح بإيجاز كل عنصر هنا لأساعدك على فهم أن ما تدركه وتؤمن به ليس سوى جزء صغير مما يحدث بالفعل. إن وعيك بوجود أكثر من وجهة نظر ممكنة دائمًا يفتح لك إمكانات جديدة ربما لم تكن تدركها من قبل.

التعميم: هو العملية التي نستخلص من خلالها استنتاجات عامة بناءً على تجربة أو تجربتين. يساعدنا تعلُّم تصنيف العالم، من حيث كيفية تماثل الأشياء أو اختلافها، على العمل بكفاءة أكبر. هل تتذكَّر المرَّة الأولى التي لسعتَ فيها نفسك بلمس موقد ساخن؟ من تلك التجربة تعلمتَ أن لمس المواقد الساخنة تصرف خطير. ومع ذلك، فكون الموقد الساخن يمكن أن يلسعك أو يصيبك بحرق لا يعني أن وجود موقد في غرفة أمر خطير. إن قدرتنا على التعميم ضرورية من أجل التعامل مع العالم. هذه إحدى الطرق التي نتعلم بها: نأخذ المعلومات التي لدينا ونستخلص استنتاجات عامة. ومع ذلك، فنحن في بعض الأحيان نطلق تعميمات لا تساعدنا. إذا قررتُ، بعد أن تعرضت

لحرق أو لسع، أن أبتعد عن الغرف التي بها مواقد ساخنة لأنها خطيرة، فقد بنيتُ افتراضًا كاسحًا يحد من اختياراتي وتحركاتي.

الحذف: يحدث الحذف عندما تنتبه من دون وعي إلى أجزاء معينة من التجارب وتستبعد أجزاء أخرى. على سبيل المثال، إذا كنتَ مقتنعًا بأن والدتك تنتقدك دائمًا، فلن تسمع صوتها حينما تشجعك. كل ما تعتقده مقيَّد بتفسيرك له. فانظر إلى كل موقف من زوايا مختلفة. سيتيح لك هذا المسلك قدرًا أكبر من الموضوعية، فتتمكن من إنشاء مزيد من الخيارات وتجنُّب الوقوع في فخ الجانب السلبي لعملية الحذف.

الوظيفة الأخرى للحذف عند معالجة المعلومات في أذهاننا هي تقليل المعلومات الآتية إلينا إلى النسبة التي نشعر عندها بقدرتنا على التعامل مع ما يصلنا وفهمه. وهذا إجراء مفيد من ناحية، لكنه قد يكون ضارًّا من ناحية أخرى. فمن دون حذف سيغمر طوفانٌ من المعلومات ذهنَنا الواعي.

التشويه: هو عملية تفسير أو إساءة تفسير المعلومات لتلائم اعتقاداتنا. نحن نأخذ وقائع معينة من المواقف أو الظروف، ونشكِّل وجهة نظر، ونخلق واقعنا وفقًا لاعتقاداتنا. هل تتذكر القصة في فصل «الذهن» حول «الرضيعين» في المقعد الخلفي للسيارة؟ تسبب سوء تفسير المرأة في إحداث فوضى لجميع المعنيين، حتى رأى أحدهم أن «الرضيعين» كانا في الواقع دُميتين. وناقَش فصل «ذاكرتك» كيف تعذر الوثوق بتقارير شهود العيان لأن الناس فسروا وشوهوا المثيرات نفسها بناءً على ما

كان في أذهانهم بالفعل. تقارير شهود العيان هي أمثلة على الآثار السلبية لتشويه المعلومات.

ونظرًا إلى أننا جميعًا نعيش في أوهامنا الخاصة عن الواقع المدرك، فلنتأكد من أن الأوهام التي نعيش فيها مقنعة ومفعمة بالتمكين. وَهْمُ الخوفِ والسلبيةِ موجود كواقع، لكن أوهام الأمل والإيمان والإبداع موجودة أيضًا. وإنها مسؤوليتنا كمخلوقات عاقلة أن نختار ما نفكر به وكيف نعيش.

إدراك الذات

«قبل أن تفعل شيئًا، عليك أن تكون شيئًا ما» - جوته

لأن واقعك هو ما تصنعه أنت من مادته، تستطيع إذن تغييره من خلال تعلُّم النظر إليه على نحو مغاير. من الذي سيساعدك على القيام بالأشياء التي تريدها أكثر من غيرها؟ الجواب هو «أنت»! عندما ترى العالم مكانًا للجمال والوفرة، وترى نفسك شخصًا بإمكانه إنجاز الأشياء ويشعر بأنه يستحقها، فإن الحياة ستتشكل لتدعمك. في أثناء قيامك بخلق إدراك جديد لذاتك ستتمكن من الإحساس بالثقة اللازمة لتحقيق رغباتك وتجربة الحياة التي ولدت لتحياها.

ماذا ترى عندما تنظر في المرآة كل صباح؟ هل لديك إدراك صحي وواثق عن نفسك؟ النجاح الحقيقي هو أن تكون قادرًا على إدراك نفسك بوصفك إنسانًا ناجحًا في أي وقت في رحلتك.

الطريقة التي ترى بها نفسك اليوم ليست كالصورة التي كنتَ عليها عندما ولدتَ. لقد ولدتَ ولديك صورة مثالية عن ذاتك، وشعرتَ بسعادة كبيرة بما أنت عليه. شعرتَ بأن الجميع يحبونك. ولم تشعر بإصدار الأحكام، شعرتَ بالحب فحسب. إن إدراكك ذاتك لا علاقة له بكيف ينظر الآخرون إليك أو شعورهم تجاهك.

مع مرور الوقت، نحن نشكل إدراكًا جديدًا للذات من خلال تعليمنا وخبرتنا بناءً على وجهة نظر الآخرين حول من يجب أن نكون. نحن نتعلم كيف يدرك الآخرون العالم، ويصبح إدراكُهم الواقع وجهةَ نظرنا. ثم تتشكّل حياتك لتدعم وجهة نظرٍ قائمة على إدراك شخص آخر بشأن من يجب أن تكون، لا من أنت حقًّا.

من المحتمل أن يكون إدراكُك ذاتَك إحدى أهم الأفكار على الإطلاق التي يجب أن تركِّز انتباهك عليها. أنت أكثر قدرة مما تدرك. نحن نعيش في الوقت نفسه على ثلاثة مستويات: الجسد، والذهن، والروح. لا مكون منها أفضل من الآخر، لكن لا يمكننا أن نعيش حياة كاملة حقيقية إذا حرمنا أيًّا من هذه المستويات من التعبير الكامل عنها.

ثلاثة مستويات للوجود

الجسد: لك حضور مادي - بجسمك. وأنت تجمع معلومات عن بيئتك المحيطة مستخدمًا حواسك الخمس، ويتفاعل دماغُك مع هذه المعلومات، ويعالجها، ثم يشكِّل وجهة نظرك بشأن البيانات التي استقبلتها.

الذهن: ولك أيضًا ذهن - أي القدرة على التفكير. لديك ذهن مجهز بست مَلَكات فكرية: المخيلة، والذاكرة، والعقل، والإدراك، والحدس، والإرادة. عند الانتهاء من هذا الكتاب، ستعرف المزيد عن هذه المَلَكات وكيف تُطورها وتستخدمها بفاعلية. سيساعدك المستوى الجديد لوعيك على رؤية القوة التي لديك بالفعل في ذهنك. هل تستخدم قدرتك على التفكير؟ هل تستخدمها عندما تتفاعل مع العالم الخارجي لتكوين رأي؟

الروح: يعتقد معظمنا أن كياننا هو ما يظهر منعكسًا على صفحة المرآة ونراه، وننسى مدى سعادتنا عندما نتواصل مع أرواحنا. تبث أرواحنا (يسميها البعض «الذات الأعلى») فينا الإلهامَ وحيزًا يمكننا من خلاله معرفة الإيمان والحرية. في بعض الأحيان نتواصل على نحو أفضل مع أرواحنا في أثناء لحظات حميمية من الصفاء أو الهدوء. خلال هذه اللحظات، يمكننا أن نحس بعظمة أرواحنا - ويمكنها أن تحرك مشاعرنا. حاول التفكير في كلمة ذات شحنة سلبية عندما تنطق كلمة «روح». أنا شخصيًا لا أجد كلمة من هذا القبيل. بدأتُ في كتابة كلمات خطرت في بالي عندما فكرتُ في الروح، فجاءتني هذه الكلمات: الحياة، النَّفَس، الضياء، الحب، السعادة، الفرح، الحكمة، الصفاء... الله.

أحب الكلمات. أفضل تعليم للكلمات ألهمني لحظات تنويرٍ عديدة كان عندما قرأت كتاب كيفن هول «اطمح» (Aspire). يشرح هول موضحًا أن:

> «كلمة يلهم (inspire) تأتي من الكلمة اللاتينية «inspirare». وتعني كلمة «spirare» يتنفس. الفعل يلهم يعني «ينفخ الروح في...». فعندما نبث الحياة في شخص آخر فإننا نلهم آماله وأهدافه وأحلامه. نحن نبث الحياة في كل هذه الأشياء، تمامًا كما نفخ خالقُنا الروحَ فينا».

هذه الفقرة ساعدتني على فهم الإلهام، وأن الإلهام الذي أملكه هو هبة، وهذه الهبة هي روحي. عندما أنفخ الروح في فكرة جديدة، فكرة تساعدني على الشعور بالفرح، فإنني أستقبل «إلهامًا» وأتخلى عن التصورات القديمة.

أرواحنا هبة من الله. أرواحنا هي علاقتنا مع الذكاء اللامتناهي. إن التعبير عن الروح وتوق الروح للعيش في عالمك الفكري والمادي هو رغبة الله في مساعدتك على أن تكون مبدعًا مثل الخالق. لقد وهبنا الخالقُ أرواحنا ببث الحياة فينا كطاقة نقية وطاهرة وخفيفة وإيجابية. إن الاحتياج إلى التعبير عن الروح هو دائمًا فعل إيجابي وباعث للحياة.

أود أن أدعوك إلى إدراك نفسك على نحو مختلف، لأنك أكبر بكثير مما تظن. أنت أكبر وأكثر قوة مما تحسب. انظر إلى نفسك بوصفك أكبر مما تُظهر الصورةُ المنعكسة على صفحة المرآة. لا يمكننا أبدًا أن نكون مقيَّدين بالظروف عندما نسمح لأنفسنا بإدراك أكثر مما نراه بحواسنا الجسدية وننفتح على حقيقة أننا كائنات روحية. لدينا خبرة فكرية ونعيش في أجسام مادية.

إعادة بناء إدراكك ذاتك

كيف تبدأ في إعادة بناء إدراكك الزائف، وبناء إدراك قوي، بحيث يمكنك بسهولة استعراض ما تريد الحصول عليه من حياتك؟

كل أفعالك ومشاعرك وسلوكياتك وقدراتك تتسق دائمًا مع صورتك عن ذاتك. عندما ننظر إلى صور الذات من خلال عدسة إدراكنا، فإنها تؤدي إلى تشكيل اعتقاداتنا عن أنفسنا. كيف تدرك نفسك؟ هل ترى نفسك شخصًا ناجحًا، أم لا؟ هل تدرك ذاتك بوصفك حرًّا في فعل ما تريده أم لا؟ أود أن أقدِّم لك بعض الاقتراحات لمساعدتك على أن تكون على وعي بما تؤمن به وتدركه حتى تتمكن من بناء صورتك الذاتية الجديدة الناجحة.

تتطلب الخطوة الأولى منك مراجعة الصورة التي تدركها عن ذاتك. اجلس بذهن منفتح وقبول كامل، واسأل نفسك بعض الأسئلة. سترسم لك هذه الأسئلة صورة تُبرز مباشرة نماذجَك الإدراكية واعتقاداتِك عن نفسك.

اسأل نفسك:

1. ماذا أعتقد عن بيئتي؟ هل أعمل وأعيش في بيئة هادئة، وفيرة، ومزدهرة؟
2. كيف أتفاعل مع بيئتي؟ هل أشعر بالراحة وبأنني على سجيتي، أم أنني محبَط باستمرار وأعاني؟
3. هل هناك أحد يمنعني من فعل ما أريد فعله؟
4. هل أنا محاط بأشخاص يدعمونني ويحبونني؟

5. ما الذي أعتقده بشأن قدرتي على كسب المال؟
6. هل أتمتع بذهنية الوفرة أم بذهنية الفقر؟
7. ما وضعي المالي؟
8. ما الذي أعتقده بشأن إمكاناتي الشخصية؟
9. هل أنا قائد وولي أمر وشريك وشخص كفء؟
10. هل يحبني الناس؟
11. هل أثق بالناس وأؤمن بقدراتهم؟
12. هل أعتقد أن حياتي يمكن أن تكون سهلة، أم أعتقد أنها لا بد أن تكون صعبة وكلها معاناة؟

ستساعدك هذه الأسئلة على معرفة موقعك وما تعتقد أنه صحيح عن نفسك. عندما تقوم بجرد محتويات حياتك ستكتشف أن هذه صورة الاعتقادات منعكسة على النتائج التي حققتها بنسبة 100٪. إن منظومة الاعتقادات هي انعكاس لتوجُّهك وأفكارك ومشاعرك وأفعالك. إذا كنت تتذكر صورة «الرجل الخطي» والطريقة التي تتحول بها الفكرة إلى واقع في حياتك، فستكتشف أن نتائجك تستند إلى مشاعرك ونماذجك الإدراكية وصورتك عن ذاتك. ما تؤمن به وكيف تشعر ببيئتك وتتفاعل معها يشكِّل نتائجك بقوة. أيهما سائد في ذهنك: الخوف من الفقر، أم فرحة الوفرة؟ هل تخشى أن تفقد ما لديك بالفعل، أم أنك مدفوع بالإلهام لقيادة الحياة التي ترغب فيها؟

أجب بشجاعة عن الأسئلة في الصفحة السابقة. اصدق نفسك القول. معظم الناس لن يجيبوا إجابات صادقة عن هذه

الأسئلة. في بعض الأحيان نفضل أن نترك المسؤولية عن حياتنا لأشخاص آخرين أو للظروف. إذا كنتَ لا تزال تقرأ هذه السطور، فأنت شخص تعتقد أنك مسؤول عن نتائجك، وأنك يمكنك إنشاء الحياة التي تريدها. اسمح لنفسك بأن تكون على دراية بأفكارك ومشاعرك السائدة، ثم حللها وقرر أيها سيميزك عن الآخرين ويضع قدميك على الطريق الصحيح للنجاح - «نجاحك أنت».

خطوتك التالية هي إجراء مستمر يساعدك في تكوين إدراك جديد لنفسك. إن الثمرة التي ستحصل عليها من تكوين اعتقادات جديدة ستتجاوز بكثير الجهد المبذول لتغيير الاعتقادات القديمة.

أنت تعرف بالفعل ما تريده. والآن، ألقِ نظرة حولك، وابحث عن الأشخاص الذين حققوا نتائج مماثلة. اكتشف ما يؤمنون به بشأن أنفسهم والعالم. إذا لم تتمكن من العثور عليهم اليوم، فلا تقلق، وجِّه إدراكك وستجدهم في النهاية. ابدأ ببناء نظام اعتقاداتك الجديد، وقل: «أنا أتقبل أن...»، «وظيفتي هي...»، «لديَّ القدرة على...».

في أثناء قيامك ببناء صورتك الذاتية الجديدة، استخدم مخيلتك لتبني صورة عن نفسك وعن تفكيرك، كي تقرر ما إذا كانت الصورة مفيدة لك، وعن إرادتك، كي تساعدك في الحفاظ على تركيزك، وعن ذاكرتك، كي تطبعها في ذهنك. سيرشدك حدسُك في هذا النشاط وأنت تبني صورتك الذاتية - دع قلبك يعبر عن رغبتك. يتعلق الأمر بك وباستعدادك للسماح لنفسك بأن تكون الشخص الذي طالما رغبت في أن تكونه.

لكي ترى أشخاصًا آخرين، يجب أن تكون قادرًا على رؤية نفسك. ولكي تشعر بأنك تستحق الأشياء التي تريدها بشدة أكثر من غيرها، فعليك أن تعرف الأشياء التي تمنحها للعالم وتقدرها: خدمتك، ووقتك، وهباتك، ومواهبك. ركِّز على إدراكك كي تعثر على الأماكن الصحيحة التي يمكنك فيها الإسهام بأعظم مواهبك وقدراتك. عندها ستشعر، بسهولة وعلى نحو طبيعي، بأنك أهلٌ لاستقبال ذاتك الحقيقية وتكون على ما هي عليه.

تظهر صورة الذات المثالية عندما تتصل أنت بقيم الروحية التي ترتقي بك وتشعُّ إنجازًا وسعادةً في الحياة. استرخِ وانظر إلى نفسك بوصفك شخصًا قادرًا على فعل أي شيء وأن تكون أي شيء تريده بصدق. عندما تأتي إلى نقطة تؤمن عندها بنفسك إيمانًا عميقًا، سيقودك إدراكك إلى البيئة التي تناسب هويتك التي تؤمن بها. إدراكك الجميل سيعثر على الظروف المناسبة لدعم صورتك الجديدة عن ذاتك.

قد يبدو الأمر بسيطًا، بل قد يبدو سخيفًا أو مفرطًا في التفاؤل، لكن في بعض الأحيان ما عليك سوى أن تؤمن.

إنني بما كتبت أردتُ أن أساعدك على أن تلمس بحقٍّ عظمة ذاتك وتدرك نفسك بوصفك شخصًا لديه ما يكفي من الكفاءة والقوة ليكون حرًّا. لقد تناولتْ كتابات حديثة موضوع صورة الذات بتفصيل وإسهاب. إذا أردت تعلُّم المزيد عن آلية النجاح المدمجة في كيانك، أوصيك بشدة بالكتاب الأكثر مبيعًا «علم التحكم الآلي النفسي»، وقد جاء فيه:

«أنت كيان فريد، ليس لأنك راكمتَ مليون دولار أو لأنك تملك أضخم بيت وتقود أفخم سيارة في حيك السكني، بل لأن الله خلقك في أحسن صورة. أغلبُنا أفضل وأقوى وأكفأ في التوِّ واللحظة بأكثر مما ندرك. إن خلق صورة ذاتية أفضل لا يخلق قدرات ومواهب وقوى جديدة، إنما يطلقها ويستغلها».

هل يمكنني حقًّا تغيير حياتي بتغيير إدراكي؟

«أهم قرار ستتخذه على الإطلاق هو ما إذا كنت تعيش في عالم ودود أو عالم معادٍ» - ألبرت أينشتاين

حياتك هي الصورة التي تدركها. لم تُمنح لك حياتك لتعيش بأعباء ومأساة وقيود. لقد مُنحت لك الحياة لتنمو وتتطور، لتحيا الحب والوفرة والعاطفة، وتكوِّن رؤيتك وإسهامك للعالم.

ابنِ علاقة مع الحياة، وأدركها بوصفها الشريك المرغوب لك أكثر من أي شيء آخر. اعشق حياتك. استخدم عقلك لتفهم أفكارك. وجِّه توقعاتك وتركيزك إلى خلق الحياة التي تريد أن تعيشها. وعندما تحدد توقعاتك، «لا تنتظر المشكلات لأنها عادةً لا تخيِّب أملك؛ ستأتيك إن انتظرتها»، كما قال نابليون هيل في كتابه «فكِّر تصبح غنيًّا». كُن مؤمنًا بالحياة وبنفسك. ادفن الشك. توقَّع الخير فقط، وكُن ممتنًّا لكل شيء. فبالنسبة إلى من يؤمنون بالخير، فإن أي ظرف هو مجرد ظرف. ليس جيدًا ولا سيئًا، إنه مجرد خطوة أخرى إلى الأمام. إذا مُنيت بفشل، فاعلم

أن الفشل هو حالة مصطنعة، فهو يُعطى لك كي تتعلم وتنمو. تَحلَّ بالإيمان بنفسك، والإيمان بالذكاء اللامتناهي. الإيمان هو المكون الضروري لكل إنجاز. أبقِ عينيك على ما تريده، واهتم بأفكار الخلق والنمو، وستعطيك الحياة بالضبط ما أنت مستعد لتلقيه. الحياة جيدة لأولئك الذين يعرفون ما يريدون ويَظهرون كل يوم باستعداد ذهني وإيمان وتوقُّع لتلقيه.

قانون الجذب

يقول قانون الجذب إن كل شيء يجتذب مثيله. يعبَّر عن هذا القانون من خلال اهتزازاتنا، وهي الأفكار والمشاعر التي نمر بها، وهو يتجلى في صورة أفعال ونتائج (راجع رسم الرجل الخطي). قدَّم ريموند هوليويل، الفيلسوف العظيم ومؤلف كتاب «العمل وفقًا للقانون»، أحد أفضل التفسيرات لقانون الجذب، فقال:

> «قانون الجذب هو قانون ثانوي لقانون الاهتزاز (السبب والنتيجة)، ويعمل بشكل مثالي مع رغباتنا. يجب أيضًا وضع رغباتنا وحالاتنا الذهنية في تسلسل صحيح، وأن تستخدم العملية على مستوى الوعي واللاوعي هذا القانون لصالحنا».

رغباتنا الحقيقية هي ما نتوقعه في الحياة. وما نتوقعه في الحياة هو ما نحققه. هناك فرق بين التوقعات والرغبات. الرغبة من دون توقُّع هي التمني العقيم أو الحلم الخامل. لدينا رغبة قوية في أن نكون سعداء وأصحاء وأثرياء، لكننا لدينا خوف

وشك بداخلنا. ولأن الطيور على أشكالها تقع، فإننا نستقبل المزيد من الخوف والشك.

غالبًا ما يركز إدراكنا بشدة على ما لدينا بالفعل وما تمليه نماذجنا الإدراكية، إذ لا نسمح لأنفسنا برؤية وفهم إمكانات حياة أفضل وأسهل. لا تكن مثل معظم الناس الذين يؤمنون فقط بما يمكنهم رؤيته. استخدم إدراكك حتى ترى أكثر!

التوقع هو قوة جذب هائلة في الذهن. كيف تطور توقعاتك؟ أولًا، ركِّز على اهتمامك. إذا كان منزل جديد يثير اهتمامك، فتوقف عن النظر إلى منزلك القديم. اذهب وانظر إلى منازل جديدة. ثانيًا، ركِّز انتباهك على رغبتك ولا تسمح لأي شيء أو أي شخص بإبعاد تركيزك عنها. ثالثًا، وهو الأهم، توقَّع الشيء وركِّز عليه بشدة. ادمجه في إدراكك.

«جوهرك» الذي تبحث عنه والإمكانات التي تريدها موجودة بالفعل. سيُكشف النقاب عنها في أثناء رفع مستوى فهم مَلَكاتك الفكرية. لا تسقط في فخ دراسة هذه الأفكار على المستوى الفكري فقط. فالتعلم الحقيقي وتحقيق الحرية لا يأتيان إلا عندما تبدأ في تطبيق هذه الأفكار في حياتك اليومية. قال ألبرت أينشتاين: «المصدر الوحيد للمعرفة هو التجربة». المعرفة غير كافية لك للحصول على النتائج التي تريدها. والنتائج لا تأتي إلا عن طريق العمل.

عندما ننمو فإن هذا يخلق المزيد في حياتنا وننتقل إلى مستوى أعلى للإدراك. هذا هو منطق ألعاب الكمبيوتر. ينتقل

اللاعبون إلى المستوى التالي عندما يكملون جميع تحديات مستواهم الحالي. في كثير من الأحيان، قد لا ترى كيف تنتقل إلى المستوى التالي. لا يلزمك أن تعرف كيف. من خلال اتخاذ الخطوات والمُضي قُدمًا، سترى أبعد من ذلك. كل عقبة هي مجرد منعطف في رحلتك للوصول إلى النتيجة المرجوة. ستقربك كل محاولة أكثر فأكثر مما تريده بشدة.

كيف تبقى صاحب المسؤولية مهما كانت الظروف

إن تطوير نظرتك إلى نفسك والآخرين والعالم هو الاستخدام الأكثر فاعلية لمَلَكة الإدراك لديك. من خلال تركيز إدراكك على مستوى أعلى، تتحرر من الظروف والأحداث.

سيساعدك الاستخدام الفكري لإدراكك في الوصول إلى مستويات أعلى للوعي. توجد بعض التقنيات التي قد ترغب في استخدامها لتطوير موضوعيتك الذكية والإحساس بالجمال والحرية في حياتك.

تحويل إدراكك: غيِّر مفهومك متى وأينما كنت في حاجة إلى ذلك. سوف يخرجك هذا من صعوبات الحياة. ستتخلص من الذنب والاستياء والمقاومة. إن تغيير إدراكك هو عملية بسيطة تتمثل في النظر إلى المشكلة، وأن تقول لنفسك: «ماذا لو...؟». اجعل الموقف يبدو واعدًا وجيدًا، أو على الأقل أفضل من الآن. ابدأ في إنشاء صورة للموقف تناسبك. اسمح لنفسك بممارسة هذا النشاط بصورة متكررة حتى تكتسب المهارة للقيام بذلك عندما تحتاج إليها. غيِّر إدراكك الآن وانظر إلى الخير. إذا كان

الخير في أحد أركان الغرفة، فإن السوء في الركن الآخر. وتذكر أن تحويل إدراكك ينتقل من التفكير الشَّرطي إلى التفكير الإبداعي.

تخلَّص من إصدار الأحكام: الجميع لديهم ارتباط شَرطي لإصدار الأحكام. في أذهاننا، نريد أن تكون لنا السيطرة على المواقف والأشخاص والظروف، ونتوقع منها أن تتوافق مع وجهة نظرنا. والاحتياج إلى تغيُّر العالم من أجل أن نكون سعداء هو على الأرجح أكبر خطأ نرتكبه. لا يوجد ما هو جيد أو سيِّئ؛ الواقع واقع فحسب. إن سماحك لنفسك بقبول كل شيء في حياتك كما هو سيساعدك على مواجهة أي موقف أو ظرف من دون توتر أو خوف. تخلَّص من جميع أحكامك بشأن الأشخاص والحقائق والظروف، وتقبَّلها كما هي. سوف تنتقل من مقاومة الظروف إلى التجاوب وخلق ظروف جديدة. أقول دائمًا لنفسي: «الناس والحقائق والظروف دائمًا في مصلحتي». وينجح الأمر.

فكِّر واحلم أحلامًا كبرى: نعتقد دائمًا أن لدينا أكبر المشكلات. والأسوأ من ذلك أننا عادة ما نجعل المشكلات أكبر مما هي عليه بالفعل. نحن نفعل ذلك ليس فقط مع المشكلات، ولكن أيضًا مع أهدافنا. انتقل من طريقة التفكير هذه إلى التفكير في شيء أكبر. إذا كان هدفك هو كسب مبلغ معين من المال وترى أن هذا المبلغ كبير وغير قابل للتحقيق، فاجعله أكبر، اجعله أكبر مرتين أو ثلاثًا أو حتى مائة مرة. ابدأ في استكشاف قدرتك على التفكير بأبعاد جديدة. ادرس الحلم الجديد الكبير، ثم عُد إلى الهدف الأصلي المحدد. من العجيب

أنك ستجد أن مبلغك الأول لم يعد كبيرًا جدًّا بعد الآن. الأمر نفسه مع المشكلات. اجعل مشكلتك كبيرة ثم أكبر ثم أكبر، ثم عُد إلى الوراء وسترى أن مشكلتك الحقيقية ليست ضخمة.

ركِّز إدراكك ووجِّهه: في الفصل الخاص بالإرادة ستتعلم كيف تثبِّت صورة رغبتك بسهولة على شاشة ذهنك وتُظهِر ما في خيالك على واقعك المادي. لإدراكك دور مهم. عندما تركز إدراكك للعثور على الوقائع والظروف الصحيحة في واقعك الحالي، وتستخدم الموضوعية الذكية لاكتشاف كيف يمكنك فعل ما تريد فعله، فإنك تنتقل من البقاء على قيد الحياة إلى الازدهار والنمو. ركِّز على إدراكك ووجِّهه للعثور على الخير في الآخرين، والفرص والمتعة في الحياة، والعظمة في نفسك. مارس هذا التمرين بغض النظر عما يحدث حولك. استمر فيما تفعله فترة كافية وسيوجهك إدراكك الجديد للحياة إلى العثور على ما تبحث عنه.

كُن ممتنًّا: أن تكون سعيدًا يعني أن تحيا بابتسامة على وجهك لا يمكن لأحد أن يسلبها منك. عندما تكون ممتنًّا لكل شيء، ترى العالم بتفهُّم وهدوء وثقة.

الشيء الوحيد الذي يمكن أن يخرجك دائمًا من أي موقف أو صعوبة، هو قدرتك على إدراك العالم ونفسك بشعور من الامتنان. سيساعدك الامتنان على مواجهة أي ظرف بشجاعة والاستفادة بقدر أكبر مما لديك بالفعل.

قانون المدح هو قانون الزيادة، ومعناه أنك تتلقى المزيد مما تشعر بالامتنان نحوه. من الطبيعي أن ترغب في المزيد وأن تبحث

عن المزيد في حياتك. افعل ذلك من خلال مدح الأشياء التي لديك بالفعل. نتيجة لذلك، تزيد في ذهنك قيمة الأشياء الموجودة بالفعل في حياتك. كيف تمدحها؟ كُن ممتنًّا، كُن شاكرًا! امدح حياتك بصدق. يقول ريموند هوليويل في كتابه الكلاسيكي «العمل وفقًا للقانون»: «إن المدح من القلب هو أكثر حيوية وتحفيزًا من المدح بالتفكير أو بالشفاه». عندما يمكنك حقًّا الإحساس بمشاعر الامتنان، حتى في مواجهة الشدائد، غالبًا ما تختفي الشدائد نفسها.

تعلم ممارسة المدح. كُن شاكرًا في السراء والضراء. إن إدراكك ووجهة نظرك، عندما يتحولان نحو توجُّه الامتنان، ينفتحان على الفرص ويتيحان لك الهدوء والثقة والشجاعة. لا يُبرز هذا التوجُّه الذهني رغباتنا فحسب، بل يولِّد الثقة أيضًا، ويقوي الإيمان، ويبني التأكيد لا على الأشياء الموجودة هنا فحسب بل أيضًا على ما يأتي فيما بعد.

استخدم الإدراك كتصور موضوعي: أتمنى بصدق أن يكون هذا الفصل قد ساعدك على فهم وقبول فكرة أن إدراكك هو أكثر بكثير من مجرد استقبالك معلومات من بيئتك المحيطة. ما أردت أن أنقله إليك هو أنك لديك القدرة على خلق واقعك الخاص ببساطة عن طريق تغيير الطريقة التي ترى بها حياتك والأشخاص الآخرين ونفسك.

عادةً ما يرى الناس إدراكهم على أنه قدرة على التلقي من البيئة، مما يجعلهم يعتمدون على أشخاص وظروف أخرى. إن إدراكك ليس فقط تمثيلك الداخلي الفريد للعالم، ولكنه أيضًا

تصوُّر لحياتك. تجد دليلًا على تصوراتك واعتقاداتك بشأن ظروف حياتك وأنت تصورها على أنها حقيقة. استخدم ذهنك بنشاط وذكاء وابدأ برؤية إدراكك بوصفه قدرتك على اختيار ما تختبره في الحياة.

ركِّز انتباهك على الرؤية التي أنشأها خيالك، وأسقط هذه الصورة الجميلة الخاصة بك على الظروف الخارجية. فعندما تتقن مَلَكة الإدراك فإنك تعيش في حرية وتبدع.

إدراكك هو تصورك للعالم. استخدم هذه الحقيقة لمصلحتك. فما نفع العيون إذا كان الذهن غارقًا في العمى.

معرفة كيف ترى (Sapere Vedere)

لم يعبِّر أحد عن هذا البيان أفضل من ليوناردو دافنشي. كان لديه شعار خاص محدد ببساطة في كلمتين: «sapere vedere». والعبارة مزيج من الكلمة اللاتينية «sapere»، التي تعني المعرفة، و«vedere» التي تعني الرؤية، كما يقول كيفن هول في كتابه «اطمح» (Aspire). عندما نركز نظرنا على ما يحفز ويرتقي بنا في ظروفنا، وأنفسنا، والآخرين، فإننا نعرف حقًّا كيف نرى. عندما نبدأ في النظر إلى الأشياء بفهم بدلًا من مجرد رؤيتها باستخدام مستشعرات الإبصار البسيطة، فإننا نعبر عن ذواتنا العليا بوصفنا كائنات روحية. لقد فهم دافنشي أننا نرى بأعيننا وأذهاننا، لكننا نعرف أيضًا كيف «نرى» بقلوبنا. عندما نستخدم قلوبنا (شغفنا ورغباتنا الحقيقية)، يمكننا إنشاء رؤية لحياتنا. عندما تكون لديك رؤية، تصبح سيد حياتك المتحكم فيها. فأنت متحرر من أي ظرف.

لقد تأثرت بشدة بالتحية في فيلم «أفاتار» (Avatar). وَضعَ سكان القرية أيديهم على قلب الشخص الآخر، ونظروا في عينيه، وقالوا: «أنا أراك/ أفهمك». لم يقولوا مرحبًا أو صباح الخير، بل «أراك/ أفهمك».

ماذا لو كان بإمكان أي شخص آخر رؤيتك في عظمتك، في جوهرك الحقيقي؟ ماذا لو كنت تستطيع رؤية الآخرين في عظمتهم؟ سيكون العالم بالتأكيد مكانًا مختلفًا. سيتغير الاتصال بين الناس، فلن تكون هناك منافسة أو مقاومة أو قتال أو انتقاد أو خلافات دينية أو سياسية. فقط حرية وإبداع.

أود أن أترككم مع قصيدة كتبتها:

أراك
ولأنني أراك
فليس لديَّ مخاوف
لا أشعر بأي ألم
وليست لديَّ أي شكوك
وأنا أدعو
لو أنك تستطيع رؤيتي فحسب.

عِش حياتك، ودائمًا استخرج المزيد من أعماقك. امضِ قُدمًا، واحلم حلمًا كبيرًا، وكُن مؤمنًا، وطوِّر مخيلتك. استمتع بسعادة اليوم، املأها بحضورك، واخلق نفسك وعالمك.

فيكتوريا لازاروفا، بلغاريا

الفصل السادس

حدسك

مفتاح الشعور بالتحرر من المعاناة

بقلم: دون ر. نوسيرا

«الصلاة حديثُنا إلى الله، والحدس حديثُه إلينا».

- دكتور واين داير

«هل رأيت ذلك الحادث؟!».

الوقت منتصف الليل. خرجت أنا وأخي من غرفتينا والتقينا وجهًا لوجه، مذهولَين. لقد استيقظنا في منتصف الليل ونظر كلٌّ منا عبر نافذته في الوقت المناسب تمامًا، فرأينا حادث سيارة وكسر عمود الهاتف أمام منزلنا. رأينا السائق يترك السيارة ويهرب.

في تلك الليلة، فتشتُ أنا وأخي الشارع بحثًا عن علامات تدل على وقوع تصادم يسبق كسر العمود، مثل علامات الانزلاق على الطريق، أو سيارة أخرى ربما اصطدمت قبل أن تصطدم تلك السيارة بالعمود. لم نجد أي علامات. سرنا في الشارع ذهابًا وإيابًا بحثًا عن تفسير لسبب استيقاظنا قبل وقوع الحادث. فلم نعثر على شيء. ولم يجد رجال الشرطة سببًا يستدعي استيقاظنا قبل وقوع الحادث أيضًا، ولم يصدقونا.

الحدس هو شيء من هذا القبيل. ينزغك. فتتصرف، وإذا حاولتَ شرح طريقة الشعور بالحدس لشخص آخر، فمن المحتمل أن تأتيك ردود فعل مستهجِنة: «مستحيل حدوث مثل هذا!»، «لا يمكن أن تكون عرفت ذلك!»، «لا بد أن شخصًا ما أخبرك!».

في الحياة اليومية، يكون الحدس أكثر دقة. يأتيك الحدس في ومضة استبصار بشأن الطريقة التي تتم بها مشروعًا، أو معرفة عن شخص آخر جاءتك من دون سبب. قد يوقظك الحدس أو لا يوقظك في منتصف الليل.

ربما تكون أحد هؤلاء الأشخاص الذين يشكُّون في أن للحدس وجودًا. ربما يكون لديك الكثير من الحدس حول العديد من الأشياء ولم تتوصل بعدُ إلى معرفة كيف تستخدم هذا الحدس استخدامًا مثمرًا. التحدي الذي يواجه معظم الناس هو الثقة في حدسهم. وأنا لم أقابل حتى الآن شخصًا لم يصادف لحظة من البصيرة الحدسية، ومع ذلك فمعظم الناس لديهم قليل من المعرفة تساعدهم على فهم طبيعة الحدس، أو كيف يمكنهم تطوير الثقة في أنفسهم لاستخدام حدسهم بطريقة تخلق التحرر من المعاناة وتساعدهم في التعبير عن الذات على أكمل وجه.

سيساعدك هذا الفصل على فهم حدسك، ويساعدك على اكتساب الثقة في قدرتك على تسخير حدسك والتصرف بناءً عليه والمُضي قُدمًا في الحياة بكل سهولة وفرح من دون معاناة.

الحدس حالة وجودك الطبيعية

المفترض أن تكون حياتنا سهلة. المفترض أن نعيش حياتنا كتجليات طبيعية لذواتنا العليا. والمفترض أن ندخل في تواصل عميق مع روح الحياة نفسها، وأن ننسجم مع حكمتنا الداخلية. لقد خُلقنا لتلقي التوجيه والإرشاد لأنه يأتي من دون عناء من

مصدر الحياة نفسه من خلال هذه الحكمة الداخلية، وقد خُلقنا لنتصرف بلا خوف بناءً على هذه الأفكار والدوافع.

عندما كنتَ رضيعًا، كنتَ متناغمًا جدًّا مع بيئتك. إذا كان الناس من حولك منزعجين، فإن هذا يزعجك. كنتَ تعكس صورة التوجُّه السائد لمن حولك للحفاظ على سلامتك. في سن السابعة تقريبًا، بدأتَ في تطوير أفكارك وتوجُّهاتك، وبدأتَ في تطوير إرادتك الحرة. في بيئة مُحبة تتيح لك التعبير عن ذاتك وتحقيق التطور، تختبر أفكارَك الجديدة وتبدأ في إنشاء منظومة اعتقادات محددة عن الحياة. في بيئة مثالية، ستتاح لك حرية أن تتطور وتخلق مفاهيم جديدة، إما متناغمة مع اعتقادات عائلتك أو تخلق اعتقادات وأفكارًا مستقلة عن عائلتك. في كلتا الحالتين، ستعرف نفسك معرفة عميقة، وتفهم الخيارات التي يتخذها الآخرون من خلال تجاربهم. من الناحية المثالية، ستظل في تناغم مع ذاتك العليا ودوافع الحكمة التي تنقلها إليك عواطفُك من خلال ذهنك اللاواعي، وستنمو على نحو طبيعي إلى أقصى درجات التعبير عن الذات.

يرشدك استخدام حدسك إلى معرفة الغرض من حياتك، وتشكيل رؤية مثالية لمستقبلك، والعيش بسهولة، والابتهاج. استخدام حدسك هو عادةٌ تحرِّر بها نفسَك من الصراع وأنت تخلق الحياة التي تريدها.

الحدس آنذاك والآن

في الماضي، كتب العرَّافون وأهل الطب من المجتمعات الشرقية الكثير مما كتبوا منطلقين من الحدس. ووفقًا لمقال

كتبه الدكتور سارفيبالي رادهاكريشنان، يرتبط الحدس بأعلى الحالات الروحانية التي لا يمكن تحقيقها إلا من خلال التأمل أو الانضباط الذهني. وعلى الرغم من أن تعاليم العديد من المفكرين الغربيين، مثل فيثاغورس وأفلاطون وأرسطو وغيرهم، أشارت إلى أن المعرفة موجودة من دون إثبات ويمكن الوصول إليها من خلال الحدس، فإن العالم الغربي نحّى الحدسَ جانبًا كممارَسة أو كتعليم لأجيال المستقبل، واختار بدلًا من ذلك ممارَسة علم السبب والنتيجة الفيزيائي. تطرح اللبنات الأساسية للعلم سؤال: «ما فرضيتك؟». أحيانًا يُخلط بين فكرة تخمين ما سيحدث في تجربة علمية وبين الحدس. التخمين بهذه الطريقة عادةً ما يكون وظيفة من وظائف مَلَكة التفكير المنطقي، حيث يتكون التخمين من المعرفة السابقة. إنه ليس ومضة استبصار مباغِتة، وبالتأكيد هو ليس حدسًا. اصعد سلم الإنجاز في العلم، أو أي مجال آخر من مجالات الأداء والدراسة، ستجد عقولًا مليئة بالاندهاش والفضول والاستكشاف. من هذا المكان التَمعَ الحدسُ.

> «الإدراك الحدسي هبةٌ مقدسة. أما الإدراك العقلاني فهو خادمٌ مطيع. ولقد أنشأنا مجتمعًا نكرِّم فيه الخادمَ ونتغافل عن الهبة» - ألبرت أينشتاين

اليوم، نحن نعيش حقًّا في عصر مذهل، حيث يستخدم الفلاسفة وعلماء النفس والمعالجون العلمَ ليس فقط لإثبات وجود الحدس، بل أيضًا لشرح طبيعته حقًّا بطريقة تمكننا من أن نبدأ في الوثوق به باعتباره جزءًا طبيعيًّا من خلقتنا، وتعليم

الأجيال الجديدة كيف توجِّه حدسها وتثق به وتتصرف بناءً عليه في الحياة اليومية لإجراء تغييرات تدفع العالم إلى المُضي قُدمًا، والوصول إلى المزيد في الحياة، واستكشاف الأفكار الجديدة، وإبداع الأشياء التي كان يُعتقد أنها مستحيلة.

بعد قراءة هذا الفصل، ستكتسب المعرفة والوضوح حول كيفية توجيه حدسك. سوف يمنحك هذا الفهم الجديد الثقة، لكنك وحدك من ستكون قادرًا على اتخاذ خطوة بشأن ما يخبرك به حدسك. العمل هو المحك، هو الفاصل بين النجاح والفشل، فعليك أن تقرر ماذا ستفعل أو لا تفعل. حدسك موجود لإرشادك.

الحدس بوابة للاكتشاف

أحب دراسة حياة ألبرت أينشتاين. فكلما درست كتاباته، فهمتُ الحدس ورأيت أنه حقًّا بوابة الاكتشاف. ولنلقِ نظرة على الاقتباس مرَّة أخرى:

> «الإدراك الحدسي هبةٌ مقدسة. أما الإدراك العقلاني فهو خادمٌ مطيع. ولقد أنشأنا مجتمعًا نكرِّم فيه الخادمَ ونتغافل عن الهبة» - ألبرت أينشتاين

ماذا يعني هذا بالضبط؟ ولماذا «يتمتع» العلماء حقًّا بهذا الحدس؟ لقد درستُ النجاح لأكثر من عشرين عامًا في جميع المجالات. وعملت مع العديد من أصحاب الأعمال الناجحين والرياضيين المحترفين والمخترعين ومندوبي المبيعات الأفضل أداءً. في جميع المجالات، يُعَد الحدس إحدى الأفكار الكثيرة

التي تساعد الناس على دفع أنفسهم والمجتمع إلى الأمام نحو النمو والفرص. الأشخاص الذين يمكنهم التخلي عن الاحتياج إلى رؤية الأشياء مدوَّنةً على الورق ويقفزون إلى فكرة ليس لديهم أساس لفهمها في الواقع، هم الأشخاص الذين يبتكرون أفكارًا جديدة، وثمرتُها رؤيةُ أفكارهم تنبض بالحياة في واقعهم المادي، وهم الأشخاص الذين يدفعون العالَمَ إلى الأمام.

لم يكن ألبرت أينشتاين أول شخص يتحدث عن الذهن الحدسي، وكيف ساعدَه في رؤية الفرص بينما يرى الآخرون المشكلات، فكان متحررًا في إظهار اكتشافات جديدة في الحياة. كان مقتنعًا بأن الحدس هو حقًّا المفتاح لفهم هذه القوة الخلَّاقة الأساسية للكون. قال ألبرت أينشتاين: «أعتقد أن الطاقة هي القوة الأساسية في كل الخلق»، وعندما تدرك أن الحدس هو تلك القدرة على التناغم مع طاقات الخلق كله أو قراءتها، في كل العالم، فستفهم لماذا كان أينشتاين متحمسًا لاستخدام حدسه - لا أن يكون متحمسًا فقط، لأنه استخدمه كما لو كان أداته الوحيدة! علاوة على ذلك، كان لديه أشخاص عملوا معه ورأوا أن الرياضيات تتطابق مع الحدس. يخشى معظم الناس الوثوق بحدسهم بهذه الطريقة.

أريد أن أساعدك على الولوج إلى عالم الثقة. أود أن أدعوك لإلقاء نظرة فاحصة على حياتك والقول: «هل هناك أي مجال في حياتي يمكنني فيه استخدام حدسي للمُضي قُدمًا والتخلي عن بعض أفكاري القديمة والتفكير الذي عفا عليه الزمن حول

الطريقة التي يسير بها العالم؟»، ثم استجمع طاقتك وانتقل إلى دور جديد. خصِّص بعض الوقت للقراءة عن حياة أينشتاين. سترى أن حياته كلها كانت محاطة بفكرة الدور الذي لعبه الحدس في الاكتشاف العلمي. من أقواله أيضًا: «الشيء الوحيد الثمين هو الحدس. هذه هي قيمة الحياة».

عُد إلى الوراء وكُن مثل طفل. نحن بطبيعة الحال حدسيون للغاية. لديَّ ثلاثة أطفال وأتذكر عندما كانوا صغارًا، إذا دخلت غرف نومهم بهدوء وهم نائمون، يستيقظون. استطاعوا أن يشعروا بشكل حدسي بوجودي من حولهم. هكذا ولدتَ، وهكذا خلقتَ لتعيش. لقد خلقت لتستشعر وتشعر بطاقة بيئتك من دون أن يخبرك أحد كيف تشعر أو كيف تفكر. في طفولتك كنت واثقًا من نفسك. مع تقدمنا في العمر، يمكننا اتخاذ خطوات لإجراء تغييرات في البيئة إذا كان ما نشعر به لا يتطابق مع ما نريد أن نشعر به. هذا هو المفتاح، وسوف أكرره: يمكننا استخدام أجسادنا لتحريك بيئتنا، لإحداث التغييرات التي نريدها، وكذلك لرؤيتها في خيالنا. يمكننا أيضًا تغيير بيئتنا المادية لخلق اهتزاز مختلف. رتِّب بيئتك. ومع ذلك، إذا لم نرتِّب الصورة التي نحتفظ بها في أذهاننا عن بيئتنا، فستعود الأشياء إلى ما كانت عليه.

ما الحدس؟

> «القدرة على فهم شيء ما على نحو غريزي، من دون الحاجة إلى التفكير الواعي، وهو الشيء الذي يعرفه

المرء أو يعتبره محتمَلًا انطلاقًا من شعور غريزي لا تفكير واعٍ» - قاموس أكسفورد

«فعل أو مَلَكة المعرفة أو الاستشعار من دون استخدام العمليات العقلانية. إدراكٌ فوري» - فري ديكشنري (The Free Dictionary)

الحدس هو قدرتنا على التناغم مع الطاقة التي تحيط بنا. إنه قدرتنا على التناغم مع الأشخاص المحيطين ببيئتنا، أو الموقف، أو الحدث، أو بنا. إنه قدرتنا على سماع ما يجري وراء الكلمات المنطوقة. إنه قدرتنا على التواصل بعمق مع بيئتنا. يتيح لك الحدس الحصول على المعرفة، من دون فهم كيف استطعت معرفتها.

يوضح الدكتور واين داير: «بالنسبة إلى الكائن الروحي، الحدس هو أكثر بكثير من مجرد حس باطني. يُنظر إلى الحدس باعتباره إرشاد أو كلام الله، ولا يستهان بهذه البصيرة الداخلية أو تُتجاهل». وقال أيضًا: «الصلاة حديثُنا إلى الله، والحدس حديثُه إلينا».

ويصف نابليون هيل الحدس بأنه حاستك السادسة. يقول هيل إن الحاسة السادسة هي «جهاز الاستقبال» ومن خلالها تومض الأفكار والخطط في الذهن. تُسمى هذه الومضات أحيانًا «الإلهام». وقال أيضًا إنها مزيج من الذهني والروحي، ووسيلة الاتصال بين الذهن المحدود للإنسان والذكاء اللامتناهي.

قانون الاهتزاز

كي تفهم الحدس حقًّا، يلزمك فهم قانون الاهتزاز وقانون الجذب. يخبرنا قانون الاهتزاز أن كل شيء يتحرك. كل خلية في جسمك، كل جزيء يتكون منه الكرسي الذي تجلس عليه أو السيارة التي تقودها في حالة حركة ثابتة. أنت تتحرك وتنتج طاقة طوال الوقت، حتى في أثناء نومك. وحتى بعد أن تلفظ أنفاسك الأخيرة في الحياة، يستمر جسدك في الحركة. هذا النوع من الحركة يُسمى «التحلل» أو «التفكك». أما حركة النمو واتساع الحياة فتُسمى «الخلق». كثيرًا ما يقول بوب بروكتور: «أنت إما تَخلق أو تُفكك. هذا هو كل ما في الأمر». ونظرًا إلى أن كل خلية من خلاياك تهتز وتتحرك، سواء كنت على قيد الحياة أم لا، فإنها تعطي طاقة. الطاقة التي يخرجها جسمك هي تَوجُّهك. هي شيء لا يمكنك إخفاؤه في بعض الأحيان. يلتقطه الناس بوعي ومن دون وعي.

إذا كنت أنا وأنت نتحدث معًا، فسأكون قادرًا على التناغم مع اهتزازك أو توجُّهك، وسأصبح أكثر قدرة على خدمتك. إذا ارتفع اهتزازك أو توجُّهك، فسوف أشعر به. سنصل إلى مرحلة «كيف يمكن التناغم» في موضع لاحق في هذا الفصل.

لعلك ترى أنه من المثير للاهتمام أن رغبتنا في العمل معًا تخلق اهتزازًا مشتركًا جديدًا تمامًا. طاقتي وطاقتك مجتمعتان تخلقان مجالَ طاقة جديدًا وأقوى. مجموعات الأشخاص الذين يعملون أو يعيشون معًا يخلقون توجُّهًا اجتماعيًّا مشابهًا. وعندما يتمكنون من ربط توجُّهاتهم وقيمهم بهدف جماعي، كما فعلنا

لتأليف هذا الكتاب، فإن طاقتهم تتحد في وحدة واحدة من الطاقة. إنها تشبه البطارية: كلما زاد عدد الخلايا، زادت قوتها!

تخيَّل أن لديك هدفًا لامتلاك منزل جديد، وأنت تمشي داخل منزل جميل معروض للبيع، ويباغتك فورًا إحساس قوي بطاقة سلبية. المنزل مثالي لك ولعائلتك، على الرغم من أنك لا تستطيع - على ما يبدو - أن تتخلص من فكرة وجود خَطْب ما. حدسُك هو قراءة طاقة المنزل، وهو يفعل ذلك من دون طلب منك. إنها وظيفة تلقائية لعقلنا. يمنحك حدسك القدرة على الشعور بالطاقة بداخلك، والشعور بالطاقة من حولك. الحدس هو وعينا بالطاقة المحضة التي هي جوهر كل شيء نصادفه.

يوازن الحدس إرادتك والإرادة الإلهية، وينشط ثقتك بنفسك لتغيير مجرى العالم. يتيح لك الحدس رؤية ما قد يفوت الآخرين في الوقت الحاضر، ويتيح لك الحدس التناغم مع بيئتك الحالية. هذا أمر حيوي يجب فهمه عندما تعمل على تحقيق تطورك الشخصي أو نحو هدف مركَّز. يضيء حدسُك الفرصَ المتاحة أمامك فتمضي قُدمًا بسهولة أكبر. من دون استخدام حدسك لن تدرك الفرص وهي تزيح الستار عن نفسها أمام بصيرتك.

لماذا قد ترغب في استخدام حدسك

> «الحدس يقلل استهلاك الوقت والجهد. كلما اكتسبت ذكاءً حدسيًّا، زادت فاعليتك في استغلال طاقتك ووقتك» - دكتور تشايلد

عندما تستعيد الوصول إلى حالة نموك الطبيعية، تبعد عن المعاناة، وتصبح الحياة سهلة للغاية، وتحقق الأهداف بسرعة أكبر. تأتي الفرص على نحو أسرع ومع عقبات أقل. لو أن لمعاناتك وقتًا كي تتوقف فيه فقد حان الوقت الآن، لأن الوقت مهم. لديك الكثير من العمل لتنجزه على هذه الأرض. لقد خُلقت لسبب خاص للغاية. لقد خُلق كل فرد هنا لغرض أسمى، واعتقادنا بأن إنجاز الأشياء صعب يطيلُ الوقت اللازم لتحقيق أهدافنا. أود أن أشجعك على التخلي عن فكرة المعاناة والإحباط حتى تتمكن من تحقيق أهدافك بطريقة أسرع. قد ترى عند مستوى ما أن بذل جهد مُضنٍ لإنجاز مهمة ما يؤدي إلى إبطاء العملية. وهو لا يجعل إنجازها أسرع. تظن أنك تعمل بجد أكبر للمساعدة في تحقيق الهدف بطريقة أسرع وهو عكس ذلك تمامًا. يجب أن تضبط حدسك وتتناغم معه وسيُظهِر لك الاتجاه الذي يجب أن تسلكه للعثور على طريقك السهل والخالي من الجهد. ومع الممارسة ستدرك أن هذا هو ما كان من المفترض أن يكون عليه الأمر. المفترض بك أن تتحقق من حكمتك الداخلية أولًا، ثم تتخذ خطوة في الاتجاه الذي يتيحه لك حدسك. ليس المفترض بك أن تسأل وترى ما قد يظنه الآخرون قبل أن تقرر التحرك في هذا الاتجاه. فلو فعلت ذلك، فقد تفوتك الفرصة. من الطبيعي أن تبحث عن طرق أسهل للقيام بالأعمال، ويجب أن تفهم أن التخلي عن المعاناة يجعل الأمور تحدث سريعًا حقًّا!

سبب آخر لرغبتك في استخدام حدسك هو أنه يتيح لك أيضًا رؤية ما تفوت الآخرين ملاحظتُه. فعندما تتخلى عن المعاناة، تتسع رؤيتك المحيطية، ويتدفق الأكسجين إلى خلايا دماغك وجسمك، وستتمكن عيناك من رؤية المزيد. يمكن لعينيك في الواقع أن ترى رؤية محيطية، بينما كنت من قبل تتمتع برؤية نَفَقيَّة فحسب. أنا لا أتحدث عن المستوى الروحي فحسب، بل أتحدث عن القيادة على الطريق، ورؤية المزيد في محيط نظرك. يتيح لك الحدس مواءمة رغباتك مع أفعالك. قد تقع أكبر وأكثر الفرص التي لا يمكن تصديقها والتي تغير مجرى حياتك أمامك في هذه اللحظة بالذات وأنت غير قادر على رؤيتها. يحفز الحدس تلك الثقة لتغيير مسار العالم، وفي الوقت نفسه يتيح لك الصفاء الذي يلزمك لمواصلة المسار. إنه ينشط الثقة ويتيح الصفاء وراحة البال.

كيف بدأت استخدام حدسي

كثيرًا ما أقول: «يوجد طريق سهل وغير مرهق للوصول إلى النجاح، لكن لسوء الحظ قلة منهم لديهم الشجاعة الكافية للسفر خلاله!». إذا كان ذلك صحيحًا؛ وجود طريق سهل وبلا عناء للوصول إلى النجاح والرفاهية الحقيقية، فلماذا إذن يجب عليك أن تكون شجاعًا لتسافر خلاله؟

عندما بدأت رحلتي في التعلُّم كي أثق في حدسي، وهو ما تريد أنت القيام به إذا كنت ترغب في السفر في هذا الطريق السهل بلا عناء، اعتقدتُ أنها ستقودني إلى القيام بأشياء لم

أرغب في القيام بها. اعتقدتُ على وجه اليقين أنني سأتجه إلى ساعات طويلة وبائسة من العمل، والتضحية بأحلامي، والعبودية المؤلمة. والأهم من ذلك كله، أنني اعتقدت أن اتباع حدسي حقًّا يعني أنني سأضطر إلى التخلي عن أحلامي والتضحية بكل ما أردته، لأجل خدمة قضية أسمى. اعتقدتُ بالتأكيد أن حياتي ستصبح صعبة للغاية، وبقدر صعوبة الاعتراف بذلك، كنت خائفة. أردت دليلًا. كنت بحاجة إلى دليل على أنني أستطيع أن أفهم ذلك، وأن اتباع حدسي سيساعدني في تحقيق نوع النجاح الذي أردته في حياتي.

في ذلك الوقت، كنت أتعمق في دراسة ما يميز الأشخاص الناجحين عن جموع البشر، وكلما انغمست في دراسة النجاح والأداء الأفضل، أدركت أنني إذا أردت أن أتميز وأفعل المزيد وأحوز المزيد، فيجب عليَّ أن أثق أكثر. كان لكل قصة نجاحٍ قرأتها سردية لشخص يثق في حدسه، ويسير بأفكاره الخاصة على الرغم من كل الصعاب ضده، وفي النهاية يربح لأنه اتبع حدسه بدلًا من اتباع العقل أو المنطق أو الحذر الذي قدَّمه إليه الأصدقاء والعائلة بحُسن نية.

تتحدث أوبرا وينفري عن كيف شعرت عندما قرأت رواية «اللون القرمزي». لقد شعرتْ بالتواصل مع شخصية صوفيا، وعرفت للتوِّ أن عليها أن تؤدي الدور السينمائي لهذه الشخصية الروائية. في ذلك الوقت، لم تكن أوبرا قد ظهرت في أي فيلم، ولم تكن لها علاقة بصناعة السينما، ولم يكن لديها أي دليل أو

سبب أو منطق يدعم فكرة أنها ستؤدي يومًا ما دور صوفيا عندما تَحوَّلت الرواية إلى فيلم سينمائي. وعلى الرغم من بعض الآمال الكاذبة، تلقت في النهاية المكالمة التي كانت تعلم أنها ستأتيها، حيث طلب منها ستيفن سبيلبرغ اختبار أداء الدور. لقد وثقتْ في حدسها.

وأخبرني أليخاندرو توريس ماركو، مؤلف فصل «عقلك: مفتاح التفكير المستقل» في هذا الكتاب، عن حلم كان قد حلم به عندما كانت ابنته في سن عامين تقريبًا، وفي الحلم كانت غرفتها مشتعلة بالنيران، فاستيقظ على الفور وذهب للاطمئنان عليها ليجدها مصابة بحمى شديدة، وطلب الرعاية المناسبة.

في كلتا الحالتين، يبدو أن الثقة في حدسهما منحتهما ثقة لا تتزعزع بالنفس والإيمان بقراراتهما. كان الحدس موجودًا، وقرارهما بالإنصات والعمل وفقًا له شكَّل حياتهما تمامًا كما هي الحال في حياتنا.

اتباع حدسي قادني إلى أكثر مسار مهني مبهج وخالٍ من الهمِّ يمكن أن أتخيله. حيث حاولت في الماضي تركيز انتباهي وطاقتي على ما أريده، وعملت بجد، فحصلت على نتائج قليلة جدًّا. بينما ألاحظ الآن السهولة التي تصاحب جميع مجالات حياتي. الآن عندما أنصتُ إلى حدسي، وأتخذ خطوة، وأتابع من خلال وضع خطة باستخدام مَلَكة التفكير المنطقي، فإن الحياة ليست صعبة على الإطلاق - إنها حقًّا سهلة وبلا عناء. فكلما اتبعت حدسي، صارت حياتي أسهل. وعندما أشعر كأنني أعاني،

أقول بصوت عالٍ وببطء: «سهل ومن دون مجهود، سهل ومن دون مجهود، هذا ما أحب. سهل ومن دون مجهود». أفضل شيء هو أنني أنجزت الكثير في مثل هذه الفترة القصيرة. بالنسبة إليَّ، فإن تعلُّم الاسترخاء والثقة بنفسي يجعلاني في وضع يشبه «الرجوع بالزمن»، حيث تتحرك الأشياء حولي بسرعة وسهولة. قادني حدسي إلى تأليف هذا الكتاب مع شركائي الرائعين. وقد سافرت من أجل المتعة أكثر مما سافرت طوال حياتي منذ أن سلكت هذا الطريق عن قصد. لقد تواصلتُ بشكل أعمق مع عائلتي، وأقمتُ صداقات جديدة وذات مغزى. إن قدرتي على التصرف بناءً على حدسي غيَّرت كل شيء. يسميها البعض نعمة، وقد يقول اللاعب الرياضي إنني أعيش في «أفضل حالاتي». هذا لا يعني أنني لا يساورني إحباط. نعم، أشعر بالإحباط. وهذا لا يعني أنني لست مضطرة للعمل على الإطلاق. نعم، أعمل بالطبع. إنما يعني ذلك أنني أثق بنفسي في أن ما أقوم به صحيح. الإحباط الذي أشعر به نعمة؛ يساعدني ذلك على أن أتذكر أن الحياة لا يجب أن تكون بهذه الصعوبة. وعندما أشعر بالإحباط، أضبط طاقة السهولة والتدفق وأسأل: «ما الذي يلزمني فعله، أو تذكُّره، أو فهمه، حتى أجعل هذا الأمر أسهل مما يبدو؟».

في البداية، وقبل وقت طويل من استيقاظي في منتصف الليل ورؤية السيارة وهي تصطدم بالعمود أمام منزلنا، قمت بضبط حدسي بشكل عشوائي، ومع ذلك، لم أكن أعرف كيفية ضبط حدسي على الطاقة التي أردت ضبطها. كنت ألتقط طاقة

الشارع وأشعر بالغثيان. وكنتُ أستبطن طاقةَ زملائي الفاشلين في الكلية وأشعر بالفزع من دون سبب واضح. لم أكن أعرف كيف أركز حدسي أو كيف أحمي نفسي من الطاقة السلبية التي أحاطت بي. كنت منفتحة ومتقبلة للغاية، لكنني لم أكن أعرف كيف أدرب لاوعيي على ضبط المشاعر التي أردت التناغم معها.

حلمت ذات مرَّة بأن أخت صديق قديم لي حامل. لم يكن هناك شيء ذو بال في الحلم، سوى أنها كانت حاملًا. لم أتحدث إلى هذا الصديق منذ وقت طويل، وهكذا فكرت أن إخباره عن حلمي سيكون سببًا رائعًا لإحياء التواصل معه ومتابعة أخباره. عندما أخبرته عن حلمي، أكد لي أن أخته ليست حاملًا، ومضى ليخبرني كم كان الحلم سخيفًا. قال: «إنها متزوجة وتوشك على إنهاء دراستها في التمريض. وإنجاب طفل سيدمر كل شيء عملتْ بجد من أجله!». لقد كان غاضبًا بالفعل من مجرد حلم. أما أنا ففسرت هذا الحلم على أنه محاولة لاشعورية مني للتواصل معه لا أكثر. وبعد أسبوع اتصل بي ليخبرني بأن أخته حامل بالفعل وأنها اكتشفت حملها في يوم اتصالي به!

كان لديَّ حدس جموح. أستقبل معلومات طوال الوقت عن أشخاص وأماكن وأحداث لم يكن لي أي شغل بها وبالتأكيد ليس لديَّ رغبة في مشاركتها مع أي شخص آخر. مقدار الاستبصار القليل الذي كنت أستقبله لم يكن موضع ترحيب دائمًا من الآخرين، كالحلم بأخت صديقي. لم يكن لديَّ أي

سبب لتوجيه حدسي. لكن عندما بدأت أخيرًا في استكشاف حدسي وتوجيهه، تغيرت الحياة بالفعل بالنسبة إليَّ.

لقد كان تعلُّمي الوثوق بحدسي رحلة. لقد منحني تعلُّم توجيه حدسي نحو غايات محددة أفضلَ المكافآت. وكان التحلي بالصبر على طول الطريق أعظم هبة لنفسي، وما زلت أتعلم هذا!

قد يكون حدسك أنت أيضًا جامحًا. قد تكون مشغولًا في التقاط أفكار لأشخاص آخرين بحيث لا تعرف متى تكون أنت المعني بهذه الرسائل. ربما تكون أنت الرجل الذي يستقبل استبصارًا رائعًا في اللحظة الأخيرة ولا يتصرف وفقًا له، ثم تشعر كأنما أنت ضحية عندما يأخذ شخص آخر الفكرة نفسها، ويتصرف وفقًا لها، وينسب إليه الفضل. في الواقع، كل الأفكار هي مجرد طاقة. إنها موجودة من أجلك للعمل بناءً عليها، وأولئك الذين يعملون عليها هم الذين يستفيدون من أفعالهم. إذا كان لك أن تستفيد بأي شيء من هذا الفصل، يُرجى أن تلاحظ أن الحدس لن يتحمل المسؤولية، بل التصرف والعمل بناءً على حدسك يمكن أن يعودا عليك بنفع عظيم! العمل هو ما يحرك الانجذاب.

الحدس أو النماذج الإدراكية

عندما حاولت استخدام حدسي أكثر فأكثر، أدركت أنني كنت أحدس بدرجة عالية. التقطتُ الطاقة طوال الوقت. كنت أرغب في استخدام هذه الأداة لأساعد نفسي على التطور، وليس

فقط لالتقاط الطاقة بشكل عشوائي من الغرباء. بقيت مشكلة واحدة: لم أكن أثق في حدسي. لم أثق في مشاعري. بدأت أتصرف بناءً على العديد من الأفكار التي وصفتها بأنها «حدس»، ولم يحدث شيء سحري، ولم يتغير شيء! لم أكن أحقق نموًّا. لم أكن أحقق أهدافي. كنت عالقة في مكاني. لم أكن أعلم أننا نستقبل معلومات من حدسنا ومن برمجتنا السابقة (نماذجنا الإدراكية). كنت أحسب النماذج الإدراكية بالخطأ حدسًا، ولم تثبت نماذجي الإدراكية أنها أفضل دليل. لقد قادني الإنصات إلى نماذجي الإدراكية دائمًا إلى المكان الذي بدأت منه، عالقة في نطاق الركون إلى الراحة. دعني أوضح.

عندما كنا نيسر التدريب على «سبعة مفاتيح للحرية»، سأل أحدهم هذا السؤال: «أفكر في هدفي الجديد، لكن لا تزال أفكار مجنونة تهاجم ذهني. كيف يمكنني إذن التمييز بين الأفكار النابعة من الحدس، والأفكار النابعة من الروح، والأفكار النابعة من نماذجي الإدراكية؟ كيف يمكن للمرء أن يميز الفارق؟».

هذا سؤال عظيم. نحن خُلقنا مزودين بالقدرة على الإنصات واتباع حدسنا. ومع ذلك، فإن معظمنا يسترجع نماذجنا الإدراكية ويشعر بأنه عالق في مكانه. أن تصبح خبيرًا في تمييز الحدس عن النماذج الإدراكية سيكون أمرًا ممتعًا بمجرد أن تفهم الاختلافات الدقيقة بينهما، وتلتزم باتباع الحدس لا تلك النماذج.

لعلك استوعبت بالفعل فكرة أن الحدس يدفعك إلى الأمام، ويدفعك نحو النمو والتوسع والمزيد من الحياة، بينما تجعلك

النماذج الإدراكية تتحرك في دوائر. نوقشت النماذج الإدراكية عبر هذا الكتاب، وذلك لسبب وجيه للغاية، هو: العقبة الوحيدة التي تعترض نجاحك في أي مجال من مجالات الحياة هي النموذج الإدراكي القديم أو العادة التي لم تعد تنفعك. اتباع حدسك هو أسهل طريقة لتحقيق قفزة نوعية في النتائج التي تحققها. ومع ذلك، فإن الحدس ليس له وجه. لا يمكنك إثبات أفكارك الحدسية لزملائك وأصدقائك. في معظم الأوقات، لا يمكنك سوى تقديم أسباب تدعم حدسك، مع عدم الكشف عن حقيقة أنك تمضي قُدمًا بناءً على شعورك الغريزي. وكما ترى، يَظهر كلٌّ من الحدس والنماذج الإدراكية في حياتك من خلال عواطفك. إذا كنت تولي اهتمامًا وثيقًا، فستجد أن الشعور النابع من النموذج الإدراكي هو رد فعل لشيء خارج ذاتك. أما الحدس فيتطلب منك أن تستجيب لموقف ما، وغالبًا هو لا يظهر ما لم يُطلب منك ذلك. الحدس لا يصدر الأحكام. قد يطلب الحدس منك أن تفعل شيئًا وأنت لا تعتقد أنك قادر على فعله. قد يطلب منك التحدث إلى شخص ما كنتَ تتجنبه. الحدس لا يحكم على قدرتك أو أي شيء يتعلق بأي شخص معنيٍّ. لكن على الجانب الآخر، فالنماذج الإدراكية تصدر الأحكام. إذا كانت فكرة ما نموذجًا إدراكيًا، فإنها تأتي مع مفاهيم سابقة عن الأشخاص أو الأماكن أو الأحداث الأخرى. النماذج الإدراكية تجلب معها جوهرًا من الخوف والشك والقلق، بينما الحدس يجلب معه الحب والتفاهم وعقلًا متفتحًا. مع الحدس لا يأتي شك - أنت تدركه فحسب.

دانييل كانمان، الذي يُنظر إليه على نطاق واسع باعتباره أحد أكثر علماء النفس تأثيرًا في العالم الحديث، يشير إلى أن الحدس هو نظام تفكير يحدث تلقائيًا وبصورة طبيعية. وهو يسمي نظام التفكير هذا ببساطة: «النظام 1»، ويطلق على النظام الأساسي الثاني، وهو التفكير المنطقي: «النظام 2».

النظام 1 سريع. النظام 2 بطيء. النظام 1 خالٍ من الشك أو الخوف. إنه سريع، وتلقائي، وغير دقيق دائمًا، وفقًا لرأي كانمان. النظام 2، الذي يعمل بدافع العقل، يجمع المعلومات المخزنة في ذهننا اللاواعي لاتخاذ قرار. يجري تشغيل النظام 2 بناءً على المعرفة السابقة والاعتقادات اللاواعية والفهم السابق، بينما يعمل النظام 1 بناءً على الإلهام. يوضح الجدول أدناه كلا النظامين. يجب أن نفهم ذلك، لأننا نحتاج إلى عمل كلا النظامين بفاعلية. وإلا فقد نصبح متهورين في أفعالنا، أو العكس، واقعين تحت رحمة الخوف فيصيبنا بالشلل وندخل في حالة من الجمود.

النظام 1 - نظام الحدس	النظام 2 - العقل
✓ سريع ✓ تفكير تلقائي وطبيعي ✓ خالٍ من الشك أو الخوف ✓ يعمل بالإلهام ✓ غير دقيق دائمًا	✓ بطيء ✓ يجمع معلومات تخزَّن في ذهننا اللاواعي من أجل اتخاذ قرارات. ✓ يعمل بالمعرفة السابقة والاعتقادات اللاواعية والفهم السابق.

العقل ليس هو النماذج الإدراكية. النموذج الإدراكي هو البرمجة اللاواعية. إنه موجود بالفعل، وعقلك يمنحك القدرة على التفكير بالطريقة التي تريد التفكير بها بشأن أي فكرة. إذا كان الحدس هو دليلنا إلى أقصى درجات التعبير عن الذات، فإن عقلنا هو الأداة التي نحتاج إلى استخدامها لاكتشاف ما إذا كانت الفكرة التي جاءت إلينا هي استبصار حدسي أم فكرة قديمة أم نموذج إدراكي يظهر مجددًا لإبقائنا آمنين.

يسعى معظمنا وراء العقل أولًا فنستبعد منظومة النجاح الطبيعي لأجسادنا. لم نأخذ الوقت الكافي للتعرف على كيفية عمل الجسد وكيف نميز النظام الذي نعمل معه. العملية الطبيعية هي أن تستمع إلى حدسك ثم تتابعه بالعقل. هذا هو طريقنا الطبيعي للنمو والتحقق. نحن مخلوقون بطريقة تحفزنا على التعلُّم والنمو، والثقة في حدسنا، والتصرف على أساسه باستخدام العقل. عندما يعمل النظامان 1 و2 بانسجام، فإننا نسمي هذا الانسجام «حكمة». إذا كنت تستمع إلى النظام 1 فحسب، فسيقال إنه تصرف أهوج، وإذا كنت تستمع إلى النظام 2 فحسب، أو مَلَكة التفكير المنطقي، فستجد نفسك تفعل العديد من التصرفات نفسها التي كنت تفعلها دائمًا وتحصل على النتائج نفسها. لكن عندما يعمل كلٌّ من العقل والحدس معًا، تمضي الحياة قُدمًا بلا عناء.

لكي تدرك نوع الشعور الذي يشير إلى الإرشاد الحقيقي، ابحث عن ثلاث صفات: الهدوء، والوضوح، والفرح. الحدس قائم دائمًا على شعور عميق بالهدوء والتجرد.

وأفضل طريقة لمعرفة الفرق هي الانتباه إلى مشاعرك وممارساتك! أنا أصبح أفضل وأفضل كل يوم في استخدام حدسي والثقة به، وهو ينفعني جيدًا - وقد استغرق هذا وقتًا.

إذا كنت تبحث عن دليل على أن حدسك نشيط، فإليك بعض العلامات:

حينما تكون نماذجك الإدراكية متحكمة	حينما تستخدم حدسك
✓ تشعر بالذعر من القرار ✓ تتفاعل برد فعل أو تتخذ قرارات بدافع الخوف ✓ تشعر بأنك واقع في فخ	✓ تشعر بالتناغم مع القرار ✓ قراراتك مبنية على ما تريده ✓ تشعر بالتحرر

كيف تعرف حدسك وتثق به

هل تذكر؟ قال الدكتور كانمان إن الحدس يأتي بسرعة ويأتي غير مصحوب بشك أو خوف أو قلق. يرى بعض الناس ومضة استبصار مفاجئة تأتي مع الثقة والإيمان، وهم يحاولون على الفور ربط هذه الومضة بتجاربهم الشَّرطية عن الطريقة التي يسير بها العالم. وهكذا، بدلًا من تنمية الإيمان والثقة في حدسهم، يبدأون في الشك فيما أظهره لهم حدسهم - ويتحول هذا الشك إلى خوف ويتحول الخوف إلى قلق. يبدو معقولًا أن الثقة في حدسك ستكون طريقة مؤكدة لإنهاء القلق.

حتى في مواقف الحياة أو الموت، عندما يسيطر حدسك، يتولد شعور بالتحرك الهادئ والقصدي الذي يأتي من وعيك التام بما يجب

فعله لإنقاذ روح أو للفرار من ضرر. أفاد العديد من الممرضات والمهنيين في المجال الطبي الذين شاركوا قصصهم مع إليزابيث لويد ماير في أثناء عملها على تأليف كتابها «معرفة استثنائية»، أنهم في حالات الأزمات يعرفون ما يجب عليهم فعله. هذا هو قانون الحياة. يقول قانون الحياة: «حياة أكثر من أجل الجميع!».

أن تصبح سيدًا لمشاعرك وعواطفك أمر ضروري لإتقان حدسك. إذا كانت لديك مشاعر جامحة، فسوف يصعب إدراك أي ومضات حدسية. إن تعلُّم تهدئة مشاعرك، وليس قمعها، يفضي إلى السيطرة على الذات والقدرة على التناغم مع بيئتك.

يمكنك أيضًا استخدام مشاعرك لقياس مكانك بالنسبة إلى ما تريده من الحياة. إذا كنت تشعر بإحباط وانسحاق، فمن المحتمل أنك تحتاج ببساطة إلى استخدام مَلَكاتك الفكرية لتغيير منظورك وتركيزك والوصول إلى شعور أفضل. بمجرد أن تشعر بالرضا وتوجه أفكارك، بدلًا من قمعها، يمكنك أن تكون متأكدًا من أنك تسير إلى ما تريده. وهذا الفهم يقودك إلى التخلص من أي قلق أو شك لديك بشأن حياتك.

تربى معظم الناس على كبح المشاعر حتى لا يزعجوا الآخرين؛ ومع ذلك، فالطريقة الوحيدة التي يمكننا من خلالها الوصول إلى السيادة على الذات التي نسعى إليها هي التناغم مع مشاعرنا وتوجيهها بإرادتنا نحو ما نريده في حياتنا.

يبذل أنجح الناس جهدًا لتطوير حدسهم. إنهم يعرفون أن مشاعرهم تشبه جهاز الرادار الذي ينسجم مع المعرفة

العالمية والذكاء اللامتناهي. إنهم يفهمون أن الروح بداخلهم هي مصدر مشاعرهم.

كيف تطور حدسك وتثق به

أول شيء أقوله للناس، لا سيما إذا كنتَ شخصًا حدسيًا إلى حدٍّ ما، هو أن تجد لنفسك هدفًا أو رغبة. إن أشد ما تتمنى هو الجزرة المعلقة على عصا أمام الحصان. هذا هو المنشِّط الذي يدفعك إلى المُضي قُدمًا. ابحث عن أهدافك، وعندما تركِّز طاقتك واهتمامك على ما تريده، ستبدأ في جذب الأفكار والطاقة التي تتواءم مع غايتك ورغبتك وحدها. وهذا أمر مثير، لأنك تصبح مغناطيسًا «سريعًا» يجذب الأشياء التي تلزمك كي تصل إلى غايتك، وتحقق أهدافك. إن مدار الاستفادة من حدسك هو أن تتيح لنفسك أن تكون كما يفترض بك أن تكون، أكثر من مجرد تحقيقك هدفًا. ومع ذلك، فالهدف من رغبتك هو دفعك للمُضي قُدمًا لتتحرك في اتجاه هدفك الأسمى. آمل أن يشكِّل هذا معنى منطقيًا بالنسبة إليك، حتى تتمكن من استغلال هذا في حياتك الخاصة.

يرتبط الحدس ارتباطًا وثيقًا بقانون التقاطب، الذي يقول إن كل شيء له مساوٍ ونقيض. أعلى يقابله أسفل، داخل يقابله خارج، يسار يقابله يمين، وهكذا. يمكنك ضبط نفسك بسهولة مع الخير في موقف ما كما يمكنك ضبط نفسك على السيِّئ فيه. أود منك حقًّا أن تعي هذا المفهوم. يوجد أشخاص ضبطوا أنفسهم فقط على الطاقة السلبية في العالم من حولهم، وهذا ما

يَجذبون إلى أنفسهم. لكن قراءتك هذا الكتاب تعني أنك تريد التحرر من هذه السلبية. أنت تريد حقًّا التناغم مع الجيد. لذلك عندما تتدرب على استخدام حدسك، فعليك أن تتدرب على التناغم مع الخير، لأنه سيجعلك تعتاد ممارسة ورؤية ما هو رائع في العالم.

أدعوك إلى الثقة. الثقة هي توجُّهٌ يجب عليك العمل عليه بنفسك. ثق بأن استخدام حدسك يمكن أن يُحدث تغييرًا هائلًا في حياتك إلى الأفضل. تُحدد سرعةُ استفادتك من حدسك سرعةَ تحقيقك قفزة نوعية. والجميع يريدون هذا النوع من القفزة النوعية التي تترك أثرًا على العالم. يمكنك تحقيق قفزات من دون استغلال حدسك. ولكن حدسك هو المَلَكة الوحيدة التي ستساعدك على تحقيق القفزة النوعية التي تريدها حقًّا في عمق أعماقك.

المفتاح الرئيسي لتحرير الحدس

ما المفتاح الرئيسي الذي يحرر حدسَك؟ لعلك خمنته بالفعل. المفتاح الرئيسي هو «السؤال»! إننا نحصل باستمرار على إجابات لجميع أسئلتنا. هل تذكر مقولة: «سَلْ تُعطَ»؟ هذه هي الطريقة التي خُلقنا عليها. خُلقنا لنطلب ونستقبل. نستقبل الردود دائمًا، لكن معظمنا يسأل أسئلة خطأ. نسأل: «لماذا الأمور صعبة؟»، أو «لماذا الأمور صعبة للغاية؟»، بدلًا من ذلك، يجب أن نسأل: «لماذا الأمور سهلة؟»، «كيف يمكن أن أجعل هذا أسهل؟». أنت تريد أن تصبح خبيرًا في طرح الأسئلة الصحيحة على نفسك.

إذن، المفتاح الرئيسي هو السؤال الذي تطرح. إذا كنت مندوب مبيعات مستعدًّا لإجراء مكالمة مبيعات، فبدلًا من التقاط القائمة التي أجريتها بالأمس، يمكنك طرح السؤال الرئيسي: «بمن يجب أن أتصل اليوم؟». أنت تنصت إلى ما يمنحك إياه ذهنك الحدسي، وتفعله. ومع أن مفتاح الحدس هو السؤال، يلزم اتخاذ خطوة حتى تحقق نتائج. لذا فدعوتي لك لاتخاذ خطوة هي: إلى من تنصت حقًّا؟ هل تنصت إلى عالمك الخارجي؟ هل تنصت إلى بيئتك؟ هل تنصت إلى نماذجك الإدراكية القديمة؟ أم أنك تنصت إلى قلبك؟ هل تستغل الرغبة الكامنة في قلبك؟ رغبتك تنبع من قلبك. هل تنصت إلى قلبك؟

الصيغ التوكيدية يمكن أن تساعدك

إليك بعض الصيغ التوكيدية التي يمكنك استخدامها لتساعدك على الاستفادة من حدسك:

> «أجذبُ بسهولة وبلا مجهود كل المعلومات والأشخاص والأحداث التي تساعد في خدمتي التي أقدِّمها إلى العالم». على كل حال، هذا هو كل ما في الأمر. تقديم خدمة للعالم، وسيكافئك الكون.

> «أتوافق بسهولة وبلا جهد مع الحقيقة في جميع المواقف». الحدس هو القدرة على الاستفادة من الحقيقة في كل موقف. بالاستفادة من الحقيقة الأساسية، نكون جميعًا متحدين ومترابطين.

«أركز بسهولة ومن دون عناء على المكان الذي أذهب إليه، وسيتكشَّف الطريق أمامي».

هذه بعض الصيغ التوكيدية الممتازة لمساعدتك على المُضي قُدمًا.

ملخص

لقد ولدتَ مزودًا بمَلَكة الحدس. الجميع يمتلكونها، ووفقًا لسونيا شوكيت، توجد أربع خطوات يمكنك استخدامها لتطوير حدسك:

الخطوة الأولى: الانفتاح أمام الحدس! اسمح لنفسك بالاستمتاع بفكرة أن لديك إمكانية الوصول إلى مصادر قوية للحكمة غير المرئية التي يمكنك الاتصال بها بإرادتك.

الخطوة الثانية: التوقُّع. توقَّع أن تتلقى إجابة عن أسئلتك.

الخطوة الثالثة: ثق به. ثق بأن حدسك موجود ليرشدك إلى أهدافك ونحو حياة أثرى. اكتب تلك الأحاسيس البديهية عندما تأتيك، أو على الأقل تحدث عنها بصوت عالٍ.

الخطوة الرابعة: السماح لنفسك بتجربة حدسك والتصرف بناءً عليه. خذ خطوة بناءً على حدسك على الفور. تذكر أن الكون يحب السرعة. ليس عليك أن تعرف سبب قيامك بأي شيء، وغالبًا ما يكون من الأفضل ألا تعرف كل التفاصيل عندما تتصرف بناءً على حدسك. سيأخذك الحدس دائمًا إلى حيث تريد أن تكون.

ثمة سحر في اتخاذ تلك الخطوة الأولى، وبعد ذلك سيُظهر لك الكون الخطوة التالية. سيخرج معظم الناس عن المسار الصحيح عند استخدام حدسهم. سيظنون أنهم يلتقطون طاقة من الهدف، بينما هم في الواقع يلتقطون طاقة النموذج الإدراكي، الخاصة بهم أنفسهم وبالآخرين!

1. كُن واضحًا بشأن هدفك أو رغبتك. ماذا تريد؟
2. كُن منفتحًا لتلقي الحدس الذي سيرشدك في هذا الاتجاه.
3. توقَّع من حدسك أن يُظهر لك الفرص فور ظهورها.
4. ثق في أن حدسك سوف يدفعك فعلًا إلى الأمام.
5. اعمل! تصرف بناءً على حدسك في أسرع وقت ممكن.

يأتيك الحدس بطرق عديدة، من خلال الأحلام، من خلال إحساس باطني، من خلال الرؤى. في بعض الأحيان يأتي الحدس ويكون لديك وضوح فوري حول موقف ما، وفي أحيان أخرى يمكنك فقط التقاط جزء من المعلومات التي لا معنى لها إلا بعد مرور سنوات، عندما تنظر إلى الوراء فترى كيف توافقت جميع الأجزاء معًا. الهدف الأسمى من حدسك هو أن تتيح لنفسك رؤية الفرص التي قد تتجاهلها في ظروف أخرى. عندما تعمل على الفرص التي تأتي إليك، وتعرف أن الذكاء اللامتناهي ينير طريقك، سيكون من الأسهل أن تكون واثقًا من اتخاذ الخطوات. الحدس ليس مفتاحًا لمساعدتك على التحرر من المعاناة فقط، بل هو أيضًا مفتاح لاكتشاف ذاتك.

دون ر. نوسيرا، الولايات المتحدة الأمريكية

الفصل السابع

إرادتك

مفتاح تجلي الحرية

بقلم: دون ر. نوسيرا، والعقل السابع

«استخدم قوة إرادتك لإبعاد ذهنك عن موضوع الفقر، ولإبقائه ثابتًا بالإيمان والغاية على رؤية ما تريده».

- والاس د. واتلز

عندما كبر ابني، بدا كأن حَمْلَه على فعل أي شيء أطلبه بمثابة صراع. لا يهم ما أطلب منه، سواء تنظيف أسنانه أو ترتيب غرفته. كان رده المفضل: «سأفعل». وفي كل مرَّة أسأله: «متى؟». حدث هذا بانتظام. زادت انفعالاتنا ونفد صبري. لقد ركضنا في دوائر لانهائية، إلى أن خطر لي ذات يوم في منتصف معركة من معارك «سأفعل» المتكررة، كيف كان الأمر سخيفًا حقًّا. فبينما تمسَّك كلانا بما يراه، تركنا ما يجب علينا فعله. من المثير للاهتمام كيف نستخدم عبارة «سأفعل» من دون تفعيل إرادتنا في الواقع.

إرادتك هي أهم أصلٍ لديك. يقول معظمنا - مثل ابني - إننا سنفعل شيئًا ما، لكننا لا نفعله في الواقع.

فكِّر في مجال من مجالات حياتك تريد حقًّا تغييره أو تحسينه. لقد اكتشفتُ أن معظم الناس يعرفون ما يجب عليهم فعله لإحداث التغيير، لكنهم لا يفعلونه. هم لا يفعلون المطلوب في كثير من الأحيان لمجرد أنهم لا يفهمون كيف عليهم تطبيق إرادتهم بطريقة تحقق ثمرة سهلة بلا عناء. هم عالقون في الظن بأن الأمر سيكون صعبًا أو سيستغرق وقتًا كثيرًا.

توجد طريقة لإنفاذ إرادتك، بحيث يأتي الفعل الذي تقوم به بانسياب طبيعي وبلا معاناة. للأسف، نحن نستخدم إرادتنا لخلق المزيد من الشيء نفسه الموجود في حياتنا، ونظن أنه يتعين علينا استخدام إرادتنا لنجبر أنفسنا على فعل شيء لا نريد فعله، مثل ابني ومسألة تنظيف غرفته وترتيبها. نظن أنه يتعين علينا استدعاء إرادتنا لنحمل أنفسنا على فعل شيء لا نرغب في فعله. إن الإجبار على فعل شيء يعني أن أقول: «لستُ راغبًا في فعل ذلك لكنني سأجبر نفسي على فعله، على أي حال». فالإجبار ما هو إلا قهر. هو ضغط. الإجبار (أي القوة) هو شيء حقيقي على المستوى الذهني كما هو على المستوى المادي. القوة تنفي كل شيء. لكل فعل رد فعل مساوٍ له في القوة ومضاد له في الاتجاه. عندما نستخدم إرادتنا لإجبار أنفسنا على فعل أي شيء، يسميها الناس «قوة الإرادة». وعلى الرغم من أن العديد من الأشخاص قد حققوا نجاحًا كبيرًا في استخدام إرادتهم بهذه الطريقة، فسوف تكتشف من خلال قراءة هذا الفصل أن القوة ليست هي أفضل استخدام للإرادة.

إرادتُك مَلَكة فكرية، وعند استخدامها استخدامًا صحيحًا تخلق تغييرًا دائمًا في برمجتك، وليس مجرد تغيير مؤقت في الفعل. إرادتك ليست قوة وليست نتيجة، بل هي مَلَكة تتيح لك تغيير النتائج، وليس مجرد تكرار المزيد منها. يحدث هذا التغيير بداخلك، وهو تغيير دقيق مثل حافة الموسى.

الإرادة والعمل

من التعبيرات الشائعة: «يجب أن أفعل هذا أو ذاك». تتضمن كلمة «يجب» إلزامًا قهريًا على فعل شيء ما تفرضه قوة خارجية. إذا توقفت وفكرت في الأمر، فستجد أنك لا «يجب» عليك فعل أي شيء أبدًا. لكن عندما تعي أن اختيارك هو أن تفعل ما ستفعل، فلن تشعر ساعتها بأنك «يجب عليك فعله» بعد الآن. تصبح مدركًا للقرار الذي تتخذه من خلال أفعالك. عندما تقول: «يجب عليَّ أن أذهب إلى العمل»، فأنت لست مضطرًا لذلك، أليس كذلك؟ إنك في كل يوم تتخذ قرارًا بالذهاب إلى العمل بدلًا من البقاء في المنزل أو فعل شيء آخر، بسبب الفوائد التي تنتفع بها بذهابك إلى العمل الذي تقوم به. آمل أن يساعدك هذا الفهم على رؤية عملك من منظور مختلف. فمن خلال تحويل فكرة «يجب عليَّ أن أذهب إلى العمل» إلى «أختار الذهاب إلى العمل»، فإنك تضع مسؤولية العمل الذي تقوم به في المكان الذي تنتمي إليه، مسؤولية العمل بيدك أنت! من خلال هذا المنظور الجديد، تصبح على دراية بكيفية استخدام إرادتك، ليس لإجبار نفسك على فعل شيء لا تريد فعله، وإنما لتغيير منظورك إلى العمل الذي تقوم به. ابحث عن فائدته أولًا واستوعبها، عندئذ سيبدو أداء العمل أسهل وأقل إرهاقًا من أي وقت مضى.

لكي تستخدم إرادتك بطريقة تُحدث تغييرًا دائمًا في حياتك، انظر إلى إرادتك في ضوء جديد. انظر إلى إرادتك على حقيقتها، أي قدرتك على تحمل المسؤولية وتحويل الطاقة الكامنة في مَلَكاتك.

حوِّل الخوف إلى إيمان

إن أنسب استخدام لإرادتك هو ببساطة تحويل الخوف إلى إيمان. فكِّر للحظة في عدَّاءة ماراثون ناجحة. إنها لا تجبر نفسها على تجاوز «جدار الإنهاك» (runner's wall). ما تفعله هو أنها تأخذ الطاقة، والخوف من أنها لا تستطيع تجاوز خط النهاية، وتحول هذه الطاقة إلى إيمان بأنها يمكنها ذلك. فهي تختار أن تنهي السباق! إن استخدام إرادتك بالطريقة المقصودة يؤدي دائمًا إلى الإيمان. أما أي شيء آخر فهو قوةٌ وإجبار. وأود أن أذكِّرك بأن القوة تنفي دائمًا. القوة تخلق قوة مساوية لها ومعاكسة تدفع في اتجاه مضاد. القوة تخلق مقاوَمةً ضد التغيير الذي تحاول إحداثه! ومع ذلك، فعندما تستخدم إرادتك بالطريقة المقصودة، فإنك تحوِّل طاقة الركود إلى طاقة خلق، وطاقة الركون إلى طاقة حظ. أنت تتخلص من طاقةِ مقاوَمة النجاح الذي تريده، وتسمح لنفسك بأن تكون جزءًا من طاقة الحياة نفسها. تصبح مسؤولًا عن نجاحك.

أسمى استخدام لإرادتك

أنت الآن تعرف الفرق بين استخدام إرادتك كقوة، واستخدام إرادتك لخلق الإيمان. اسمح لي أن أشرح ما هي إرادتك، حتى تتمكن من استخدامها لإحداث التغيير الذي تريده حقًّا في أي مجال من مجالات حياتك. إن أسمى استخدام لإرادتك هو الحفاظ على مَلَكاتك الفكرية في الوضع الذي يمكِّنك من الحفاظ على أوضح رؤية لنفسك، فتشهد أفضل

نتيجة ممكنة تستطيع تخيلها. وضوح الرؤية يُلهم بأكثر خطوة تتسم بالكفاءة والغائية والطبيعية. عندما تستخدم إرادتك كما قدر لها، يصبح نموك والتعبير عن نفسك جزءًا طبيعيًّا من الحياة، ولن تحتاج إلى العراك مع نفسك من أجل التغلب على بعض العقبات أو التحديات المتخيلة. ضمن الرؤية الواضحة لأفضل نتيجة ممكنة، لا مجال للشك أو معارضة القوى. فأنت تتمسك بالرؤية، وتدرك أن نجاحك أو فشلك مسألة اختيار.

اقرأ الفقرة أعلاه مرَّة أخرى، ففيها كل ما تحتاج إليه لتغيير كل جانب من جوانب حياتك. تُحوِّل إرادتُك الترددَ الداخلي للاهتزاز من مستوى إلى آخر. تخيَّل استخدام إرادتك للتوقف عن العراك مع نفسك حول مظهرك أو كمية الطعام الذي تتناوله. كيف سيكون شكل علاقتك بجسمك التي تدعم هدفك في الحياة بدلًا من استخدام جسدك عذرًا تبرر به السبب وراء «عدم تمكنك» من أن تعيش هدف حياتك.

التركيز أحادي التفكير

التركيز على ما تريده بوصفه نقيض ما لا تريده هو أمر ضروري لتغيير طاقتك من الخوف إلى الإيمان، ويمكن أن يحدث هذا التركيز بسهولة نسبية إذا كان لديك قدر ضئيل من قوة التركيز. غيِّر فكرة أنك يجب عليك إجبار نفسك على إنقاص وزنك لأنك تخشى ألَّا يحبك الناس، أو الأسوأ من ذلك لأنك لن تحب نفسك إذا لم تكن نحيفًا. ركِّز على الصحة واللياقة التي تتمتع بها بالفعل من خلال تأملك نعمة وجودك على قيد الحياة.

فكِّر في أعضاء جسمك التي تؤدي وظائفها بكفاءة، وخصِّص بعض الوقت لتقدير نعمة الجسد وجميع وظائفه التلقائية بدلًا من اعتبار صحتك أمرًا مفروغًا منه. قلبك ينبض، رئتاك تتنفسان، خلاياك العصبية تعمل بكفاءة، وكل هذا يتم من دون تدخل منك بتوجيه، بل من دون انتباه. دع فكرة ارتقائك صحيًّا تتسرب إلى ذهنك. ربما يكون هذا التحول هو أهم عمل يمكنك فعله من أجل نفسك. فهو يخلق إيمانك بنفسك وبقدراتك. وعادةً ما تكون بذرة الإيمان الصغيرة هذه هي كل ما يلزمك كي تنتقل من معرفة ما يجب القيام به إلى تنفيذه فعلًا. التركيز هو القوة الحقيقية وراء إرادتك. ومع ذلك، فإن محور تركيزك هو دائمًا مسألة خيار.

الكثير مما كتب عن الإرادة يتناول التركيز. والتركيز هو الجهد الذهني لتوجيه انتباه الفرد. وأود أن أدعوك إلى الانتباه إلى الاختلاف في مشاعرك عندما تفكر في التركيز. يجب ألا يكون الشعور هو شعور بالصراع والمعاناة أو التعب. سترغب في العثور على شعور بالحرية أو الراحة.

إرادتك هي الأداة التي تربط بين العالم الذهني والروحي والعالم المادي. إرادتك هي القوة الفكرية التي تحوِّل الأفكار إلى أشياء وخبرات في حياتك. عندما تركز على رغبتك وتشعر بأنك تمتلك هذه الرغبة، فإن تركيزك واهتمامك يكونان في المكان الذي يجب أن يكونا فيه، وكل الخطوات التي تتخذ من هذا المكان تتماشى مع أسهل تجربة ممكنة وأكثرها بهجة في تحقيق تلك الرغبة. تذكَّر، حيثما تُركِّز انتباهك يكن اختيارُك.

حاول أن تتذكر مرَّة كنتَ فيها شديد التركيز على نتيجة واحدة. قد يذكِّرك ذلك بالوقت الذي سعيت فيه للحصول على أول وظيفة مدفوعًا إلى هدفك بتركيز كامل عليه وحده، أو سعيك إلى التخرج في الجامعة مدفوعًا إليه بتركيز أحادي. في كل مرَّة كان لديك تركيز كبير في حياتك، كان لديك هدف في ذهنك، نتيجة ترغب في تحقيقها. كان هناك هدف أو اتجاه يرشدك إلى التفكير والشعور والتصرف بطريقة معينة.

سيتشكل تحولك الأول من تغيير فكرة القوة إلى فكرة الوضوح والتركيز. سيتحول تركيزك إلى رغبتك أو هدفك الذي تريد تحقيقه ويبتعد عما لا تريده. ستبدأ حقًّا في الشعور بالتحرر، وهذا التحرر هو التحول الذي تسعى إليه. تذكَّر أن مشاعرك هي أداتك النهائية لإرشادك نحو رغبتك.

تمرين يوميات الذاكرة
خصص ساعة كي تستعيد ذكريات حياتك، وتتذكَّر تلك الأوقات التي كان لديك فيها تركيز واضح. اكتب تلك اللحظات فور تذكرك إياها. سيؤدي هذا التمرين إلى تنشيط إيمانك بنفسك ويعطيك فكرة عن كيف نجحتَ في استخدام إرادتك في الماضي.

راغب في النجاح: بقلم أليخاندرو توريس ماركو

بالنسبة إليَّ، الإرادة هي بلا شك أصل الإنجاز. كنت قد بلغت اثنين وعشرين عامًا، وأنهيت للتوِّ دراستي الجامعية في علم الأحياء. ولأن أحد اهتماماتي الأصيلة هو رياضة الغوص،

أردتُ أن أكون في أعلى مكانة يمكن أن يصل إليها الغواص، لذلك قررت دراسة الغوص التجاري. كان تصميمي أن أكون غواصًا مهما حدث. لكن أولًا، كان عليَّ إقناع والدي ليأذن لي ويدعمني ماليًّا كي أبدأ. كان ترتيبي السادس بين إخوتي التسعة، وكنت أول من يجرؤ على طلب كهذا، فيمكنك أن تتخيل أنها لم تكن خطوة أولى سهلة. لحسن الحظ، في ذلك الوقت كانت الموارد المالية لعائلتي ميسورة، إضافةً إلى وعدي لأبي بأنني سأرد له كامل النفقات اللازمة لتحقيق حلمي. ذهبت إلى مركز الغوص التجاري في كاليفورنيا، بالولايات المتحدة الأمريكية. غمرتني سعادة!

بمجرد أن بدأت دراستي، علمت أن الطالب الذي يتخرج في المرتبة الأولى يمكنه الفوز بعقد عمل مع شركة إنشاءات نفطية في عرض البحر. صارت هذه المنحة هدفي الجديد الذي سيمتحن إرادتي وتصميمي. في ذلك الوقت، لم أكن على دراية بقيمة مَلَكاتي الذهنية ومدى أهمية الإرادة. ومع ذلك، تركَّز تصميمي على الفوز بعقد العمل. كان تركيزي على ذلك بنسبة مائة بالمائة. تركيز خالص. ولأنني أجنبي وحديث عهد بالمجال، أدركت أنني سأواجه بعض التحديات في الحصول على وظيفة في شركة دولية. كنت أعلم أنني سأحتاج إلى كل ميزة إضافية ممكنة. بعد بضعة أشهر من بذل قصارى جهدي والتنافس مع أكثر من خمسة وعشرين طالبًا من جميع أنحاء العالم، حققت الهدف. تربعتُ على المركز الأول في صفي. فهل حصلتُ على

الوظيفة المرغوبة، الوظيفة التي كنت أرغب فيها وركزت إرادتي للحصول عليها؟ لا، لم أحصل عليها. اكتشفتُ أن ثمة سياسات معينة ضمن شروط التوظيف لديهم حرمتني من الوظيفة. فشعرت بالإحباط في ذلك الوقت، لكن بخلاف تلك المشاعر العابرة، كنت أشعر بفخر. لا أحد يستطيع أن ينتزع مني الفخر الذي شعرت به لأنني حققت هدفي. كل ذلك بفضل العزم والتركيز النابعين من هذه المَلَكة العظيمة.

هل أنت على استعداد للتغيُّر؟

أكاد أسمعك الآن تقول: «يا للعجب! كل ما عليَّ فعله هو التركيز على الصحة التي أملكها، وهذا سيخلصني من الوزن الزائد الذي أحمله لسنوات؟». حسنًا، هذه بداية، لكن يوجد جانب آخر من إرادتك أود أن أنبهك إليه. إذا كان «التركيز» هو نصف إرادتك، فإن «الاستعداد» هو النصف الآخر. استعدادك هو إرادتك في ميدان الفعل والعمل. فكِّر في الوقت الذي استخدمتَ فيه إرادتك لتحقيق الهدف الذي سعيت إليه. لقد ركزتَ، وفي الوقت نفسه فعلت كل ما يتطلبه الأمر. كنت على استعداد للإخفاق، وكنت على استعداد للنجاح. كنت على استعداد للتضحية، وكنت على استعداد لجني كل الثمار التي جاءت مع نتائج التركيز والاهتمام.

أود منك أن تفهم أن تركيز انتباهك على ما تريده هو نصف العمل فقط، ويأتي النصف الآخر من استعدادك للتحرك في هذا الاتجاه. إنه استعدادك لاتخاذ الخطوة الأولى في اتجاه

حلمك. إذا لم تتمكن من أن ترى كيف تصل إلى هدفك، فاتخذ الخطوة الأولى، وسترى متى فعلتَ بأنك ترى لمسافة أبعد. وتذكَّر أن هذا ليس تحركًا قهريًّا، بل هو اتجاه طبيعي للتحرُّك. عندما تُحسن استخدامَ إرادتك، ستشعر بقوة الحياة تسحبك وتدفعك إلى العمل. لقد أخبرني عملائي أنه بمجرد أن تعمل إرادتهم بالطريقة التي صُممت لأجلها فإنهم لا يمكنهم منع أنفسهم من السعي وراء رغباتهم. بدا أن الفرص تلاحقهم والأبواب فُتحت لهم أينما ذهبوا، وكان الأمر كما لو أن قوة من الطبيعة استدعتهم إلى الأمام. كل الخطوات التي اتخذوها كانت بلا عناء حقًّا.

إرادة أم جدار

وفقًا للكاتب ميخائيل بيكويذ، سوف تصطدم بالجدار عندما تستمر في محاولة استخدام إرادتك لإجبار نفسك على التحول والتغير بالطريقة التي تريدها، وفي الوقت نفسه تتجاهل العوامل الأخرى. يشرح بيكويذ في محاضراته قائلًا: احرص على عدم الإفراط في التركيز على ما تشعر أنه يحق لك الحصول عليه، لئلا تفوتك رؤية الصورة الكبيرة واحتياجاتك الداخلية أو احتياجات الآخرين. وحافظ على اتصالك بالذكاء اللامتناهي المعنيِّ دائمًا بالتدفق العالمي للخير لأجل الجميع. كُن مليونيرًا وناجحًا وفي قمة أدائك - وافعل ذلك مع الاهتمام بصحتك وعلاقاتك مع الآخرين. أدرج أفضل نتيجة ممكنة في جميع مجالات الحياة، مع التركيز في الوقت نفسه على ما تريده بدلًا من إجبار الآخرين

على الخضوع لإرادتك، وركِّز على أفضل نتيجة ممكنة لجميع الأطراف والبقاء على اتصال مع ذاتك العليا.

هل يمكنك أن تتذكر الوقت الذي أنجزت فيه الأشياء باستخدام إرادتك كقوة إجبار، فكان ناتج جهودك إرهاقًا وإحباطًا؟ في تلك الأوقات، أنت لم تكن منسجمًا مع أفضل نتيجة ممكنة لجميع الأطراف. أنت لست وحدك. فنحن جميعًا مررنا بهذا.

إليك قصة نيتا ماثيوز مورغان:

> «أتذكر ذات مرَّة أنني توليت وظيفة على الرغم من أن حدسي أخبرني أنني لست منسجمة مع جميع جوانب العمل فيها. كنت أرغب في هذه الوظيفة لأن الراتب كان أكثر مما جنيته في أي وقت مضى، ومع ذلك لم أرغب حقًّا في القيام بالمهام التي تتطلبها الوظيفة. لقد استخدمت إرادتي للذهاب إلى العمل في هذه الوظيفة، وعلى مدى السنوات الثلاث التالية بدأت صحتي تتدهور، وتلاشى شعوري بالبهجة.
> لم أكن أستخدم إرادتي إلى جانب مَلَكاتي الأخرى كي أحسِّن الوضع أو أتركه. فكرت في أنني إذا حاولت بجد واجتهاد أكبر فسيكون بإمكاني بطريقة ما أن أتدبر الأمر وأسيِّره. يمكنك أن تستخدم إرادتك لإجبار نفسك على القيام بعمل ما، ولكنه يتطلب طاقة هائلة، ويخلق ضغطًا عاطفيًّا وجسديًّا كبيرًا في أثناء ذلك. في ذلك الوقت، لم أكن أعلم

أنه يمكنني استخدام مَلَكاتي لإيجاد مكان أفضل للعمل، أو أنني يمكنني استخدام مَلَكاتي لتساعدني في تحقيق أقصى استفادة من الوضع. يمكن أن يساعدك استخدام إرادتك مع كلٍّ من المَلَكات الأخرى عندما تقرر البقاء في وظيفة خالية من البهجة، إضافةً إلى أنها تساعدك عندما تقرر البحث عن مكان عمل جديد».

وفقًا للمؤلف برايس بريتشيت:

«أنت لا تحقق أحلامك وإمكاناتك الكاملة من خلال معاناتك وحدها... لا الجهد الخام ولا قوة الإرادة المطلقة هما الحل. إن المحاولة بأقصى ما تستطيع لن تصل بك إلى أبعد ما يمكنك الذهاب إليه».

وضوح الرؤية

يجب أن تركز على الصور التي تخلقها في مخيلتك، صورة تعرض وفرة مالية متزايدة، أو علاقات سعيدة، أو صحة أفضل، أو أي هدف أو رغبة تسعى لتحقيقها. عندما تفكر وأنت تضع النتيجة النهائية في اعتبارك، ستهتدي وتتشجع للمُضي في هذا الاتجاه. أنت في حاجة إلى التركيز للحفاظ على هذه الصورة في ذهنك. عندما تركز وتعتقد أنك ستحوز ما تريده، فلن يكون لأفكار الفشل مجال. إذا تصارعت أفكار الشك أو الإخفاق مع رؤيتك، فاستخدم إرادتك لإعادة تركيزك على ما تريده.

يساعدك وضوح الرؤية على البقاء على طريقك الطبيعي للنجاح. تخيَّل أن لديك الرغبة في تحسين الصحة، وفكرة المشي والتريض تأتي إليك. ولكنك بدلًا من تنفيذ فكرة المشي فعليًا قَررتَ أن تجبر نفسك على الركض لأنك رأيت آخرين يركضون لتحسين صحتهم، وأنت رأيت أن الركض أفضل وأسرع طريقة لتحسين صحتك. وللأسف، بدلًا من تحسُّن صحتك وجدتَ نفسَك محبَطًا بسبب قلة النتائج وأنت تضغط على نفسك أكثر فأكثر لتستمر في الركض. في بعض الأحيان يحدث انهيار قبل أن تصل إلى أسهل طريقة للحفاظ على الصحة، التي قد تكون المشي لا الركض. يوجد طريق طبيعي للصحة، وهو بانتظارك لتعثر عليه. إذا كان الركض هو السبيل الأسهل بالنسبة إليك ووجدت متعة فيه، فاركض. نحن لدينا جميعًا مسارات مختلفة. وإرادتُنا موجودة لتساعدنا على الحفاظ على رؤية واضحة لا مجال فيها للشكوك. وهذا يتيح لنا إدراك طريقنا الطبيعي إلى النجاح حتى نتمكن من اتخاذ الخطوات اللازمة بإرادتنا. الغرض من الإرادة هو مساعدتنا على إبقاء أذهاننا بعيدة عن الشكوك والمخاوف والتأثيرات الخارجية.

عندما تكون لديك رؤية واضحة لهدفك أو النتيجة التي تريدها، يسهل عليك رؤية الفرص التي يمكن أن تساعدك على الاقتراب من الهدف بسهولة.

الغرض من الرغبة

«الرغبة هي جهد الاحتمال غير المعلن في أعماقك، التي تسعى إلى التجلي في الخارج، من خلال أفعالك» - والاس د. واتلز

تأتي رغباتك من الذكاء اللامتناهي، وتلك الرغبات موجودة لتساعدك على المُضي قُدمًا. ذاتك العليا تسعى دائمًا إلى المزيد من الحياة. فعلى سبيل المثال، هدفك في الحصول على صحة أفضل هو مساعدتك على المُضي قُدمًا في النمو. ربما لم تكن تعلم أن الذكاء اللامتناهي هو الذي يمنحك هذه الرغبة. اختيارُك هو الطريقة التي تنتهجها للوصول إلى صحة أفضل. يمكنك القيام بذلك من خلال التحرك القسري. ويمكنك فعل الشيء نفسه بالإرادة والرغبة الملهمتين.

قدَّم أساتذة كثيرون في تاريخ البشرية أمثلة لنا عن كيف يحيا الإنسان حياة ملهَمة. وعلَّمونا أيضًا ألا نصدر أحكامًا على أنفسنا أو على الآخرين، إلى جانب توجيههم لنا بألا نخشى شيئًا. منبع الخوف إصدارُ الأحكام، وإصدار الأحكام يخلق الخوف. من دون إصدار أحكام لا مكان للخوف. إن التخلي عن إصدار الأحكام يتيح للإرادة العمل، ويتيح لك التركيز بسهولة وخفة، ويربطك بذاتك العليا وجوهرك وخَلقك. سترغب بشكل خاص في التخلي عن كل الأفكار المتعلقة بإصدار الأحكام على نفسك. هذه الأفكار ليست نابعة من ذاتك العليا. إنها ليست إرادة ملهَمة، وهي لن تؤدي إلى أعمال ملهَمة.

لذا، فاستخدام إرادتك هو في الحقيقة نيةٌ مركَّزة على هدفك بنسبة خمسين بالمائة، وخمسين بالمائة استعداد لفعل الشيء الذي يخلق المزيد من الحياة بحيث تحملك رغبتك بسهولةٍ وتدفقٍ إلى الأمام.

استخدام إرادتك الآن

لا يمكن استخدام إرادتك إلا في الوقت الحاضر. استخدم إرادتك كي تجعل مَلَكاتك منسجمة مع اللحظة الحالية. في بعض الأحيان، يريد الناس استخدام إرادتهم للتركيز على صور أحلامهم، وتذهب طاقتهم الكاملة إلى المستقبل. ثم يتساءلون لماذا لا نستطيع اتخاذ أي خطوة في الوقت الحاضر. يمكنك التغلب على ذلك باستخدام مَلَكاتك في اللحظة الحالية لفعل ما يدفعك إلى الأمام الآن. بمجرد أن تقرر ما تريده، انتبه إلى حدسك وما يخبرك به. وبمجرد أن تتلقى فكرة أو حدسًا، تصرَّف بناءً على ما استقبلت! لا تنتظر، افعلها الآن. ستندهش من السرعة التي ستتحول بها حياتك باستخدام إرادتك، ليس للتخطيط للمستقبل، ولكن للعمل وفقًا للخطة التي أنشأتها باستخدام مَلَكاتك الأخرى. تمامًا مثل ابني، الذي تعلم الفرق بين قوله: «سأنظف غرفتي» وتنظيفه إياها بالفعل. كذلك أنت!

استخدام إرادتك للتغلب على الصعاب

وفقًا لتوماس ترووارد، مؤلف كتاب «محاضرات إدنبرة عن العلوم العقلية»، فإن المخيلة هي الوظيفة الإبداعية، والإرادة

هي المبدأ المركزي. وظيفة الإرادة هي إبقاء المخيلة والمَلَكات الأخرى متركزة في الاتجاه الصحيح. توضح القصة الآتية قوة الإرادة.

قالت نيتا إنها استغلت إرادتها طوال حياتها لإنجاز أشياء كثيرة، لكن واحدة من أكثر قصصها تعلقًا بالإرادة جاءت بعد أن قررت هي وزوجها تبني طفل من رومانيا:

> «استعدادًا للتبني، كنتُ أستيقظ كل يوم وأمامي قائمة طويلة من المهام التي يجب عليَّ القيام بها متسلحةً بالعزم على ذلك، مع الاحتفاظ برؤيةٍ في ذهني عن ترحيبي بطفلٍ جديد في منزلنا. كان أمرًا مذهلًا أنني أنجزت هذا في وقت قصير. إن مجرد إتمام دراسة عن أسرة لمعرفة ما إذا كانت مؤهَّلةً لاستقبال طفل بالتبني يمكن أن يستغرق في العادة شهورًا. في غضون ستة أسابيع كانت مجموعة من آباء التبني ستسافر إلى رومانيا يصحبها دليل ومترجم. ولو أنني لم أُنهِ العمل الورقي فلم أكن لأتمكن أنا وزوجي من الذهاب إلى رومانيا. أنجزت العمل في وقت قياسي! سألت نفسي مرارًا: كيف أنجزتُ كل ذلك؟ وبتأمل ما سبق أدركت أنني لم أدع مجالًا في ذهني للشك. كانت صورة انتقالي بالطائرة لمقابلة طفل أتبناه واضحةً في ذهني غايةَ الوضوح. هذه الصورة الذهنية دفعتني إلى تحرك سريع وفعَّال».

يصبح التغلب على الصعوبات مسألة تتعلق بمدى قدرتك على التركيز على المهمة المطروحة أمامك والتزامك بإنجازها. استخدمت نيتا إرادتها لتساعدها على الاستمرار في التركيز على رؤيتها التي ساعدتها في خلق جهد فعَّال وانسيابية كل جانب من جوانب عملية التبني. كان تحرُّكها مفعمًا بالغاية، والغاية من عملها خلقت سهولة وتدفقًا في أفعالها. يمكن أن تلهمك الصورة التي ترسمها في ذهنك بالمواصلة والتغلب على الاحتمالات المتصورة. عندما تواجه تحديًا كبيرًا في حياتك، اسأل نفسك: «ما الصورة التي أرسمها للنتيجة النهائية؟». كيف ترى النتيجة؟ هل تتمسك بصورة أفضل نتيجة ممكنة، أم بسيناريو أسوأ حالة متوقعة؟ أيًا ما كانت الصورة التي ترسمها فهي توجِّه مسارك.

وكما يقول توماس تروارد:

> «عندما تنتقل قوة الإرادة من منطقة الذهنية الدنيا إلى المستوى الروحي، تصبح ببساطة عزمًا هادئًا وسلميًا للاحتفاظ بتوجُّه ذهني محدد على الرغم من كل الإغراءات التي تشير إلى نقيض ذلك، مع علمك بأن النتيجة المرجوة ستظهر بالتأكيد من خلال فعل ذلك».

التغلب على التردد

التردد هو أحد أسوأ الشروط البشرية. فهو يتسبب في بقاء كثير من الأشخاص اللامعين عالقين في حياتهم المهنية

وعلاقاتهم وحالاتهم الصحية الحالية. سبب التردد بسيط، وهو ينبع من محاولة الاحتفاظ بفكرتين متعارضتين في ذهنك في الوقت نفسه. المشكلة هي أنه من المستحيل أن تحتفظ بفكرتين في ذهنك في الوقت نفسه. ومع ذلك، يحاول كثير من الناس الاحتفاظ بالعديد من الأفكار في أذهانهم في وقت واحد. كثير من الأفكار التي نتمسك بها هي أفكار متعارضة، تخلق في أذهاننا إحساسًا بالازدواجية، وتظل هذه الأفكار المتضاربة تتصارع إلى أن نتخذ قرارًا واعيًا باختيار شيء أو آخر، ومن دون الاختيار نبقى عالقين في شِباك التردد.

المثال الكلاسيكي على ذلك هو عندما يريد شخص ما العثور على الوظيفة المثالية أكثر من أي شيء، وفي الوقت نفسه لا يؤمن بوجود تلك الوظيفة المثالية. يمكنك استبدال المنزل أو السيارة أو العلاقات بالوظيفة، والشيء نفسه ينطبق على ما تريده. إن الرغبة في شيء ما وعدم الاعتقاد بوجوده هما فكرتان متعارضتان. المشكلة هي أنه لا يهم حقًّا ما تريده، فإذا كنتَ متمسكًا بفكرة أن ما تريده حقًّا لا وجود له، فلن تجده أبدًا. أما عندما تتخذ قرارًا واعيًا بتغليب فكرة «أريد الوظيفة المثالية بالنسبة إليَّ» على فكرة «الوظيفة المثالية غير موجودة»، فلن تكون عالقًا. يمكنك اختيار أيٍّ من الفكرتين، وستكون متحررًا على الفور. القوة دائمًا في القرار، وما تقرره هو دائمًا اختيارك.

مثال آخر على محاولة التمسك بفكرتين في الوقت نفسه، هو عندما نرى أمامنا أكثر من فعل يجب القيام به الآن، وبدلًا من

ترتيب المهام بحسب الأولوية أو تفويض آخرين للقيام ببعضها، نظل عالقين حتى نقرر أيهما سنفعل أولًا. للتحرر من العوائق، ركِّز ببساطة على شيء واحد في كل مرَّة، ثم انتقل إلى الفكرة أو الخطوة التالية. من المستحيل حقًّا التفكير في شيئين في الوقت نفسه. وحتى بعد سنوات من تدريس مَلَكات الذهن ودراسة الذهن ما زلتُ أجد نفسي في بعض الأحيان عالقة في التفكير في إمكانية أن أقوم بفعل أكثر من شيء واحد في وقت واحد من دون طلب المساعدة. لقد أمضيتُ سنوات وأنا أصدِّق فكرة أن تعدد المهام هبةٌ عظيمة تتيح لي فعل المزيد من المهام في وقت أقل، مقارَنةً بالأشخاص الذين لا يستطيعون القيام بمهام متعددة، حتى أدركتُ أن تعدد المهام كان بالنسبة إليَّ وسيلة لفعل المزيد من الشيء نفسه والبقاء عالقة في نموذج إدراكي قديم لم يعد ينفعني. أصبحتُ أكثر وعيًا الآن عندما أفعل هذا، والآن عندما أشعر بأنني عالقة فيما أفعل، أسأل نفسي ببساطة: هل عليَّ القيام بأشياء كثيرة في وقت واحد؟ إذا كان الجواب بنعم، فعندئذ أسأل نفسي: ما الذي يمكنني تفويضه لآخرين؟ ما الذي يمكنني إعطاؤه أولوية؟ ما الذي لا يمكنني فعله؟ ركِّز على شيء واحد ترغب في فعله، وافعله.

يحدث بموجب القانون

هل تتذكر العملية الإبداعية الموضحة في الفصل الخاص بالمخيلة؟ أولًا الخيال، ثم يتحول الخيال إلى نظرية، ثم تتحول النظرية إلى واقع بالمعايشة. ينقل «قانون التحول الدائم للطاقة»

تخيلكَ من فكرة إلى واقع من خلال العملية الإبداعية. يشرح بوب بروكتور هذا القانون فيقول: «الطاقة تنتقل إلى الصورة المادية. وغالبًا ما تتجسد الصور التي تشكلها بذهنك في نتيجةٍ في حياتك». تتضمن العملية الإبداعية استخدام كل مَلَكاتك الفكرية. هنا سترى كيف يمكنك بشكل طبيعي إشراكُ مخيلتك وإرادتك في العملية الإبداعية. انظر الرسم أدناه.

العملية الإبداعية

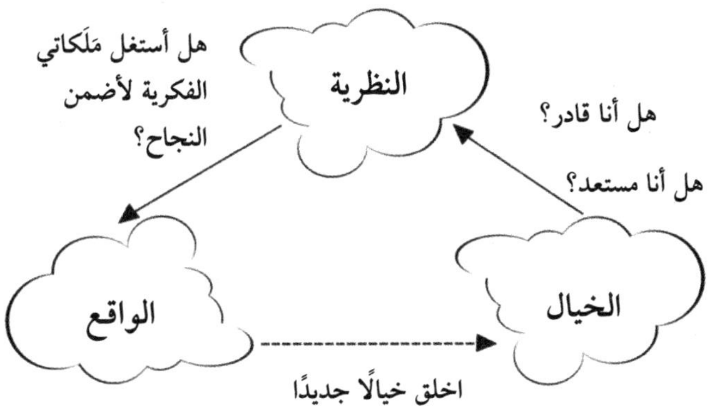

تذكر من الفصل الخاص بالمخيلة أنك تبدأ أولًا ببناء خيالك. فأنت تستخدم مخيلتك لبناء خيالك ورغبتك، إلى أن تتمكن من رؤية الشيء على شاشة ذهنك كما ترى واقعك في العالم المادي. بمجرد أن تضع الصورة في ذهنك، اسأل نفسك هذين السؤالين: «هل أنا قادر؟» و«هل أنا مستعد؟». غالبًا ما تكون الإجابة عن السؤال الأول هي: «نعم أنا قادر». لا يستطيع أحد أن يخمن مدى قدرتي وقدرتك على تحقيق شيء. الفكرة

الحاسمة للإرادة هي «أنا أستطيع». أنت قادر على القيام بأكثر مما تتخيل. كل ما عليك فعله هو أن تؤمن بأنك قادر على فعل الشيء الموجود هنا لتقوم به الآن. سيؤدي اتخاذ الخطوات الصغيرة دائمًا إلى زيادة وعيك حتى تصدق أنك يمكنك إنجاز المهام الأكبر التي تبدو مستحيلة. بعد أن تتناغم مع فكرة أنك قادر بالفعل، اطرح على نفسك السؤال الثاني: «هل أنا مستعد؟». هذا أمر يجب أن تقرره بنفسك. إذا كانت رغبتك محددة ومتناغمة مع الجزء المادي والفكري والروحي لشخصيتك، وإذا شعرت بأنك واثق في نفسك وهادئ وترى بوضوح، فأنت تحيا في تكامل وفرح. عندما ترى رغبتك بوضوح على شاشة ذهنك، ستكون بطبيعة الحال على استعداد لفعل كل ما يتطلبه الأمر لإظهار رغبتك في العالم المادي. لكن اتخاذ خطوة من عدمه بشأن تنفيذ فكرتك هي مسألة تقع ضمن حدود اختيارك. لديك دائمًا القدرة على الاختيار، وكلا الخيارين ينشِّط «قانون الجذب الطبيعي» ليقدم لك كل ما تحتاج إليه لتنفيذ قرارك.

كيف تستخدم إرادتك بفاعلية

كتب والاس د. واتلز في كتابه «فن تحصيل الثروة»: «استخدم قوة إرادتك لإبعاد ذهنك عن موضوع الفقر، ولإبقائه ثابتًا بالإيمان والغاية على رؤية ما تريده». اقرأها مرَّة أخرى: «استخدم قوة إرادتك لإبعاد ذهنك عن موضوع الفقر، ولإبقائه ثابتًا بالإيمان والغاية على رؤية ما تريده». وكتب توماس تروارد: «إن التسلسل الكامل للسببية يبدأ ببعض المشاعر التي تولِّد رغبة ما».

رغبتك هي الشيء الذي تريد أن تكونه أو تفعله أو تمتلكه. هل تعرف ما تريد؟ رؤيتك هي كيف تبدو رغبتك في مخيلتك. فهل لديك رؤية لما تبدو عليه رغبتك؟ كثير من الناس لم ينشِّطوا إرادتهم لأنهم ليس لديهم أدنى فكرة عما يريدون حقًّا.

الجزء الثاني غير المكتوب من المعادلة هو أن تقرر ما إذا كنت على استعداد للحصول على الشيء أو فعله أم لا. ليس السؤال: «هل أنت على استعداد لفعل كل ما يجب عليك فعله كي تصل إلى هناك؟»، إنما السؤال هو: «هل أنت على استعداد لفعل الشيء الذي ترغب في فعله؟ هل أنت على استعداد كي تكون الشخص الذي تريده؟ هل أنت على استعداد للحصول على ما تريده؟ هل أنت على استعداد لتلقي الشيء الذي ترغب به؟». والحق أن معظم الناس يظنون أنهم مستعدون، ولكن إذا سألتهم عما إذا كانوا على استعداد لتلقي رغبتهم الآن فسيقول الواحد منهم: «لا! أنا لست مستعدًّا بعد!».

للإيمان دور كبير في تنشيط إرادتك بصورة مناسبة. ومن دون إيمان، ستستمر في فعل الأشياء نفسها التي كنت تفعلها دائمًا وتتمنى نتائج مختلفة. بالإيمان تعلم أن الأشياء يمكن أن تتغير وستتغير من أجلك. أنت على استعداد لفعل الأشياء بطريقة مختلفة عما قمت به في الماضي، وأنت متأكد من أن أفعالك ستؤدي إلى النتيجة المرجوة. كلما زاد تدخل قلبك في رغبتك، زاد إبحارك مع التيار الخفي للحياة نفسها، وكل أفعالك تقودك إلى مكان أكبر مما كنت تتخيله عندما استيقظت على الرغبة أول مرَّة.

تأجيج إرادتك

أهم جزء في بيان واتلز عن الإرادة هو: «...لإبقائه ثابتًا بالإيمان والغاية على رؤية ما تريده». من دون سبب لرغبتك في الحصول على ما تريده، قد تسقط بسهولة في فخ انعدام الهدف. قد ترغب في أشياء كثيرة وقد تحصل عليها، لكنك لن تكون راضيًا تمامًا عن مساعيك. قد تعرف شخصًا يبدو أنه يمتلك كل شيء، ومع ذلك فهو مكتئب وغير قادر على التواصل مع الآخرين. هذا الشخص لم يستخدم إرادته على نحو مناسب. لا يجب أن يكون سببك كبيرًا وعظيمًا من أجل إعطاء قوة وتوجيه لإرادتك، إذ يمكن أن يكون السبب بسيطًا مثل: «أريد أن أشعر بنفسي كشخص لديه علاقة محبة مع شخص آخر يهمني أمره».

غايتُك هي الوقود الذي يجعلك تستمر. الغاية هي المعنى الذي تحدده لرغبتك. هذا هو سبب رغبتك فيما تريده. عليك أن تقرر المعنى الذي تضيفه على رغبتك. استخدم ذهنك بطريقة خلاقة لإيجاد المعنى الذي يدفعك إلى الأمام بسهولة ورشاقة ويتيح لك التخلي عن الصراع والألم. فكرة أن النجاح صعب هي اعتقاد خطأ، فالنجاح ليس صعبًا، بل يمكن أن يكون سهلًا للغاية، وكلما عرفت المزيد عن نفسك وكيف يعمل ذهنك، صار الأمر أسهل. استخدم إرادتك لتسمح لمخيلتك ببناء القالب الذي سيصبح حياتك، ولتكن لك غاية من وراء إنشاء هذا القالب.

تنشيط ذاتك العليا

عندما تنشط ذاتك العليا، ستكون على دراية بتكاملك مع الذكاء اللامتناهي، ومع وجود إمدادات وموارد غير محدودة في العالم. لا شيء يمكن أن يوقفك. عندما تنشط ذاتك العليا، فأنت في اتحاد مع الحياة نفسها. أنت مفعم بالحيوية، وتدخل في إيقاع النجاح الذي تسعى إليه. أما ما سوى ذلك فهو ببساطة قوة وإجبار. هل تذكر؟ القوة تنفي دائمًا. القوة قد تجعلك تخترق جدارًا بصورة مؤقتة. ولكن، ستدفع لهذا ثمنًا. ثمنُ القوة قوةٌ مساوية في الاتجاه المعاكس.

السبب في أن القوة لا تنجح أبدًا في إحداث تغيير دائم هو ببساطة كونك الشخص نفسه على الجانب الآخر من الجدار ولم يتغير فيك شيء. لا توجد غاية أسمى لمثل هذه الأفعال، وإقحامها على الواقع لا يؤدي إلا إلى الضغط على جسدك، ولا يفضي في النهاية إلا إلى الارتباك وخيبة الأمل الروحية.

إرادتك هي أعظم أصل في حوزتك، إنها ملكك، وهي في انتظارك لتستخدمها لتحويل طاقة الخوف إلى إيمان حتى يمكن الوصول إلى الذكاء اللامتناهي برغبتك. لا توجد غاية لإرادتك أكبر من تنشيط أسمى رؤية لنفسك في هذه اللحظة بالتحديد، فتدرَّب على استخدام إرادتك يوميًّا، تدرَّب على تحويل طاقة الخوف إلى إمكانية وإيمان، وستكتشف مدى سهولة تخليك عن أي عادة تربطك بمستوى أدنى. عليك أن تختار في هذه اللحظة الخوف أو الإيمان. عندما تحقق غاية إرادتك في اللحظة التي تعيش فيها الآن، فإنك تختار الحياة!

كيف تعرف أنك تستخدم إرادتك بصورة مناسبة

عندما تختار الحياة وتختار العيش في تناغم مع ذاتك العليا، تتخذ أفعالك صورة جديدة. يصبح كل فعلٍ عملًا من أعمال الصفاء والسلام، إذ تستجيب للعالم بدلًا من التصرف على أساس رد الفعل، وكل فعلٍ تقوم به مدعوم بالغاية والمعنى.

إذا كنتَ لا تزال تصارع نفسك وتشعر بالإحباط لأنك لم تُظهِر رغبات قلبك بعد، فمن المحتمل أنك تستخدم القوة والإجبار، سواء ذهنيًّا أو جسديًّا، كي تمضي قُدمًا. الصفاء النفسي وراحة البال هما ثمرة استغلال إرادتك بذكاء. إذا كنت قادرًا على تركيز انتباهك على النشاط الذي تقوم به الآن، وتعرف سبب قيامك به، وتثق في أن هذه اللحظة هي تعبير مثالي عن ذاتك العليا، فأنت تستخدم إرادتك استخدامًا بنَّاءً. إذا كنتَ مرتاحًا مع مكان وجودك وأنت في طريقك إلى وجهتك، فأنت على الطريق الصحيح. ركِّز على اللحظة. اظهَر في هذا المكان والزمان وقلبُك مفعمٌ بسلام، ولا تصدر أحكامًا على نفسك أو الآخرين. عندما تفعل ذلك، ستنتفع من الاهتمام الذي توليه إرادتُك لاحتياجاتِك.

تقوية إرادتك

يمكنك التدرب على تقوية إرادتك يوميًّا. توجد طرق عديدة يمكن أن تساعدك على الانتقال إلى الذهنية الصحيحة لإظهار رغباتك بسهولة في العالم المادي، وخلق حريتك في أن تكون على سجيتك. يمكنك التدرب على استخدام إرادتك لتوجيه

مخيلتك عندما تكون غير قادر على التصرف. على سبيل المثال، إذا كنت ترغب في زيارة شخص ما، ولم تكن قادرًا على ذلك لأنك مريض أو مشغول، فاجلس واسترخِ وقم بهذه الزيارة ذهنيًّا؛ أي تخيَّل أنك تزور هذا الشخص في منزله. استخدم مخيلتك للتحدث معه، وعندما تقوم بزيارتك الذهنية هذه، استرخِ. على الرغم من أنك قد لا تكون قادرًا على القيام بالزيارة فعليًّا، فقد استطعت فعل ذلك على المستوى الذهني. عندما تعزِّز إرادتك من الضروري أن تستجيب لكل موقف بالإيمان بأنك يمكنك فعل كل ما ترغب في فعله. إذا قلت لنفسك «لا أستطيع أن أفعل ذلك»، فستتضاءل إرادتك. حقيقة إرادتك هي «أنا أستطيع».

الحقيقة هي أنك يمكنك أن تكون أي شيء، وأن تفعل أي شيء، وأن تمتلك أي شيء تريده، ما دام ذلك لا ينتقص من حياة الآخرين. ومن الآن فصاعدًا، متى أردتَ أن تفعل شيئًا ما وظهرتْ لك أسباب مادية فعلية تجعله يبدو مستحيلًا، فتدرَّب على رؤية نفسك وأنت تفعل ذلك ذهنيًّا. إذا كنتَ ترغب في الذهاب إلى حفل في مكان، لكنك ملزم بحضور اجتماع في مكان آخر في الوقت نفسه، فخذ استراحة ذهنية لمدة خمس دقائق وشاهد نفسك تحضر الحفل والاجتماع أيضًا، ثم تخيَّل أن كلتا الرحلتين ناجحتان، وفكِّر ثم اختر بوعي أيهما ستحضر واتخذ الترتيبات فورًا للوصول إلى هناك.

تتحدد قدرتك على تقوية إرادتك، وإظهار رغباتك في العالم، من خلال قدرتك على تحويل الطاقة من خوف وشك

إلى إيمان وثقة بالنفس عن طريق تنشيط رغبتك. استخدم إرادتك للتفكير في سبب رغبتك فيما تريده. اخلق المزيد من الأسباب لتحفيز نفسك على النجاح. هذا نمو من خلال الاهتمام المركَّز والاستخدام الهادف لإرادتك. تُحوِّل هذه العملية رغبتَك إلى تحديد الغاية، وهو مبدأ أساسي في كتاب نابليون هيل «فكِّر تصبح غنيًّا». عندما تركز أفكارك ومشاعرك، فإنك تتيح تسارُع نموك وإدراكك، مما يتيح لك إظهار النتائج بطريقة سهلة وبلا مجهود.

ما من داعٍ للدفع أو التسرع. عليك أن تدرك رغبتك المحددة، وأن تعرف أنها نابعة من ذاتك العليا. أعطِ رغبتك شكلًا في ذهنك، غذِّها بالصفاء والوضوح، وادعم رغبتك بالاستعداد للاستقبال. تصرَّف كما لو كان الإخفاق مستحيلًا.

كُن مستعدًّا، ومركِّزًا، وقل بهدوء: «أنا أستطيع». ثم أتبع هذه الفكرة على الفور بالعمل وأكمل المهمة.

استخدام إرادتك مع المَلَكات الأخرى

إرادتك هي الميسِّر الذي يحوِّل عادات مَلَكاتك القائمة على الخوف إلى عادات قائمة على الإيمان والثقة بالنفس. فعندما تستخدم مخيلتك لتحقيق أحلام كبيرة، فإن الخوف من التصرف بناءً على تلك الفكرة العظيمة يمكن أن يتسلل عبر النماذج الإدراكية الموجودة في ذهنك اللاواعي. يمكنك عندئذ أن تستخدم إرادتك لتحويل طاقة الخوف إلى طاقة إيمان بأن كل الأشياء ممكنة.

استخدم ذاكرتك بالطريقة التي قدمتْها نيتا - لكي تتذكر أنك في طفولتك كنت مليئًا بالدهشة والإجلال وأنت تنظر إلى نفسك وإلى العالم. كنتَ متحمسًا للتعلم. كنتَ تعتقد أنك يمكنك فعل أي شيء. كنتَ تعتقد أنك مثالي كما كنت. تساعدك إرادتك عندما تحتاج إلى تحويل أي مخاوف بشأن عدم الكفاية إلى إيمان بذكرى أنك إنما ولدتَ لتنجح، ولدتَ لتعيش حياة ذات غاية ومعنى.

تحول إرادتُك طاقةَ التعلق بالعادات القديمة إلى أفكار ملهِمة وحدسية تكشف لك عن فرصة للمُضي قُدمًا بسهولة وفرح.

إن أفضل استخدام للإرادة هو توجيه انتباهك داخل قيود المَلَكات الأخرى. ركِّز ذاكرتك على من تكون، وتذكَّر ارتباطك الأكبر بالذكاء اللامتناهي، وكُن على استعداد للحفاظ على حالة الوعي هذه. ركِّز على تفكيرك المنطقي لتكتشف لماذا تريد ما تريده، ولتكون على استعداد لتحفيز ذاتك بأي «سبب» لديك من دون إصدار حكم. ركِّز مخيلتك على النتيجة النهائية المثالية بفرح وحماس، ومرَّة أخرى كُن على استعداد لتعلَيق الحكم على الرحلة المتجهة إلى تلك الغاية. ركِّز إدراكك كي ترى كل «إخفاق» باعتباره فرصةً أمامك، وكُن على استعداد للاستمرار. ركِّز حدسك عن طريق طرح الأسئلة الصحيحة، الأسئلة التي تقودك نحو تلك النهاية المتخيلة، وكُن على استعداد لاتخاذ خطوات بشأن الأفكار والدوافع عندما تأتي إليك. عندما تعمل مَلَكاتك معًا بهذه الطريقة، فقد أنشأتَ عقلًا جامعًا مدبرًا. وعندما

تتمكن من استخدام مَلَكاتك الفكرية بصورة مناسبة في هذه اللحظة بالتحديد، وتكون على دراية بالتوجيه النابع من الذكاء اللامتناهي المتحقق فعليًّا الآن، فقد حققتَ سيادة على ذهنك.

أجد دائمًا أنه من المثير للاهتمام في أثناء عملي مع أشخاص وصلوا إلى مناصب عليا في مجالهم أنهم استخدموا إرادتهم بفاعلية للوصول إلى القمة، لكنهم يجدون أن محاولة اقتحامهم المستوى التالي لم تعد تنجح بالنسبة إليهم. وأنا متحمسة لمساعدة الناس على استخدام إرادتهم بصورة مناسبة حتى يفهموا أن هناك طريقة أسهل بكثير للوصول إلى القمة ولا تتطلب القوة، بل الإيمان. وكما قالت فيكتوريا لازاروفا: «التجلي اللفظي لإرادتك هو ببساطة عبارة: أنا أستطيع!». يمكنك أن تجعل الأمر أسهل، ويمكنك تجاوز مستواك الحالي في الإنجاز، ويمكنك تحويل خوفك إلى إيمان!

دون ر. نوسيرا، والعقل السابع

الفصل الثامن

العقل الجامع المدبر

مفتاحك لمضاعَفة قوتك

بقلم: نيتا ماثيوز مورغان، والعقل السابع

«كانت مشاركتي في مجموعة العقل الجامع المدبر أمرًا بالغ الأهمية بالنسبة إليَّ. لا يمكن أن أتخيل تحقيق كل ما لديَّ من دون مشاركتي في تلك المجموعة، فقد جعلتْ أهدافي تتحقق على نحو أسرع بالتأكيد».

- جاك كانفيلد، شوربة الدجاج للروح

في أكتوبر 2010، التقينا في تدريب «استشارات النجاح في الحياة» (LifeSuccess Consulting) الذي يقدِّمه بوب بروكتور، وعُقد في ديلراي بيتش، بفلوريدا. في ذلك الوقت، لم يعرف أحدٌ منا الآخرين ولا المسارات التي قادتنا إلى حضور هذا التدريب ثم إلى تعارفنا في نهاية المطاف.

استمعنا إلى بوب بروكتور، على مدى أربعة أيام، يعلِّمنا بشأن القوة غير المحدودة للذهن بهدف تحقيق النجاح. كان لهذه الرسالة صدى عميق داخل كلٍّ منا. كنا متحمسين لوجودنا في هذه المجموعة الرائعة التي تضم أشخاصًا ذوي تفكير مماثل قادمين من جميع أنحاء العالم للإنصات إلى بوب بروكتور. حضرنا جميعًا إلى هذا التدريب من أجل التمكين الشخصي، ولنصبح مستشارين معتمدين لتدريب النجاح في الحياة. كانت أيامنا مليئة بالإثارة المرتبطة بالتعلُّم ونسج الشبكات الاجتماعية، واستمرت الأماسي بالمناقشات المتحمسة والتفكير بشأن كيف نطبق هذه المعلومات والمعارف على حياتنا الخاصة.

تُشاركنا نيتا خبرتَها بشأن كونها العامل المحفز الذي جمعنا معًا:

استيقظتُ مبكرًا جدًّا صباح اليوم الأخير للتدريب. عانيتُ أرقًا لأنني كنت أعرف أن أحد الأنشطة الأخيرة في ذلك اليوم كان اختيار مجموعات العقل الجامع المدبر. لم تتح لي فرصة التواصل مع أشخاص كثيرين من بين الحضور بسبب الجدول الزمني المزدحم، فكنت قلقة بشأن هذه المهمة.

بدأت التأمل المعتاد في الصباح الباكر، وقررت التحرر من قلقي بشأن من سيكون في مجموعتي. في جلسة التأمل، تخيلتُ أنني منقادة إلى أفراد آخرين متشابهين في التفكير سيساعدونني في صقل مهاراتي كمستشارة لتدريبات النجاح في الحياة. كان رجائي وطلبي أن أهتدي إلى شركاء العقل الجامع المدبر الحقيقيين؛ أشخاص سيضيفون ما ينفعني بأقصى درجة، أشخاص سيدعمونني ويشجعونني ويكونون مرآةً لأفضل وأروع رؤية لنفسي إذا ما عجزتُ عن اكتشاف هذه الرؤية بوضوح.

انتهى التدريب، وحان الوقت للانتقال إلى العمل واختيار الأشخاص الذين سيكوِّنون العقل الجامع المدبر. وثقتُ في الإجابات التي كشفتْها لي جلسة التأمل، فاقتربت من بعض الأفراد ممن اهتديتُ إليهم، وطلبت منهم الانضمام إليَّ في مجموعة.

وهكذا، ولدت مجموعة العقل السابع: ثلاثة منا من الولايات المتحدة: أنا أستاذة جامعية من جورجيا؛ ودون ر. نوسيرا، مدرِّبة أداء من أوهايو؛ وسلوى برباوي، كاتبة ومتحدثة ملهِمة ومدرِّبة

من كاليفورنيا؛ وجوين بودرو، كاتبة من كندا؛ وأليخاندرو توريس ماركو، مدرِّب ورجل أعمال من المكسيك؛ وفيكتوريا لازاروفا، مدرِّبة تعيش في بلغاريا. شيَّد ميلادُ مجموعتنا جسرًا يربط قارتين وأربع دول وثلاث لغات أصلية مختلفة.

لم أعرف سوى القليل عندما بدأت هذه الدعوة، ولم أحلم بأن تكون ثمرةُ هذه المجموعة الكتابَ الذي بين يديك الآن.

لعلك لاحظت أنني ما ذكرت سوى ستة أشخاص، ومع ذلك فالمجموعة تُسمى «سبعة». العقل السابع إنما يتشكل باجتماع العقول الستة.

العقل الجامع المدبر هو إحدى أكثر الأدوات فاعلية التي يمكنك استخدامها لتحقيق أحلامك وتسريع وتيرة نجاحك. الفكرة الأساسية وراء هذه المجموعة، التي يُطلق عليها أحيانًا «فريق الأحلام»، هي أنه يمكنك تحقيق المزيد في وقت أقل عندما تعمل مع أشخاص آخرين إيجابيين ومتشابهين معك في التفكير، ويجتمعون بانتظام لمناقشة الأفكار ومشاركة المعلومات والموارد.

في الفصل الخاص بالإرادة، تعلمتَ أنك يمكنك أن تنشئ «العقل الجامع المدبر» الخاص بك عن طريق تطوير مَلَكاتك الفكرية لتحقيق النجاح. تطوير مَلَكاتك إلى هذا الحد يكون نشاطًا أسهل عندما تلتقي أشخاصًا متشابهين معك في التفكير، وتتبع مبادئ وإرشادات العقل الجامع المدبر. وفقًا لنابليون هيل: «ما من فرد يمكن أن يمتلك قوة عظمى من دون الانتفاع من العقل الجامع المدبر». وقد عرَّف هيل العقلَ الجامع المدبر

بأنه «تنسيق المعرفة والجهد، بروح الانسجام، بين شخصين أو أكثر، من أجل تحقيق غرض محدد». هذا وصف دقيق لما حدث معنا نحن الستة. اجتمعنا ستة أفراد، وكنا قد اخترنا تنحية الأنا جانبًا بحثًا عن غاية أسمى، ولتمكين بعضنا بعضًا في مساراتنا الفردية نحو الوعي والنجاح. وأردنا أيضًا مساعدة الآخرين في هذا المسار الجماعي كي يعيدوا الاتصال بالذكاء اللامتناهي، وتجربة الحب، وخلق الوفرة. فكانت الثمرة هذا الكتاب. شيء رائع، أليس كذلك؟

تشكيل العقل الجامع المدبر

نحن نشجعك على البحث عن أشخاص آخرين متشابهين معك في التفكير ليكونوا جزءًا من مجموعة العقل الجامع المدبر، حتى تشعر بقبول الأفكار المشتركة، وتحصل على الدعم من الآخرين الذين يؤمنون بقدراتك، ويساعدونك على تصوُّر إمكاناتك. يمكن أن تساعدك مجموعتك على تحقيق أعظم أحلامك، حتى تلك الأحلام التي لا تزال كامنة في انتظارك لتنقِّب عنها.

عندما تخطط لتشكيل العقل الجامع المدبر، من المهم أن تختار الأشخاص الذين يتشاركون في تفكير واحد، ولديهم هدف بشأن ما يبدعون، وعلى استعداد للمشاركة في تطورهم وتطور الآخرين بطريقة متناغمة وإيجابية. ليس بالضرورة أن يكون كل شخص في المجموعة على القدر نفسه من الإنجاز. من المفيد أن يكون لديك أفراد في المجموعة حققوا بالفعل

ما ترغب أنت في تحقيقه في مجالات معينة من حياتك. وفي المقابل، يمكنك الإسهام في تطوير هؤلاء في مجالات أخرى.

لستَ في حاجة إلى أن تكون صديقًا لشخص ما لتكونا طرفين في مجموعة العقل الجامع المدبر، إذ إنك سوف تبني اتصالك العميق مع أعضاء المجموعة في أثناء استخدامك مبادئ العقل الجامع المدبر، وتتواصل معهم بكل انفتاح. ستكوِّن علاقة مختلفة وأعمق وأقوى من الصداقة المعتادة. وتذكَّر، نحن الستة لم نعرف بعضنا بعضًا على الإطلاق إلى أنْ اجتمعنا في فعالية «النجاح في الحياة». حتى ذلك الحين، لم نجتمع معًا إلا لأيام معدودة، ثم شكَّلنا مجموعتنا!

تطورك كشريك في العقل الجامع المدبر

وجودك في مجموعة العقل الجامع المدبر يعني أن تكون لديك مساحة تشعر فيها بالتقدير والتحفيز والثقة والتسامح. لدينا جميعًا أهداف وأحلام ورغبات. ونرغب جميعًا في أن نكون محاطين بأشخاص منسجمين معنا، يحبوننا ويدعموننا ويشجعوننا على التطور والنمو.

استخدام العقل الجامع المدبر ومبادئه هو الطريق لكي تتدرب على أن تكون رابحًا طبيعيًا. يمكنك بناء مَلَكاتك الفكرية في بيئة آمنة إلى أن تصبح متأصلةً في أعماقك فتبدأ بتطبيقها طوال الوقت في الحياة الواقعية، حتى إن لم يشجعك الآخرون تشجيعًا كالذي يقدمه إليك شركاؤك في «فريق الأحلام». تعلَّم أن تصبح إيجابيًا ومشجعًا بحيث يمكنك تغيير المواقف من حولك.

بمجرد أن تبدأ في رؤية ثمار العقل الجامع المدبر وروعته، ستكتشف أنك تريد تطبيق هذه المبادئ في جميع مجالات حياتك: عائلتك، حياتك المهنية، حياتك الاجتماعية، وما إلى ذلك. وسوف تتعلم كيف ترى الشيء الإيجابي في كل موقف، وكيف تدعم الآخرين وتشجعهم. ولذلك سينجذب الناس إليك، وعاجلًا وليس آجلًا ستكون محاطًا بأشخاص مهتمين ومحبين ولُطفاء.

تُحدثنا فيكتوريا لازاروفا قائلة:

> «تجربتي الأولى والأكثر نجاحًا مع مجموعة العقل الجامع المدبر كانت مع أشخاص من جميع أنحاء العالم قابلتهم للتوِّ. كنت قلقة بشأن الاختلافات اللغوية والثقافية والفردية. وما إن كشفنا النقاب تدريجيًّا عن أحلامنا وأهدافنا أمام بعضنا البعض، حتى اكتشفنا أننا في نهاية المطاف نصنع لغزًا قويًّا من المعرفة والخبرة لا يقدَّر بثمن وجميل بشكل مذهل».

سرعان ما صار واضحًا أن كل فرد في مجموعتنا لديه مَلَكة فكرية معينة أقوى من غيره، واستخدمناها كأداة نجاح شخصية للانتقال بسرعة إلى مستويات نجاح أعلى. وعندما تَشاركنا استراتيجيتنا الشخصية فيما بيننا، تطورنا على المستويين الفردي والجماعي. فعلى سبيل المثال، كانت جوين متحمسة لمشاركتنا نجاحها وفهمها لمَلَكة المخيلة، وكيف دفعتها تلك المَلَكة إلى دخول مجال التلفزيون. وكان أليخاندرو راسخًا في استخدام

مَلَكة التفكير المنطقي لديه، وساعدَنا على فهم كيفية استخدامه بسهولة أكبر في حياته اليومية لبناء أعمال الاستشارة والتصنيع.

السبب الذي يجعل معظم الناس يحتاجون إلى فريق لتحقيق المنجزات هو أنهم قد يكونون أكثر ثراءً في مَلَكة فكرية واحدة مقارَنةً بغيرها. ونحن تمكَّنا من استغلال قوانا الفكرية لنساعد أعضاء الفريق بسهولة على المُضي قُدمًا. عندما كنا نعلَق في منطقة واحدة ونحتاج إلى مساعدة، كان أحدنا يقدم منظورًا جديدًا أو فكرة حدسية. نحن نحتاج بعضنا إلى بعض لإضافة وعي جديد من خلال مَلَكات فكرية أخرى، حتى نتعلم إتقان كل مَلَكة في أذهاننا. ولو استعدنا أحداث الماضي، لأمكننا رؤية أن معظم الأفكار التي أحدثناها في بيئة العقل الجامع المدبر لم تكن فقط من أجل تطوير كل مشروع على حدة والمجموعة ذاتها، ولكن أيضًا من أجل مساعدة عضو واحد في المجموعة على النمو والتطور. ففي أوقات المعاناة الفردية نسترشد بحكمة الذهن الجماعي.

نحن نستخدم عمليات عديدة للاتصال ودعم بعضنا بعضًا، ولتعزيز وصولنا إلى ذواتنا العليا. نبدأ مكالماتنا الهاتفية بقراءة مبادئ العقل الجامع المدبر المدرجة في نهاية هذا الفصل. وغالبًا ما ندخل في جلسة تأمل جماعي قصيرة أيضًا. خلال هذا التأمل الموجَّه، نتخيل أنفسنا متحدين، على الرغم من أننا نعيش على بُعد آلاف الأميال بعيدين بعضنا عن بعض. وبينما نتواصل فيما بيننا في مكالماتنا الهاتفية الأسبوعية، نسعى دائمًا إلى تكريم

بعضنا البعض، والتعرف إلى إمكاناتنا غير المحدودة، والارتقاء بعضنا ببعض، وصولًا إلى الصورة الأكبر التي نحملها بعضنا لبعض وللمجموعة في أذهاننا، خصوصًا عندما لا نستطيع الوصول بوضوح إلى تلك الصورة.

بسبب القوة التي عشناها من خلال العقل الجامع المدبر، نعتقد أن هناك إجابة لكل مشكلة ولكل تحدٍّ. وتكمن روعة هذه العملية في أن أعضاء المجموعة يفتحون قلوبهم باسترخاء وثقة بالآخرين، ومن خلال هذه الثقة والانفتاح تنساب الأفكار وومضات الإلهام لحل كل تحدٍّ بسهولة. لقد مررنا جميعًا بأوقات كان من الصعب فيها رؤية إجابات لمشكلاتنا وتحدياتنا. تأقلمُنا الشَّرطي أعمانا عن رؤية الحلول الإبداعية. يمكنك التحرر من مقاومتك للفرص الجديدة في ظل وجود أفراد آخرين في مجموعة العقل الجامع المدبر.

لماذا تنجح عملية العقل الجامع المدبر

العقل الجامع المدبر هو عملية الوصول إلى الذكاء اللامتناهي من خلال العقول المشتركة للآخرين. عندما تقرأ مبادئ العقل الجامع المدبر، سترى أن كل عضو في المجموعة يحظى بإثراء وتمكين، فيتشكل «عقلٌ رئيسي» من الذكاء المشترك لجميع أعضاء المجموعة. عندما تتصل بالإلهام، فإن ما تصنعه كنتيجة لعقل جامع مدبر هو أكبر بكثير مما يمكنك فعله بمفردك.

الشيء الأكثر أهمية على الإطلاق هو أن تدخل في مجموعة العقل الجامع المدبر من أجل العطاء. إن مفهوم العقل

الجامع المدبر يدرك ويقبل أنك شخصيًا لا تملك كل الإجابات لنفسك، ولكن قد تكون لديك إجابات يحتاج إليها الآخرون في المجموعة. فالمشاركة في العقل الجامع المدبر هي الاشتراك في عملية يُتاح فيها للذكاء اللانهائي التدفق بحيث يُدعى كل شخص للتصرف بما تمليه ذاته العليا.

هل يمكنك أن تتخيل قوة العقول الستة مجتمعة؟ ستة عقول تتوق بجدية إلى الاتصال بالذكاء اللامتناهي وأن يكونوا قناة لأكثر الأفكار إلهامًا؟

عندما تسمح لنفسك بالوصول إلى قوة ذاتك العليا، فقد تدرك أن الصراع والمعاناة صارا شيئًا من الماضي. عندئذ يمكنك التخلص من عادة الاضطرار إلى شق طريقك بصعوبة أو الاضطرار إلى «المحاولة بجد». الوصول إلى الذكاء اللامتناهي بأفكارك وصورك يفضي إلى تحرير إلهامك الإبداعي، مما يؤدي إلى عمل سعيد. لستَ مضطرًا إلى التصرف بعناد لفعل ما تريده أو ما تحتاج إلى القيام به. بدلًا من ذلك، يمكنك استغلال إرادتك برفق للتركيز على فكرة أفضل أو شعور أكثر سعادة، مع العلم أن هذا الشعور سيؤدي إلى عمل أكثر إلهامًا.

لأننا نحن الستة لدينا نية طوعية للتواصل مع ذواتنا العليا والذكاء اللامتناهي، والدخول إلى الإلهام الإبداعي، فإننا نشعر بالبهجة لوجود العقل الجامع المدبر - العقل السابع في مجموعتنا. في بعض الأوقات تكون لدى أحدنا فكرة رائعة، فكرة لها صدى في نفوس الأعضاء الآخرين في مجموعتنا. ولكل

واحد منا دور فردي مهم في هذه العملية؛ إذ يوجد بيننا دائمًا فرد يمكنه رؤية الطريق الأفضل والأذكى للمُضي قُدمًا بحيث نتمكن من اتخاذ المسار السهل بلا عناء للوصول إلى الحرية والفرح.

لقد شاركنا جميعًا في مجموعات العقل الجامع المدبر الأخرى، واضطلعنا أحيانًا بتيسير أعمالها، ومع ذلك لم نرَ قَطُّ الإبداعات القوية التي نتجت عن هذه المجموعة التي نسميها «سبعة». لم يسبق لنا قَطُّ العمل في مجموعة «عقل جامع مدبر» مكونة من أفراد عملوا على هدف مشترك، مثل إقامة ندوة عبر الإنترنت وتقديم برنامج وتأليف كتاب. ساعدَنَا وجودُ هدفٍ مشترك على إعادة تنظيم جداول أعمالنا الفردية. توجد في كل مجموعة إمكانية حدوث توتر ناجم عن الارتباط بالأنا والرغبة في السيطرة. نعم، مرت بنا أوقات عمِلنا فيها وفقًا لنماذجنا الإدراكية القديمة ومنظوماتنا الاعتقادية التقليدية، عندما كنا عالقين في شِباك الأنا وواجهنا صعوبةً في رؤية وجهة نظر مختلفة، لكننا وثقنا في العملية، وعرفنا أننا نتحرك نحو هدف مشترك يعكس غايتنا الأسمى.

الوجود في هذه المجموعة يعني مواجهة المخاوف، وامتلاك الشجاعة، والتشجيع للولوج إلى ذواتنا العظيمة في أثناء إجراء تحولات فردية وجماعية في النماذج الإدراكية. في أوقات الصراع الفردي نسترشد بحكمة الذهن الجماعي. وفي ظل حث بعضنا بعضًا على التخلي عن حاجتنا إلى السيطرة، والاستمتاع بالعملية، تمكنت مجموعتنا من تحقيق أشياء كانت

تُعَد في السابق مستحيلة: الكتابة والتقديم، والامتداد إلى خارج الحدود التي فرضناها على أنفسنا.

يمكنك تغيير عادة صغيرة واحدة وتغيِّر حياتك. نحن نخصص ساعة ونصف الساعة في كل أسبوع لاجتماع أفراد هذه المجموعة. في تلك المدة، نتبادل الأفكار من أجل توليد حلول للمشكلات، ونلهم بعضنا بعضًا، ونتعاضد، من أجل تحقيق نجاح كل فرد بيننا. في أثناء إحدى مكالماتنا، كنا نناقش ما تفعله هذه المكالمات لنا شخصيًّا، فقالت جوين:

> «أشعر بقوة الإلهام والتحفيز بعد مكالماتنا، إلى درجة أنني أحيانًا لا أستطيع النوم في الليلة التي نتحادث فيها! لو أنني كنت في الحضيض، فأنتم دائمًا ما ترفعونني إلى أعلى حتى أرى ذاتي الأسمى. لقد أنجزتُ أكثر مما كنت أعتقد أنه ممكن، والفضلُ يرجع إلى مجموعة العقل الجامع المدبر».

نحن جميعًا متفقون على أن قوة مجموعتنا هي دائمًا أكبرُ من عدد أعضائها، وأن تآزر نمونا الجماعي مذهل حقًّا. قالت فيكتوريا:

> «لقد أعطاني مبدأ العقل الجامع المدبر أحد أكبر الدروس في حياتي: أن أكون منفتحة وأثق بالناس، وأن أدرك تمامًا أنني لا يمكنني التقدم في الحياة إلا إذا اصطحبتُ آخرين معي في رحلتي للنجاح».

العقل الجامع المدبر هو ممارسة ناجحة دائمًا. إن تطبيق مبادئ وإرشادات العقل الجامع المدبر بإيمان وتفانٍ سيمنحك ثمارًا غير محدودة.

مبادئ العقل الجامع المدبر

ابدأ كل اجتماع من اجتماعات العقل الجامع المدبر بقراءة هذه المبادئ:

أنا أحرِّر:
أحرر نفسي من أجل العقل الجامع المدبر، لأنني قوي عندما يوجد آخرون يساعدونني.

أنا أؤمن:
أؤمن بأن الذكاء المشترك للعقل الجامع المدبر يخلق حكمة تتجاوز حكمتي بمفردها.

أنا أتفهَّم:
أتفهم أنني سأحقق نتائج إيجابية في حياتي بسهولة أكبر عندما أكون منفتحًا على النظر إلى المشكلات، والفرص المتاحة لي، ونفسي من وجهة نظر الآخرين.

أنا أقرِّر:
أقرر إطلاق رغبتي تمامًا، ثقةً بالعقل الجامع المدبر (وأنا منفتح على قبول الفرص الجديدة).

أنا أسامح:

أسامح نفسي على الأخطاء التي ارتكبتها، وأسامح الآخرين الذين أساءوا إليَّ في الماضي، حتى أتمكن من الانتقال إلى المستقبل بسجل صافٍ.

أنا أطلب:

أطلبُ من العقل الجامع المدبر أن أسمع ما أريد حقًّا. أهدافي وأحلامي ورغباتي، وأسمع شركاء العقل الجامع المدبر يدعمونني في تحقيق ذاتي.

أنا أقبل:

أعلم، وأسترخي، وأقبل، مؤمنًا بأن القوة العاملة للعقل الجامع المدبر ستستجيب لكل احتياجاتي. أنا ممتن لمعرفة ذلك.

التفاني والعهد:

«لديَّ الآن عهد أوافق فيه على أن يقوم العقل الجامع المدبر بتزويدي بوفرة من كل الأشياء الضرورية لأعيش حياة مليئة بالنجاح ومفعمة بالسعادة. وأكرس نفسي لأكون في أقصى درجات طاعة الله وخدمة إخواني البشر، وأن أعيش بطريقة تتطابق مع أعلى مثال يحتذي به الآخرون، وأظلُّ قناةً مفتوحة لإرادة الله. أمضي قُدمًا بروح الحماس والإثارة والتوقعات».

إرشادات العقل الجامع المدبر

1. تعمل المجموعة المتوسطة بشكل أفضل بوجود عضوين إلى ثمانية أعضاء، على ألا تزيد على اثني عشر عضوًا. الوقت هو القيد. يرى معظم الناس أن ستة أعضاء هو تشكيل مثالي.
2. تجتمع المجموعة بانتظام، أسبوعيًّا إن أمكن، لمدة ساعة إلى ساعة ونصف الساعة. يلزم أعضاء المجموعة اعتبار هذا الاجتماع التزامًا مقدسًا، ويتفقون على أن يشجع بعضهم بعضًا، ويكونوا إيجابيين، ويتبادلوا المعلومات والأفكار وبيانات المعارف (contacts) والمراجعات، لما فيه خير كل فرد وصالح المجموعة برمَّتها.
3. تجتمع المجموعة في مكان لطيف، ويفضَّل أن يكون ملهِمًا إن أمكن. احرصوا على أن تكون الإضاءة جيدة في المطعم أو المكتب أو المنزل أو المكتبة وغيرها. احرصوا على وجود جدول أعمال محدد سابقًا.
4. إذا كنتم في مدن مختلفة، يمكنكم إجراء الاجتماع عبر مكالمة جماعية. احرصوا على الاشتراك في وسيلة اتصال جماعية ممتازة بحيث لا ينقطع الاتصال. قد توفرون القليل من المال بالاشتراك في خدمة اتصال غير جيدة فتضيعون فرصة بملايين الدولارات!
5. ابدأوا الاجتماعات بقراءة مبادئ العقل الجامع المدبر. ربما تكون هذه الخطوة هي إحدى أهم نقاط الاجتماع على الإطلاق. يجب على كل عضو في المجموعة أن يقرأ بصوت عالٍ جميع المبادئ السبعة ونص التفاني والعهد.

6. يجب على الآخرين دعم كل عضو بصريًا ولفظيًا ووجدانيًا. على سبيل المثال، أحد الأعضاء يرغب في منزل جديد، فيستجيب الأعضاء الآخرون: «أراك تقود سيارتك إلى منزلك الجديد الرائع. أراك تجلس أمام حمَّام السباحة تحت أشعة الشمس، مع أحبائك وأصدقائك وأنا أيضًا». المبدأ هو أننا يمكننا أن نؤمن من أجل الآخرين بقدرتهم على تحقيق أشياء لا يمكنهم الإيمان بأنهم سيحققونها. هذه ليست كلمات عديمة القيمة. يجب عليك أن تخلق رؤية واضحة تُبرِزها الكلمات من خلال العقل الجامع المدبر.
7. يجب أن يسير اجتماع العقل الجامع المدبر مثل ساعة سويسرية. احرصوا على أن يبدأ الاجتماع في الوقت المحدد. إذا ألزمتم أنفسكم بإجراء مكالمة للاجتماع لمدة ستين دقيقة، فالزموا هذا الإطار الزمني. فأعضاء العقل الجامع المدبر مشغولون للغاية بمهام عديدة بوجه عام، والوقت عنصر مهم فاستغلوه بحكمة.
8. من المهم أن يحصل كل عضو على القدر نفسه من الوقت إذا كنتم ترغبون في استمرار مجموعتكم. يجب أن تنتخب كل مجموعة عضوًا يراقب الوقت للحفاظ على تدفق المناقشة بيسر. يمكن أن يتناوب الأعضاء هذا المنصب. يجب أن يكون مراقب الوقت مستعدًّا لتوقيت مشاركة كل شخص في المكالمة لضمان استمرارها في المسار الصحيح. جهز ساعة ميقاتية. هذه النقطة مهمة للغاية (لا تهوِّن من شأنها).

9. التحدث بحسب الترتيب: ينادي قائد المجموعة الأسماء، ويخصص لكل شخص رقمًا (أي، إذا كان الأعضاء ستة، فسيكون لكل شخص رقم من 1 إلى 6). يمكن استخدام نظام الترقيم لتحديد من يتحدث ومتى، ويجب تدوير الأرقام مع كل مكالمة لضمان المساواة بين الأعضاء في ترتيب التحدث.

10. بشرى سارة: بدءًا من الرقم المخصص لذلك الاجتماع المحدد، سيُسمح لكل شخص بدقيقتين للتحدث عن شيء إيجابي للغاية. سيشارك كل عضو بأفضل «نجاح لهذا الأسبوع». سيساعد هذا في بدء الاجتماع على مسار إيجابي.

11. الرغبات والاحتياجات: مرَّة أخرى، بدءًا من الرقم الذي جرى تحديده ليبدأ أولًا، يخصص لكل عضو عشر دقائق (تقرر المجموعة المدة) للتعبير عن رغباتهم واحتياجاتهم وتلقي استجابات. قد يبدو الأمر على هذا النحو: «أنا جون، وهذا ما أريده، وذاك ما أحتاج إليه»، أو: «أنا جون، هذا تحدٍّ أواجهه، وسأكون ممتنًّا لكم لما تقدمون من مساعدة». من المهم أن يفهم الجميع أن مقدار الوقت المخصص هو للتعبير عن رغبتهم أو حاجتهم وتلقي استجابة من المجموعة. لذلك، إذا خصصت أربع دقائق لكل شخص واستغرق الأمر ثلاث دقائق ونصف الدقيقة ليوضح ما يحتاج إليه، فالمتاح للمجموعة نصف دقيقة فقط للرد. يحتاج كل عضو من أعضاء العقل الجامع المدبر إلى

الاستعداد لضمان تحقيق أقصى فائدة. في نهاية الدقائق الأربع، يتولى قائد المجموعة مسؤولية الإعلان عن أن «الوقت انتهى». وبعد ذلك تتوقف المناقشة، ويُطلب من الشخص التالي أن يبدأ.

12. اعتمادًا على المدة «المحددة» لاجتماعكم أو مكالمتكم، يجوز أن تتركوا مساحة «حرة للجميع» في النهاية، وفي ذلك الوقت تتاح الفرصة لأي شخص وكل فرد للتحدث. اختتم بمشاركة التقدير والشكر.

نيتا ماثيوز مورغان، والعقل السابع

الفصل التاسع

وعيك

الوصول إلى حكمة ذاتك العليا

بقلم: نيتا ماثيوز مورغان، والعقل السابع

«السبب الرئيسي للتعاسة ليس الموقف أبدًا، ولكن أفكارك بشأنه. كُن على وعي بالأفكار التي تدور في رأسك. افصل أفكارك عن الموقف الحاصل، الذي هو محايد دائمًا. الموقف هو الموقف لا أكثر».

- إيكهارت تول

سيساعدك استخدام مَلَكاتك الفكرية على زيادة وعيك - وعيك بقوة تفكيرك، ووعيك بتأقلمك الشَّرطي القديم وكيف يمكن أن يكون ذلك مقيِّدًا لك، وفي النهاية وعيك بقوتك غير المحدودة. نحن نريدك أن تصبح أكثر وعيًا بأفكارك حتى ترى كيف تصنع تلك الأفكار واقعَك. بمجرد اكتسابك هذا الوعي، ستدرك أن بعض أفكارك تساعدك على النمو وبعضها الآخر يبقيك عالقًا في حياة لا تحبها، ستتعلم أيضًا أنك لست وحدك في هذه الرحلة للوصول إلى التعبير الكامل عن قدراتك.

نريد مساعدتك على زيادة وعيك بإمكاناتك غير المحدودة بوصفك كائنًا مبدعًا. نحن نعتقد أنك ولدت كاملًا. فعلى الرغم من البيئة التي ولدتَ فيها، يمكنك تحسين كل جانب من جوانب حياتك. إن اتخاذ قرار تعلم هذه الأفكار واستيعابها حقًّا سيغير حياتك تغييرًا عميقًا، ستكون منفتحًا على فرص جديدة، وحريصًا على الحياة، ومتحمسًا لخلق الرغبات التي تشتعل بداخلك.

يعتقد معظم الناس أن الأوضاع التي ولدوا فيها هي المساحة التي يجب أن يبقوا فيها. هم محاصرون من العائلة والأصدقاء والنماذج الإدراكية التقليدية، وغالبًا ما لا يرون أي فرصة لتحسين ظروفهم. ليس لديهم أي فكرة عن كيفية تأثير تفكيرهم على النتائج التي يحققونها، بل وأكثر من ذلك أنهم ليس لديهم أدنى فكرة عن امتلاكهم مَلَكات فكرية. إنهم يعيشون بلاوعي داخل سجن ذهني بسبب تأقلمهم الشَّرطي. وصف أليخاندرو نفسه قبل أن يتعرف على مَلَكاته الفكرية فقال:

«كنت أعلم أن لديَّ ذاكرة، ومن الأفضل أن أستخدمها، وإلا فسأواجه مشكلة في المدرسة والمنزل لعدم تذكُّر واجباتي وأعمالي المنزلية. وكنت أعلم أن لديَّ مخيلة، لكن الناس أخبروني أنه من الأفضل عدم استخدامها حتى أتمكن دائمًا من الحفاظ على قدميَّ ثابتتين على الأرض. وكنت أعلم أيضًا أن لديَّ إرادة. في ذلك الوقت، كان ما قاله الآخرون عن الإرادة مربكًا للغاية. من ناحية، قالوا لي إننا جميعًا لدينا إرادة حرة. لكنني كنت أعاقب دائمًا عندما أستخدمها لأنهم قالوا إنني «أسأت استخدامها». وأخبرني آخرون أن العقل يجب أن يستخدم لتحديد الفرق بين الصواب والخطأ فحسب. وبالطبع، اتخذت القرار الخطأ مرات عديدة.

لم يكن الإدراك والحدس جزءًا من مفرداتي. المرَّة الأولى التي أتذكر فيها السماع عن الحدس كانت عندما سمعت حديث الكبار عن الوسطاء والغجر. في ذهني، كان الحدس بالتأكيد خصيصة أنثوية، لذلك لم أكن أعره أدنى اهتمام بطبيعة الحال. وبعبارة أخرى، لم أكن على دراية بالفرق الكبير الذي يمكن أن تحدثه مَلَكاتي الفكرية في تطوري، وبالتالي في حياتي. ومع أنني بدأت في استخدام بعضها في سن مبكرة، إلا إنني لم أكن أدرك حقًّا أنها مَلَكات فكرية ويمكن تطويرها مثل عضلات جسدي».

في الماضي، ربما تكون قد تصرفت وفقًا لأفكارك من دون أن تدرك أن لديك خيارًا. وكان رد فعلك مبنيًّا على ذاكرة سلبية من الماضي أو تصور سلبي لشخص أو حدث أو ظرف ما. ربما تعرف الآن أن وعيك بأفكارك يمنحك فرصة لتقرير ما إذا كانت أفكارك أو ذكرياتك أو تصوراتك صحيحة.

الوعي بالصوت الذي يتردد في ذهنك

«لا يوجد شيء أهم للتطوُّر الحقيقي من إدراكك أنك لست الصوت الآتي من الذهن - بل أنت من يستمع إليه» - إيكهارت تول

كلامك الداخلي هو ما يخلق واقعك الخارجي. إنه مسؤول عن خلق ما تريده، أو خلق مزيد من الظروف التي لا تريدها.

إذا كان حديثك الداخلي لنفسك يركز على ما صار في الماضي أو على ما هو غائب عن حياتك، فإنك ستخلق المزيد من ذلك الحديث. إن ما تركز عليه يتمدد في حياتك. إنه أمر حتمي، وهو أيضًا رائع، لأنك تتحكم في أفكارك، ويمكنك استخدام قوة ذهنك في أي وقت تريد. إنها ملكك ولا يمكن لأحد أن يأخذها منك.

قبل أن ندرك أننا نستطيع اختيار أفكارنا، كنا عبيدًا للأفكار التي وَصَلتنا من أشخاص آخرين وتجارب سابقة. شكَّل الآخرون، حصرًا على وجه التقريب، صوتَنا الداخلي. وغالبًا ما كنا نتفاعل من دون تبصُّر لما قاله الناس وللأحداث التي «حدثت» لنا. لم تكن لدينا أي فكرة عن أننا غير مضطرين أن نعيش بالطريقة التي عاش بها آباؤنا، أو أننا بإمكاننا تحقيق أحلامنا. كنا نعتقد أن الأفكار الموجودة في رؤوسنا هي الحقيقة الوحيدة، وأنه يتعين علينا التصرف بناء عليها أو الاستجابة لها. ومع ذلك، فالتصرف بناءً على المشاعر والأفكار السلبية القديمة لن يحقق النجاح الذي تريده، بل ستخلق المزيد مما لديك بالفعل في حياتك من أفكار سلبية إذا لم تغير الأفكار والصور التي لا تنفعك.

لا يمكنك تغيير أفكارك ما لم تكن على علم بها. إن إدراك أفكارك هو الخطوة الأولى المهمة في رحلتك إلى الحرية. يمكنك القيام بذلك من خلال إدراك أن لديك صوتًا داخل رأسك يتحكم في طريقة تفكيرك وشعورك وتصرفك. عادةً ما يكون ذلك الصوت في رأسك هو تأقلمك الشَّرطي القديم، ولكن عندما تنأى بنفسك عن ذلك الصوت، تصبح أكثر وعيًا بما تفكر

فيه، ومن ثَمَّ تتحرر فتتمكن من تطبيق قدراتك الفكرية. ومن هذا المنظور، لديك حرية الابتعاد عن أفكارك وإدراك أنها لا تسيطر عليك. إن إدراكك أفكارك يعني أن لديك الآن فرصة لاختيار ما تعتقده وتؤمن به. أنت تدرك أن الأفكار أو الذكريات أو الصور السلبية تحجب إدراكك للأحداث والظروف، فترى مشكلات بدلًا من فرص. أنت تدرك أنك لم تعد تثق من دون تبصُّر في المعلومات الآتية من حواسك باعتبارها واقعك الوحيد، لأنك تعلم أن في الصورة تفاصيل أكثر قد لا تراها. يمكنك تحويل تركيزك إلى ما تريد حقًّا أن تكون عليه حياتك، حتى لو كانت صورة ذهنية لم تظهر بعد.

لقد اتخذتَ خطوة كبيرة عندما أدركتَ أن لديك أفكارًا، لكن أفكارك ليست أنت. إنما أنت سيد أفكارك، ولست ضحيتها. علاوة على ذلك، فالجزء الأكبر من وجودك موجود وراء أفكارك اليومية.

من السهل معرفة ما تفكر فيه لأن لديك صوتًا في رأسك يتحدث دائمًا. إنه مثل محطة راديو لا يمكنك إيقاف بثها لأن زر «إيقاف التشغيل» معطَّل. هو يقول أشياء لك الآن وأنت تقرأ هذه الجملة. ربما يقول أشياء من قبيل: «ما هذا الذي تتحدث عنه؟ أنا لست شخصًا مجنونًا يسمع أصواتًا تتردد داخل رأسي!». ولعلك لاحظتَ أن حوارًا عقليًّا يجري داخل رأسك طوال الوقت. كلنا نفعل. تسمع هذا الصوت عندما تكون متعبًا وتحاول أن تنام. يقول أشياء من قبيل: «أنا حقًّا في حاجة إلى النوم قليلًا لأنني سأقدِّم

عرضًا مهمًّا غدًا. ما زلت غير مستعد لذلك. أوه لا، لقد نسيت أن عليَّ اصطحاب ابني من المطار غدًا! وهذا يعني أنني لن يكون أمامي متسع من الوقت للاستعداد غدًا، لذا ربما يجب عليَّ أن أنهض الآن وأستعد. أوه، أنا حقًّا في حاجة إلى النوم! لماذا أفكر في كل هذه الأشياء عندما أشعر بالتعب الشديد؟ والآن أنا حقًّا لا أستطيع النوم. سأكون متعبًا جدًّا غدًا إلى درجة أنني سأؤدي بصورة سيئة على الأرجح. ستكون الأمور سيئة إذا لم أنجز هذه الصفقة. يجب أن أحظى بقسط يسير من النوم على الأقل».

سيستمر الصوت في رأسك على جانبي المحادثة. يمكنك سماعه عندما يكون أمامك قرار تتخذه، وتدفع نفسك إلى الجنون بطرح إيجابيات وسلبيات كل سيناريو محتمل. سيستمر هذا الصوت، ويعرض طرفي المحادثة. هذا الصوت الداخلي لا يهتم حقًّا بالجانب الذي ينحاز إليه في النهاية، إنما يريد الاستمرار في الحديث لا أكثر.

الصوت الصادر في رأسك يحاول أن يساعدك في حل مشكلات حياتك. المشكلة هي أنك أسندتَ إليه مهمة مستحيلة. سيقول صوتك أشياء تتطابق مع اعتقاداتك الحالية، مما قد يعوقك في حل مشكلة أو إدراك فرصة. ستحاول حل مشكلاتك باستخدام تأقلمك الشَّرطي القديم.

أحيانًا ما تستخدم مَلَكاتك الفكرية من دون وعي منك. على سبيل المثال، تستخدم مخيلتك وذاكرتك وعقلك وإدراكك وحدسك وإرادتك وأنت تحاول اتخاذ قرار ما. وعندما تتحدث

إلى نفسك داخل رأسك، يعيد ذهنك ذكريات القرارات السابقة، ويكافح من أجل معرفة الحقيقة - سواء كنت تفكر استنادًا إلى الحدس أو إلى النماذج الإدراكية. يفكر ذهنك في البدائل والإجراءات المختلفة ويصنفها، ويخلق صورًا لما يمكن أن يحدث في المستقبل، ويحاول بقوة إدراك أفضل مسار يمكنك اتخاذه. ستحافظ على هذا الأمر بنفسك على الرغم من أن ذهنك غارق في الكثير من الأمور. بعد الكثير من الأحاديث الذهنية ينتهي بك الأمر وأنت تشعر بالإرهاق.

رحلتك إلى الحرية تعني التحرر من بعض هذه المحادثات حتى تتمكن من الوصول إلى ذهنك اللاواعي، فضلًا عن ذهنك الواعي. لعلك تتذكر من فصل «الذاكرة» كيف تتطور أدمغة الأطفال من ترددات موجات دماغية منخفضة إلى ترددات موجات أعلى، من موجات ثيتا (اللاوعي) إلى موجات بيتا (الوعي). كانت رحلة نموك في الطفولة من الذهن اللاواعي إلى الذهن الواعي. والآن، وأنت في طريقك إلى الحرية، تريد العودة إلى الوراء لتستعيد وصولك إلى ذهنك اللاواعي. تريد أن تكون قادرًا، في بعض الأحيان، على التحرر من قيود ذهنك الواعي واللعب في مساحات ذهنك اللاواعي. تخيل فحسب التواصل مع الاحتمالات الإبداعية التي يمكنك الوصول إليها بسهولة عندما كنت طفلًا!

بالنسبة إلينا نحن البالغين، نعتقد أن التركيز باهتمام على مشكلاتنا هو الطريقة الوحيدة للحصول على النتائج. ومع ذلك،

عندما نكون عالقين في ترددات موجات دماغ بيتا فإننا عادة ما نكون مهووسين بالمشكلات بدلًا من إدراك الحلول. قدر ضئيل جدًّا من المعلومات الجديدة يمكنه أن يمر إلينا، بسبب تركيزنا الضيق. ستعرف ذلك عندما تكون في مرحلة بيتا مشغولًا بالتحليل باستمرار، وربما وجدتَ نفسك تعاني من «شَلل ناجم عن فرط التحليل».

لا يمكنك حل مشكلاتك بفاعلية باستخدام ذهنك إلا إذا طورت وعيك بأفكارك. ستعرف من المحادثة التي تدور في رأسك ما إذا كنت تستخدم مَلَكاتك الفكرية كي تتطور أو كنت تستخدم طرق تفكيرك القديمة فتبقى عالقًا في وضعك. ستعرف من الطريقة التي تشعر بها. وكما قرأتَ في الفصول السابقة، تعطيك المشاعر دليلًا على الأفكار التي تفكر فيها، ومن ثَمَّ النتائج التي تحققها. إذا كانت مشاعرك تتمحور حول النقص والندرة، فهذا هو تأقلمك الشَّرطي القديم. وإذا كنت تشعر بأنك ضئيل وغير كفء، ففي الغالب هذا صوتك الداخلي يجلِدك بأخطاء ماضية أو أفكار تعلمتَها على الأرجح من أشخاص آخرين. وإذا كنت تشعر بالشك والخوف، فأنت تركز على التفكير القديم المقيِّد.

كيف تفكر وتشعر عندما تميل نحو التطور؟ أنت تفكر في المكان الذي تتجه إليه، لا المكان الذي تقف فيه الآن. أنت تتجاهل الواقع السلبي الحالي وأنت تركز على ما تقوم بإنشائه. تشعر بالأمل والتوسع والقوة. تختار الإيمان على الشك.

مشاهدة أفكارك تساعدك على تطبيق قدراتك الفكرية بطريقة تساعدك على التطور. كلما ابتعدت عن أفكارك المقيِّدة، زاد وعيك بوجودك خارج نطاق تفكيرك. ويساعدك التأمل على الهدوء في الداخل، والتحول من موجات بيتا الدماغية من التركيز المفرط والتوتر إلى موجات الدماغ البطيئة والمريحة ثيتا، بينما تفتح الباب من ذهنك الواعي إلى ذهنك اللاواعي. بمجرد أن تصل إلى تلك النقطة ستكون قادرًا على سماع الصوت اللطيف للحكمة المُحبة، صوت الذكاء اللامتناهي. عندما تصل إلى تلك النقطة، يمكنك استخدام صوتك الداخلي لتبقى على تركيز على ما تنوي تحقيقه، وستجد نفسك متصلًا بقوة هذا الذكاء وإمكاناتك غير المحدودة. فكما يوضح الدكتور ديسينزا في كتابه «اكسر اعتيادك على طبيعتك»:

> «ينتقل وعيك من ضيق الأفق، وفرط التركيز، والهوس، والتجزئة، والتفكير المتمحور حول النجاة إلى الأفكار الأكثر انفتاحًا، والاسترخاء، والنظرة الشمولية، والحاضر، والنظام، والإبداع، والبساطة. هذه هي الحالة الطبيعية للوجود التي من المفترض أن نعيش بها».

مستويات وعيك السبعة

سوف تمر عبر سلسلة متصلة من الوعي في طريقك إلى الحرية. وصولك إلى مستوى واحد لا يعني أنك لن تتراجع

أحيانًا إلى مستوى أقل وعيًا. فهذه ليست شهادة جامعية يمكنك تعليقها على الحائط متى حصلت عليها وانتهى الأمر. ولكنك في أثناء استمرار نمو قدرتك على استخدام مَلَكاتك الفكرية ستصبح سيد نفسك وأفكارك. يمكنك تعلم إتقان قوتك الإبداعية تمامًا مثلما تعلمت ركوب الدراجة أو قيادة السيارة، عليك فقط أن تتدرب.

يُظهِر الحدُّ الأدنى من هذه الحلقة المتصلة، الأوقاتَ التي تفاعلت فيها من دون تبصُّر وتفكير. أنت تدرك ذلك لأنك لا تشعر بالحرية عند هذا المستوى. فأنت تجتر ذكريات ماضيك التي لا تنفعك، وتُدخِل في ذهنك معلومات من بيئتك من خلال حواسك الخمس. فعندما ترى وتسمع على أساس رد الفعل فقط، فأنت تتفاعل مع بيئتك بشكل تلقائي. تشعر بالضيق لأن كل شخص لديه رأي، وأنت لا تعرف أي رأي تصدق. وعندما تتعقد الأمور والمواقف، فأنت تخفق لأن أفكارك تتوافق مع هذه الظروف وتتشكل بها.

أما الحد الأعلى لهذه السلسلة المتصلة فيمثل الحرية في إنشاء ما تريده في حياتك. فتكون متحررًا من أفكارك وذكرياتك السلبية. وتتحرر من ظروفك. أنت حر في إنشاء ذكريات النجاح والأفكار التي تقودك إلى تحقيق أحلامك. عندما تتحكم في تفكيرك، يمكنك أن تنجح في أفضل الأوقات وفي أسوأ الأوقات. فأنت على وعي بأنك قادر على خلق أشياء مختلفة عن الواقع الخارجي.

تُظهِر أفكارنا ومشاعرنا موضعنا في هذه السلسلة المتصلة من الوعي. إن معرفة مكانك على هذا المقياس ستساعدك على تحديد مدى قربك من التحرر. كلما زاد وعيك بأفكارك وزادت قدرتك على توجيهها، ارتقيت أكثر على مقياس وعيك.

المستوى الأول من الوعي «حيواني». وعند هذا المستوى نتفاعل من دون تفكير من خلال استجابة القتال أو الفرار، مثلما تفعل الحيوانات. لدينا ردود فعل انعكاسية على الحياة. على سبيل المثال، نحن نتفاعل تفاعلًا غريزيًّا لحماية أنفسنا عندما نشعر بالتهديد مما يقوله شخص ما. فإذا ما أهاننا شخصٌ، فإما أن نرد له الإهانة بمثلها على الفور أو نتراجع ونغضب من دون التعامل بحزم مع الموقف. ليست لدينا الحرية في اختيار ما نريد عندما نرد من دون تفكير. تمامًا مثل الحيوان، ليس لدينا منظور يمكننا إدراكه، ومن ثَمَّ توجيه أفكارنا حتى نتمكن من اختيار الطريقة التي نتصرف بها. عند هذا المستوى، ليست لدينا قوة نمارسها على حياتنا. نصبح مثل الروبوتات - الناس يضغطون على أزرارنا ونحن ملزمون بالتحرك!

أما المستوى الثاني فهو «وعي الجموع». عند هذا المستوى، نفعل الشيء لأن الآخرين يفعلونه. عندما نتصرف بدافع من وعي الجموع، فإننا نادرًا ما نفكر باستقلالية. فلا نكون على وعي بأفكارنا ولا نحلل أسباب سلوكنا. وكثير مما نسميه تفكيرًا إنْ هو إلا نشاط ذهني، حيث نجتر ما نسمعه من الآخرين، وما نراه على التلفزيون، وما نقرأه في الصحيفة فحسب. ونحن نعي

بأننا عند هذا المستوى عندما نرى أنفسنا نفكر مثل جميع من حولنا، ربما قبلنا اعتقادات دينية أو سياسية من عائلاتنا وبيئاتنا من دون تشكيك فيها. قد لا ندري بأننا يمكن أن نكون مختلفين، وقد لا ندرك أننا يمكننا اختيار معلومات تختلف عما نتلقاه من حواسنا حتى نتخذ قراراتنا. على سبيل المثال، قد يشاهد شخص أخبارًا متعلقة بهبوط الاقتصاد، فيقرر البقاء في وظيفة يكرهها على الرغم من أن لديه فكرة استثمار رائعة. أو قد يعمل شخص محاسِبًا لأن والده وجده كانا محاسبين، فيواصل حياته المهنية على الرغم من أنها ليست حلمه ولا شغفه.

تنتقل إلى المستوى الثالث من الوعي، وهو «الطُّموح»، حيث تبدأ في إدراك نفسك كشخص فريد، وتطمح إلى أن تحقق ذاتك الكاملة. أنت هنا ترغب في الحرية النابعة من ابتعادك عن أفكارك المقيِّدة وتوقعات الآخرين وخططهم. تصبح أكثر وعيًا بالنماذج الإدراكية المحدودة التي قبلتها من ثقافتك وبيئتك. تبدأ في إعادة تقييم هذه الاعتقادات، بينما تنشئ مجموعة جديدة من الاعتقادات تهدف إلى التطور؛ أي النمو الذي يحق لك الحصول عليه بالميلاد. وحتى في أثناء توجُّهك نحو تحقيق استقلالية الفكر، ستظل هناك أوقات تتراجع فيها إلى رد الفعل من دون تبصر أو تفكير مستقل.

إن التطلع إلى التحرر من الاعتقادات المقيِّدة سينقلك إلى المستوى الرابع من الوعي، وهو المستوى «الفردي». هذا هو المكان الذي تشعر فيه الآن بحرية التعبير عن فرديتك، فتغادر

نطاق الركون إلى الراحة وأنت تطورِ مسارَك الفريد. فعندما تعي أنك لست شبيهًا لأحد، فإنك تدرك القيمة التي تضيفها عندما تعمل حقًّا انطلاقًا من تفردك. تبدأ في الإبداع بدلًا من التنافس مع الآخرين. أنت على دراية بما تفعله الأغلبية، لكنك تختار رسم طريقك الخاص على الرغم من انتقادات الآخرين. عند هذا المستوى تصبح أكثر وعيًا بأفكارك وقوتها وهيمنتها على عواطفك وسلوكك ونتائجك.

أنت الآن عند مستوى «التركيز»، وهو المستوى الخامس، إذ تقرر اتباع طريقك الفريد، وتطور مَلَكاتك الفكرية. أنت منضبط انضباطًا ذاتيًّا للبقاء على المسار والاستمرار فيه، وإن بدا الطريق صعبًا. وتحيط نفسك بأشخاص متشابهين معك في التفكير يدعمون طريقة تفكيرك الفريدة حتى تكتسب القوة. يشجعك استعدادُهم لاتباع طريقهم على فعل الشيء نفسه. صورةُ ما تريده، وسؤال «لماذا» الخاص بك، يدفعانك إلى الأمام في الأوقات التي لا تكون فيها متأكدًا مما إذا كنت على الطريق الصحيح. على سبيل المثال، لقد تقاعدتُ من مهنة التدريس بالكلية لبدء مشروع تجاري جديد في مجال التدريب على الأداء. على الرغم من أن البدايات كانت صعبة، فإن التواصل مع هدفي في أثناء بناء مشروعي ساعدني على مواصلة رحلتي. أدركتُ أنني أردتُ النمو والتوسع الذي يأتي من مغادرة نطاق الركون إلى الراحة، وأردت مساعدة الآخرين على تجربة توسيع نطاق وعيهم.

سيخلق الفرد الذي يحافظ على التركيز سلوكيات ونماذج إدراكية جديدة تدعم النمو والظروف الإيجابية. عند هذا المستوى من الوعي، ستجد أنه من الأسهل أن تعطي نفسَك أمرًا وتتبعه. أنت تختار أن تفكر بنفسك بدلًا من التفكير مثل الآخرين. عندما تصبح أكثر وعيًا بالأفكار والسلوكيات القديمة التي تبعدك عن أهدافك، فإنك تختار التصرف وفقًا لأفكار جديدة للنمو والتحرر. وتدرك أن بإمكانك أن تدع نماذجك الإدراكية القديمة تتحكم في حياتك، أو أن تدخل إلى حرية التفكير بنفسك مستقلًّا.

تنتقل إلى المستوى السادس من الوعي و«الخبرة» كلما تعلمت الاستمتاع برحلتك. أنت على استعداد لتعلم الدروس على طول الطريق. ولأنك تعلم أن الأخطاء ليست سوى دروس، فقد قررتَ أن تجرب وتتعلم من كل محطة في رحلتك متجهًا إلى النجاح. وأنت تكثر من فعل ما ينجح في حياتك وتقلل مما يخفق، وتتعلم الافتخار بمن تكون في كل خطوة على الطريق.

يحثك قولٌ مأثور: «عندما يقرع الخوفُ البابَ، يفتح الإيمانُ، فإذا به لا يجد أحدًا بالباب». وحتى عندما تطرق النماذجُ الإدراكية القديمة المقيِّدة بابَك، فأنت تمارس فعل الإيمان، وتقرر التصرف بناء على النماذج الإدراكية الإيجابية التي تفضي بك إلى الحرية. لا يمكن أن تدوم النماذج الإدراكية المقيِّدة فترة طويلة إذا مارستَ الانضباط والتركيز. تقودك عملية مواجهة نماذجك الإدراكية القديمة واستمرارك في النمو إلى المستوى السابع من الوعي: وهو الإتقان.

عند مستوى «الإتقان»، تجد أنه من الأسهل لك أن تحيا متكاملًا ومتناغمًا مع رغباتك وذاتك العليا. أنت تدرك أن هذه الرحلة نحو الوعي هي ممارسة يومية. أنت تعلم أنك لا «تصل» إلى محطة النهاية، وإنما تنمو وتتعلم طوال الوقت، رحلة بلا توقف. عند هذا المستوى، لم يعد هناك ضغط على الأزرار، بل أنت تعيش عن قصد وغاية، وتدرك أنك أكبر من أفكارك. أنت على وعي بقوة أفكارك، وتعرف متى تتوافق أفكارك مع الذكاء اللامتناهي وأفكار الوفرة، ومتى تخضع للتأقلم الشَّرطي القديم المقيِّد. أنت تعرف كيف تنأى بنفسك عن الأفكار التي خلقها التأقلم الشَّرطي القديم. وعلى الرغم من أنك لا تزال تشعر بمشاعر سلبية، فإنك تختار إعادة توجيه أفكارك إلى المسار الصحيح حتى تشعر بتحسن. أنت حر في تغيير تلك الأفكار كي تساعد نفسك على تحقيق ما تريده.

هذه المستويات تمثل سلسلة متصلة من التحرر. ستمر بأوقات لا تشعر فيها بالحرية، عندما يبقيك الخوف والقلق في نطاق الركون إلى الراحة. قد تشعر بأنك تراجعت مرَّة أخرى إلى مستوى أساسي من رد الفعل بدلًا من المبادرة بتشكيل حياتك بنفسك. فلا تقلق، لأن لديك دائمًا خيارًا بأن تصبح أكثر وعيًا بما تفكر، واختيار فكرة أخرى إذا لم يعجبك غياب الأريحية ولم تعجبك النتائج التي تحققها. يمكنك دائمًا البحث عن الحرية. فلا تنظر إلى الآخرين أو الظروف الخارجية ليمنحوك حريتك، فهذه هي العبودية. وبدلًا من ذلك، ابحث عن الحرية

في أعماقك - في ذهنك. إنها عبودية أن تدع الآخرين يسيطرون عليك وعلى حياتك.

إن قوة جذب نماذجنا الإدراكية القديمة وطريقتنا القديمة في التفكير قوية. ستحاول النماذج الإدراكية المقيِّدة أن تجذبك إليها وتُوقِعك في فخ منطق البقاء حيث أنت. سوف تحقنك هذه النماذج بالحزن بشكل خاص عندما تقرر أن تَلِج منطقةً جديدة وتتصرف وفقًا لما تريده حقًّا. فاعلم أن الاعتقادات إن هي إلا أفكار كررت ممارستها كثيرًا. سوف تستعبدك الاعتقادات القديمة إلى أن تتدرب على أفكار جديدة وتصبح هي اعتقاداتك الجديدة. إن إدارة عملية العقل الجامع المدبر مع الآخرين الذين يناضلون من أجل التحرر سوف تنقلك بسرعة أكبر عبر هذه المستويات من الوعي.

نحن نعلم أن الطريق إلى الحرية يكون أسهل عندما تطور مَلَكاتك الفكرية: المخيلة، والذاكرة، والعقل، والإدراك، والحدس، والإرادة. ابدأ في إدراك العالم باعتباره متآمرًا على مساعدتك في تحقيق أحلامك، وعندئذ ستستخدم عقلك للتفكير في الفرص فحسب. ذكريات نجاحاتك السابقة سوف تغمر ذهنك وتساعدك على إنشاء صور جديدة للنجاح. ستثق في وَكْزاتِك الحدسية وومضات الاستبصار الآتية من مشاعرك التي توجهك في اتجاه ما تريده حقًّا. ستستخدم إرادتك للتركيز على هدفك، وللحفاظ على أوضح رؤية لنفسك تشهد أفضل نتيجة ممكنة تستطيع تخيلها.

كلما أكثرت استخدام مَلَكاتك الفكرية، زاد وعيك بالإرشاد الإلهي.

الوعي بالذكاء اللامتناهي

> «بوصفي رجلًا كرَّس حياته كلها لأكثر العلوم وضوحًا، أي دراسة المادة، يمكنني أن أخبركم بنتيجة أبحاثي حول الذرات بهذا القدر: لا توجد مادة على هذا النحو! كل المادة تنشأ وتوجد فقط بفضل قوة تجمع جزيئات الذرة لتهتز وتحافظ على هذا النظام الشمسي الدقيق للذرة قائمًا... يجب أن نفترض أن وراء هذه القوة عقلًا واعيًا وذكيًا. هذا العقل هو مصفوفة كل مادة» - ماكس بلانك، فيزيائي حاصل على جائزة نوبل

نحن نطلب منك التفكير في أن التعبير النهائي عن الحرية ينبع من إدراك أنك بداخلك قوة كونية. مهما كانت اعتقاداتك، نود أن نشير إلى أنه لا يوجد جانب سلبي للإيمان بشيء أكبر منك. يمكنك الاسترخاء والاستمتاع بفكرة وجود قوة كونية ترشدك إلى رؤى دائمة التوسع عن نفسك.

سيصبح طريقك إلى الوعي أكثر سلاسة عندما تدرك أنك لست وحدك في هذه الرحلة. لقد ولدت بذكاء لامتناهٍ. ولا يمكنك فصل نفسك عن هذه الحقيقة حتى لو اخترتَ عدم قبولها. لقد نُفخ الذكاء اللامتناهي في روحك وقت ولادتك، وهو يواصل

دعوتك إلى تحقيق أفضل تجلٍّ لذاتك، ويوجهك ويدعمك كل لحظة. إن قلة وعيك فقط هي التي تعوقك عن الوصول إلى قوة أكبر منك، القوة التي ستساعدك على تحقيق إمكاناتك.

عندما تدرك وتتصرف بناءً على فرضية أنك جزء من الذكاء اللامتناهي، فأنت تتخذ خطوة بكامل كينونتك الإنسانية. تتعاظم قدرتُك على الإبداع بشكل كبير لأن لديك وعيًا بموارد أكبر متاحة لك وبين يديك. تخيل نفسك قادرًا على الوصول بسهولة إلى الطاقة والأفكار والحلول بدلًا من المشكلات. تخيل أنك تصنع حياتك من إدراكك كل الاحتمالات. تخيل مشاركة تلك القوة مع أشخاص آخرين يخلقون حياتهم أيضًا انطلاقًا من هذا الوعي.

إن الثقة في قوة أعظم منك تتيح لك وبين يديك «كيف» و«ماذا» و«أين» ما تحتاج إليه لتحقيق أحلامك، وتُحررك، حتى تركز بشكل أساسي على سؤال «لماذا» الخاص بك. وبعبارة أخرى، لا تلزمك معرفة كل تفاصيل ما تريده قبل أن تبدأ مبادرتك. يساعدك التركيز على هدفك، أي على سؤال «لماذا» الخاص بك، على انطلاقة البداية. ستأتي جميع التفاصيل الأخرى في مكانها وأوانها عندما تتخذ خطوة ملهَمة. والإلهام ينبع من الذكاء اللامتناهي من خلال بوابة حدسك.

عندما تسمح بالوصول إلى قوة طبيعتك اللامحدودة والذكية، ستدرك أن الصراع صار شيئًا من الماضي. سيمكنك التخلص من عادة الاضطرار إلى دفع نفسك للاقتحام باستخدام الجهد أو «المحاولة الجادة». الوصول إلى الذكاء اللامتناهي من

خلال مَلَكاتك الفكرية يحرر إلهامَك الإبداعي، الذي يمكن أن يؤدي إلى الخطوة الصحيحة. لن تضطر بعد ذلك للجوء إلى «قوة الإرادة» لتفعل ما تريده أو تحتاج إلى القيام به. بدلًا من ذلك، يمكنك ضبط تركيزك بلطف، والتركيز في فكرة أفضل، وشعور أكثر سعادة، لأنك تعرف أن هذا الشعور سيؤدي إلى مزيد من العمل الملهَم.

سيتعزز وعيك بنفسك كجزء لا يتجزأ من الذكاء اللامتناهي بشكل كبير من خلال استخدام مَلَكاتك الفكرية. استخدام ذهنك للتركيز على رغبات قلبك يصبح سُلَّمك للحرية والتميز. أنت حر في أن ترى نفسك على ما أنت عليه - شخص ذو إمكانات غير محدودة، تخلق واقعك بنفسك. أنت متحرر من أسر الأفكار والاعتقادات المقيِّدة، ومتحرر من العيش المحدود والشعور بالندرة.

أنت تطور وعيك وتطور مَلَكاتك الفكرية. الوعي هو التمكين. عندما تكون على دراية بكيف تنشئ وتبتكر، يتحقق لك التمكين. إذا لم تكن على وعي بالقوة اللانهائية التي ستوفرها لك مَلَكاتك الفكرية، فستستمر في الاعتقاد بأن نتائجك الحالية هي الحد الأقصى لما يمكنك فعله أو تحقيقه. لن تكون مدركًا لقدرة مخيلتك على إنشاء ما تريده، حتى لو كان شيئًا بعيدًا عما تراه في واقعك الحالي. هل تذكر عبارة «سأصدق عندما أرى»؟ تصف هذه العبارة شخصًا غير مدرك لمَلَكاته الفكرية. وقد تصف العبارة ذاتها كيف كنتَ تحيا في الماضي. من خلال إدراكك قوة

أفكارك، يمكنك ابتكار ما تؤمن به بدلًا من الركون إلى تكرار إنتاج ما ترى فحسب. عندما تتسيد مَلَكاتِك الفكرية تصبح مدركًا للقوة الإبداعية بداخلك. أنت واثق من قدرتك على الإبداع. فجأة يصبح كل شيء واضحًا ومشرقًا. الوعي مثل إضاءة غرفة مظلمة ورؤية عالم جديد واضح ومشرق أمام عينيك.

خاتمة

أضافت لنا رحلة تأليف هذا الكتاب كثيرًا بوصفنا مؤلفين وأشخاصًا. فمن المؤكد أننا لسنا الأشخاص أنفسهم الذين خطوا الخطوة الأولى في هذه الرحلة. لقد حَمَلَتنا عملية التأليف بعيدًا عن نطاق الركون إلى الراحة، ودفعتنا إلى النمو والتطور، وساعدتنا على أن نصبح أكثر وعيًا بإمكاناتنا غير المحدودة للإبداع، ليس فقط كمجموعة، ولكن على المستوى الفردي أيضًا. امتلأنا بحياة وحيوية أكثر.

يصبح المرء أكثر حيوية عندما يسعى جاهدًا إلى تحقيق إمكاناته وتقديم هباته إلى العالم. فأنت عندئذ تتبع نصيحة هوارد ثورمان الحكيمة: «لا تسأل عما يحتاج إليه العالم. اسأل عما يجعلك تحيا، وانطلق لتفعله، لأن ما يحتاج إليه العالم هو أناس أحياء مفعمون بالحماس». عندما تملأك الحيوية تصبح إنسانًا غير عادي. سوف ترغب في تبادل الخبرات مع الآخرين وأنت تقدم المزيد إلى العالم. ووفقًا لجاك إيف كوستو: «عندما تتاح الفرصة لإنسان أن يحيا حياة استثنائية لأي سبب، فليس له الحق في الاحتفاظ بها لنفسه فقط».

وبما أن هذا الكتاب عن الحرية، سألنا أنفسنا: ما الحرية المطلقة؟ لقد وصفنا في فصول سابقة حرية أن تكون قادرًا على خلق ما تريد في حياتك، وهو ما يعني التخلي عن الخوف والقلق. لذلك سألنا أنفسنا: «ما الشعور الذي يراودك عندما تضع قدمك في مكان بلا خوف؟». كان الجواب فوريًا: الحرية المطلقة هي الشعور بالفرح!

نحن نعتقد أن غايتنا القصوى على هذه الأرض هي أن نعيش الفرحة. فعندما تعيش الفرح، تنبع حياتك من أعلى إمكاناتك وتعطي العالم نفسَك.

نحن نشعر بالفرح من خلال الاتصال بالذكاء اللانهائي. كل الأشياء التي تريدها - المزيد من المال، والعلاقات السعيدة، والصحة الأفضل - تمنحك فرصة حتى تمتلئ بالفرح. إن امتلاكك سيارة أو منزلًا أو قاربًا جديدًا شيء رائع، لكنك إذا اعتبرتها مصدر فرحتك فإنها لن ترضيك إلا لفترة قصيرة. إن ما نتوق إليه حقًّا هو هذا الارتباط الأعمق بشيء أعظم منا وبإمكاناتنا غير المحدودة. لا شيء آخر يرضينا، لأن كل شيء آخر يتلاشى مقارنة بهذا الاتصال الأعمق.

عندما تشعر بفرحة العيش بإمكاناتك الكاملة، فإنك تلمس الذكاء اللامتناهي. نحن نشعر بالفرح عندما نعبر عن إمكاناتنا الكاملة على أرض الواقع. انتبه لتلك اللحظات عندما تكون في منتصف لحظة فرح مضيئة. قد يكون ذلك عندما تعانق طفلًا أو وأنت وسط اجتماع مثمر. هذه اللحظة كافية. في هذه اللحظة أنت تتصل بنفسك وبالذكاء اللامتناهي.

مقصدنا أن نجد جميعًا قوتنا، ونحيا هدفنا الأسمى، وننجز باستغلال الهبات التي مُنحنا، ونحدِث فارقًا في العالم. نحن نرفض أن نصدق أن ذلك مستحيل! بل هو ممكن! لدينا رؤية مفادها أننا جميعًا نجوم، وباعتبارنا نجومًا يجب أن نبث الضوء للآخرين لأنهم يبحثون أيضًا عن الوفرة والصحة والرفقة والفرح.

نود أن نشارك معك بضع كلمات أرسلتها «دون» ذات صباح في رسالة بالبريد الإلكتروني إلى بقية المجموعة، ونأمل أن تلهمك هذه الكلمات بقدر ما تلهمنا:

> «أنا الوفرة. أنا الصحة. أنا السعادة. أنا الإيمان. أنا الفرح. عيناي لا تريان أي شيء آخر، وأذناي لا تسمعان سوى ذلك، وشفتاي لا تنطقان بغير ذلك، وذهني لا تدور فيه أي أفكار أخرى، ويداي تتمسكان فقط بهذه الحقيقة، وأنفي مفعم برائحة الجمال في كل خطوة أخطوها.
>
> أتذوق حلاوة كمالي وكمال الآخرين وأنا أشرب من ملء الروح». - دون ر. نوسيرا

بكل الحب والامتنان

نيتا ماثيوز مورغان، والعقل السابع

سير المؤلفين الذاتية

جوين بودرو

مؤلفة مشارِكة في كتاب «عشر نساء قويات» إضافةً إلى هذا الكتاب. درستْ على يد أحد أساتذة استغلال إمكانات العقل، وهو بوب بروكتور، المعروف بتعليقه في كتاب وفيلم «السر» (The Secret). وهي قائدة حالمة، تكرِّس وقتها لمساعدة النساء على تطوير صورة ذاتية أصيلة وناجحة حتى يتمكنَّ من كسر مخاوفهن وتحقيق أحلامهن.

أسست شركة «Punch Bowl Productions» في عام 2008، حيث تبتكر وتطور مشروعات لكلٍّ من صناعة الأفلام والتلفزيون، تدمج فيها حبها للتطوير الشخصي بشغفها بتمكين المرأة. تمزح مرارًا بقولها إنها «مريضة بالتفاؤل»، وكثيرًا ما ترى الفكاهة في أكثر لحظات الحياة تحديًا وصعوبة. تعيش في نوفا سكوشا بكندا مع أطفالها الثلاثة. تحب ممارسة الركض، والقراءة، والكتابة، والسفر مع أصدقائها وعائلتها في أوقات فراغها.

لمعرفة المزيد عنها وعن عملها، يُرجى زيارة موقعها الإلكتروني:

www.GwenBoudreau.com

سلوى برباوي

مؤلفة ومتحدثة ملهِمة ومستشارة في «LifeSuccess».

بعد أن تأثرت شخصيًا بتطبيق المعرفة والممارسات المكتسبة من خلال عالَم التطوير الذاتي، وبوصفها مستشارة في «LifeSuccess»، التزمت سلوى برباوي بالتعلُّم مدى الحياة حتى تتمكن من الاستمرار في التطور، وتوسيع أفقها، ومساعدة عملائها على فعل الشيء نفسه. وفي إطار استراتيجيتها للتعلُّم والنمو، إضافةً إلى شغفها المستمر بمساعدة الآخرين، تخصصت في ممارسة البرمجة اللغوية العصبية، وهي أخصائية في الإقلاع عن التدخين (ممارس البرمجة اللغوية العصبية، معتمدة من «جمعية علم النفس التكاملي» (Association for Integrative Psychology)). وهي تهوى مساعدة أكبر عدد ممكن من الناس لتحقيق أهدافهم، والعيش حياة كاملة ورغدة. وقد ألَّفت كتاب «يومًا ما في زمن الركود»، وشاركت في تأليف كتاب «عشر نساء قويات».

لمعرفة المزيد عنها وعن عملها، يُرجى زيارة موقعها الإلكتروني:

www.Real-Resilience.com

فيكتوريا لازاروفا

مديرة أعمال تنفيذية محترفة، ومدرِّبة في مجال «النجاح في الحياة». تعمل مع الأفراد والمجموعات، وتساعدهم على تنمية أعمالهم ومشروعاتهم، والاستمتاع حقًّا بكل يوم من حياتهم الجديدة، وهم يطورون قدراتهم على التفكير ليصلوا إلى نتائج، ولديهم تصورات جديدة للعالم، ورغبة في الوصول إلى موارد جديدة بداخلهم. وهي متخصصة في تيسير عملية التغيير من خلال مساعدة الأفراد والشركات على تكوين صورة ذاتية جديدة تجعل النجاح في العمل والحياة روتينًا سهلًا وليس مجرد حدث عارض.

درست فيكتوريا على يد بوب بروكتور، وهي مدرِّبة معتمدة في مجال «النجاح في الحياة»، وممارسة للبرمجة اللغوية العصبية مع «جمعية علم النفس التكاملي» الأمريكية. وهي حاصلة على درجة الماجستير في المالية. وإضافةً إلى هذا الكتاب فهي مؤلفة مشاركة في كتاب «عشر نساء قويات».

حصلت فيكتوريا على جائزة سيدة الأعمال لعام 2011 في صوفيا، بلغاريا، في مجال التدريب على الحياة. وهي مؤسسة ورئيسة «جمعية النساء السعيدات والقويات في بلغاريا» (Association of Happy & Powerful Women in Bulgaria).

لمزيد من المعلومات عن فيكتوريا وعملها، يُرجى زيارة:

www.VictoriaLazarova.com, www.PraxisSuccess.com

نيتا ماثيوز مورغان

متحدثة ومدرِّبة أداء. شاركت في تأسيس «Polaris Performance Coaching». حاصلة على درجة الدكتوراه في علم النفس التربوي مع التركيز على الإبداع والحل الإبداعي للمشكلات، وقد ألقت محاضرات في فصول جامعية حول الإدراك والإبداع والتنمية البشرية والبحث. وبوصفها مديرة «مركز تورانس للدراسات الإبداعية» (Torrance Center for Creative Studies)، قامت برعاية «المؤتمر الدولي لحل مشكلات المستقبل» (Future Problem Solving Conference)، حيث تعلَّم الأطفال من جميع أنحاء العالم كيفية حل المشكلات ليصبحوا قادة المستقبل.

تجمع في الوقت الحاضر بين معرفتها الخبيرة بالعقل والإبداع، ومزيج من المرح، لمساعدة الآخرين على التواصل مع إمكاناتهم حتى يكونوا في قمة أدائهم في الحياة والعمل. شغفها هو رعاية نجاح الآخرين. أسست «Polaris Performance Coaching» مع أحد أبنائها، جوش، وهي شركة تساعد الأفراد ومجموعات العمل على تحديد الأهداف وتحقيقها. وقد شاركا في تأليف كتاب «Deliver»، وهو دليل لتحقيق عقلية أقصى أداء ممكن. تستمتع في أوقات فراغها في أحضان الطبيعة، وتمارس الكتابة، والسفر، والانخراط في الفن والموسيقى، وقضاء الوقت مع أسرتها.

لمعرفة المزيد عنها وعن عملها، يُرجى زيارة موقعها الإلكتروني:

www.PolarisPerformanceCoaching.com

دون ر. نوسيرا

مرشدة عقلية أصيلة في مجال اجتذاب الثروة، ومدرِّبة في مجال «تغيير السلوكيات»، ومبتكرة برنامج التدريب «12 بذرة لثروتك: بذور الثروة والسعادة الحقيقيتين». رسالتها هي: «يوجد طريق للنجاح سهل وبلا عناء، لكن قلة من لديهم الشجاعة الكافية للسير فيه». وهي رسالة أيقظت أرواحًا كثيرة غافلة. عملتْ مع رواد الأعمال وقادة الصناعة المختلفين في مجالاتهم. وقد ظهرت في قناة «PBS» احتفاءً بعملها مع الشابات.

تستخدم مواهبها من الحدس والبصيرة لتحقيق النجاح، لتوجيه عملائها من أجل إحداث تحولات كبيرة في حياتهم. وهي تساعد في مواءمة أعمالك وحياتك مع أكثر طريق طبيعي لتحقيق الثروة الحقيقية. نهجها اللطيف لتحقيق النجاح هو نسمة هواء منعشة مرحب بها عندما تكون مستعدًّا للتوقف عن مطاردة الفراشات والبدء في اجتذاب ما تريده حقًّا في الحياة!

لمزيد من المعلومات عنها وعن عملها، يُرجى زيارة موقعها الإلكتروني:
www.DawnNocera.com

أليخاندرو توريس ماركو

متحدث رئيسي محترف، ومستشار تنمية للأفراد والشركات.

مع تخصصه في تنمية الإمكانات البشرية، فهو مدرِّب في البرمجة اللغوية العصبية، ومدرِّب في تنمية الذاكرة.

أليخاندرو أيضًا عالم أحياء متخصص في الغوص التجاري، وإدارة الأعمال، والمحاسبة المالية، ومنظومات الاتصالات الشبكية، وأنظمة الطاقة الشمسية المتجددة، وتنمية الإمكانات البشرية. شغفه هو تعليم الناس كيف يحققون ما يريدونه.

لمعرفة المزيد عنه، يُرجى زيارة موقعه الإلكتروني:

www.ActitudyCrecimientoPersonal.com

المؤلف السابع: العقل الجامع المدبر

«ما من عقلين يجتمعان إلا ويُولِّد اجتماعهما قوةً ثالثة غير مرئية وغير ملموسة يجوز تشبيهها بعقل ثالث» - نابليون هيل

على الرغم من أننا ستة فقط، فإننا نطلق على أنفسنا اسم «مجموعة السبعة». من الواضح لنا أننا بعد فترة وجيزة من تشكيل مجموعتنا وصياغة هدف مشترك، أنشأنا عقلًا جامعًا مدبرًا. المؤلف السابع، العقل الجامع المدبر، هو البطل الحقيقي لهذا الكتاب. ولا يمكن الوصول إليه إلا من خلال الانضمام إلى العقول الستة الأخرى بروح التعاون والانسجام. وهكذا فقد تولَّى هذا العقل السابع السيطرة في أوقات الشك والقلق لقيادة طريقنا نحو التحرر المطلق - التحرر من الخوف. من خلال الوصول إلى هذا العقل السابع تمكنَّا من الوثوق في أن كتابنا هذا سيصل إلى يديك بأمان. لهذا العقل السابع نكرِّس هذا الكتاب.

لمزيد من المعلومات، يُرجى زيارة:

www.7KeystoFreedom.com

مراجع

الذهن

Allen, James. As a Man Thinketh. Radford, VA: Wilder Publications, 2007.

Amen, Daniel. Change Your Brain, Change Your Life. New York, NY, Three Rivers Press, 1998.

Branden, Nathaniel. The Six Pillars of Self-Esteem. New York, New York: Bantam Books, 1995.

Deaton, Dennis. The Othello Principle: The Eye Sees What the Mind Looks for. Mesa, AZ: Quma Learning Systems, Inc, 2002.

Dyer, Wayne. The Power of Intention. Carlsbad, California: Hay House, Inc, 2005.

Fleet, Thurman. Quoted by Bob Proctor, The Winner's Image Program. LifeSuccess Productions, LLC. 1995.

Rohn, Jim. Weekend Seminar. Skills for the 21st Century.

المخيلة

Begley, Sharon. The Brain: How the Brain Rewires Itself. Time Magazine. January 19, 2007.

Behrend, Genevieve. Your Invisible Power. Radford, VA: Wilder Publications. 2008.

Byrne, Rhonda. The Secret. New York, NY: Atria Books. 2006.

Hill, Napoleon. Think and Grow Rich. Rockville, Maryland: ARC Manor, 2007.

Maltz, Maxwell. Psycho-Cybernetics. New York, NY: Pocket Books, 1960.

Proctor, Bob. The Winner's Image Program. LifeSuccess Productions, LLC. 1995.

Schwarz, Joyce. The Vision Board: The Secret to an Extraordinary Life. New York, NY: HarperCollins, 2008.

Wattles, Wallace D. The Science of Getting Rich. Scottsdale, AZ: LifeSuccess Productions, 1996.

الذاكرة

Beck, Martha. How to Tune in to the Voice Within. O, The Oprah Magazine. July 12, 2011.

Benson, Herbert. The Relaxation Response. New York, NY: Harper Collins. 2008.

Cahill, Larry and James McCaugh. Mechanisms of emotional arousal and lasting declarative memory. Trends in Neuroscience.1998, Vol. 21, No. 7: 294-299.

Craig, Gary. The EFT Manual. Santa Rosa, CA: Energy Psychology Press. 2011.

Dispenza, Joe. Breaking the Habit of Being Yourself. Carlsbad, CA: Hay House. 2012.

Goldsmith, Timothy H. How Birds See. Scientific American., July 2006, pp. 69-75.

Gladstone, William, Richard Greninger and John Selby. Tapping the Source: Using the Master Key System for Abundance and Happiness. New York, NY: Sterling Ethos. 2010.

Goleman, Daniel. Emotional Intelligence: Why It Can Matter More than IQ. New York, NY: Bantam Books.1995.

Haanel, Charles. The Master Key System. Edited by Anthony R. Mi214

chalski. Wilkes-Barre, PA.: Kallisti Publishing. 2000.

Hannaford, Carla. Playing in the Unified Field: Raising & becoming conscious, creative human beings. Great River Books, Salt Lake City, UT, 2010.

Harris, Russ. The Confidence Gap: A Guide to Overcoming Fear and Self-Doubt. Boston, MA: Trumpeter Books. 2011.

Kabat-Zinn, Jon. Wherever You Go, There You Are: Mindfulness meditation in everyday life. New York, NY: Hyperion. 2005.

Lally, Phillippa, H. van Jaarsveld, H. Potts and J. Wardle. How are habits formed: Modelling habit formation in the real world. European Journal of Social Psychology, 2010, 40(6), pp.998-1009.

Levin, Amir. Unmasking Memory Genes. Scientific American Mind, June/July 2008, pp. 50-51.

Loftus, E. F. and J.C. Palmer. Reconstruction of automobile destruction: An example of the interaction between language and memory. Journal of Verbal Learning and Verbal Behavior, 1974, Vol. 13, pp.585-589.

Ortner, Nick, Jack Canfield. The Tapping Solution. The Tapping Solution, LLC. 2009.

Pert, Candace. The Molecules of Emotion: Why You Feel the Way You Feel. New York, NY: Simon & Schuster. 1999.

Pribrium, Karl. Language of the Brain, Englewood Cliffs, NJ: Prentice Hall. 1971.

Schafe, Glenn E., Karim Nader, Hugh T. Blair and Joseph E. LeDoux. Memory consolidation of Pavlovian fear conditioning: a cellular and molecular perspective. Trends in Neurosciences, 2001, Vol.24 (9) Sep 2001, pp. 540-546.

Singer, Michael A. The Untethered Soul: The journey beyond yourself. Oakland, CA: New Harbinger Publications. 2007.

Werblin, Frank and Botond Roska. The Movies in Our Eyes. Scientific American, April 2007, pp. 73-79.

العقل

Davis, Bob. The 1.2% Factor. Ontario, Canada: Motivated Publishing Studios, 2008.

Dicaprio, Nicholas S. Teorias de la Personalidad. México City: McGraw-Hill Interamericana de Mexico, S.A. de C.V, 1989.

Berbawy, Selwa. Once Upon a Recession. CA: 3L Publishing, 2010.

Proctor, Bob. It's Not About the Money. Toronto, Canada: Burman Books, Inc, 2009.

Tsan, Miao. Sólo Usa Esta Mente. Houston, TX: Bright Sky Press, 2010.

الإدراك

Allen, James. As a Man Thinketh. Radford, VA: Wilder Publications, 2007

Bandler, Richard and John Grinder. The Structure of Magic, Vol.1. Palo Alto, CA: Science and Behavior Books, Inc. 1975.

Hall, Kevin. Aspire. New York, NY: Harper Collins Publishers, 2010

Hill, Napoleon. Think & Grow Rich. Rockville, MD: ARC Manor, 2007

Holliwell, Raymond. Revised Edition 2007-2004. Working with the Law. Life Success Productions LLC.

Maltz, Maxwell. Psycho-Cybernetics. New York, NY: Prentice-Hall, Inc, 1960

Pinker, Steven. How the Mind Works. New York, NY: W.W. Norton & Company, Inc, 1999

الحدس

Dyer, Wayne. Real Magic. New York, NY: HarperCollins, 2001.

Hill, Napoleon. Think and Grow Rich. Meriden, CT: Ralston Society, 1937.

Kahneman, Daniel. Thinking, Fast and Slow. New York, NY: Farrar, Straus & Giroux, 2011.

Mayer, Elizabeth Lloyd. Extraordinary Knowing: Science, Skepticism, and the Inexplicable Powers of the Human Mind. New York, NY: Bantam, Bell, 2007.

Proctor, Bob. LifeSuccess Consultant Training. West Palm Beach, FL, October 2010.

Radhakrishnan, Sarvepalli. Philosopher and Former President of India (1962-1967).

Sonia Choquette. Trust Your Vibes: Secret Tools for Six-Sensory Living. Carlesbad, CA: Hay House, 2004.

Pritchett, Price. You2. Dallas, TX: Pritchett & Associates. 2007

Troward, Thomas. The Edinburgh Lectures on Mental Science. New York, NY: Dodd, Mead, 1904

Wattles, Wallace. The Science of Getting Rich, Holyoke, MA: E. Towne Company, 1910